Research on Collaborative Innovation of Furniture Industry Cluster

家具产业集群协同创新研究

——机理、动力与绩效评价
—— Mechanism, Motivation and Performance Evaluation

张占贞 —— 著

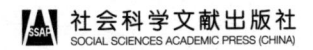

社会科学文献出版社
SOCIAL SCIENCES ACADEMIC PRESS (CHINA)

本书是2014年教育部人文社科研究项目"家具产业集群协同机理、动力系统与创新绩效评价研究——以山东省为例"(14YJAZH108)的最终成果

致　谢

本书是2014年教育部人文社科研究项目"家具产业集群协同机理、动力系统与创新绩效评价研究——以山东省为例"（14YJAZH108）的最终成果，在项目研究过程中几经商榷、讨论、修改才得以完成。在项目研究过程中，王兆君、边伟军、赵瑞美、周南南、王玉梅等老师提供了中肯的建议和帮助，三位研究生李燕、李爱敏、马可心参与了书稿的校对，对他们的辛勤付出表示感谢！

在项目研究阶段，我们得到了山东省家具协会的大力支持，得到部分家具企业的管理和研究人员、高校及科研院所的专家、金融机构、中介机构、政府部门负责人员的帮助，他们提供的各种资料、调查数据及相关建议使项目的研究具有了坚实的实践依据，在此向他们表示深深的谢意！

本书参考、引用了许多国内外专家学者的观点和资料，在此，特向他们表示衷心的感谢！

摘　要

中国家具制造业经过近40年的发展，抓住了国际家具产业转移、国际市场开放度加大和国内市场快速扩张带来的机遇，取得了快速的增长，成为世界第一大家具生产国和出口国。家具产业集群已经具备较高的集聚度，但目前大多数家具企业的主要业务基本处于全球价值链低端的制造环节，在国际家具产业竞争中不占优势。家具行业国际竞争力的提升，需要依靠全产业链的协同创新，但是家具产业的行业集中度低，中小企业的独立创新能力比较弱，影响了家具行业整体创新能力的提高。如何整合家具产业链上的优质资源，借助高校及科研院所的知识、技术、人力支持，在政府、家具协会、金融机构及中介机构的协助下，完成家具的设计、生产、管理等方面的协同创新，成为家具产业集群转型升级面临的关键问题。

第一，对我国家具产业发展状况和研究背景进行分析，明确家具产业集群转型升级的重要意义。在对国内外产业集群创新网络、集群协同创新动因、影响因素、运行机制、创新绩效等进行文献梳理的基础上，结合家具产业集群协同创新的现状，确定家具产业集群协同创新研究的基本框架。第二，在对家具产业集群形成条件进行分析的基础上，从"创新主体—创新资源—创新环境—创新功能"的视角构建家具产业集群协同创新的结构模型，分析家具产业集群协同创新各主体的功能定位，并从价值链和社会网络视角分析集群各创新主体间的关系。第三，在经济学、协同学、复杂自适应理论的基础上，阐释家具产业集群协同创新的机理，为协同创新影响因素的确定提供理论依据。第四，对产业集群协同创新的内部动力、外部动力、技术创新扩散力、自组织驱动力等进行分析，构建产业集群协同创新的动力系统模型，并对其运行的动力机制、沟通学习机制、资源供给机制、合作信任机制和激励保障机制等进行深入研究。第五，对产业集群协同创新绩效及其影响因素进行实证研究，结果显示除了协同创新网络之外，协同创新主体、协同创新治理机制、协同创新环境对于协同创新绩效的作用显著；山东省家具产业集群协同创新绩效评价等级为中等偏上，四个维度的评价得分从高到低依次是社会性、协调性、先进性、经济性。第六，在前文理论研究和实证研究的基础上，针对山东省家具产业集群协同创新存在的问题，从家具生产系统、流通系统、产学研协作、金融机构、家具协会、政府等多个视角提出协同创新策略，促进山东省家具产业集群协同创新绩效的提高。

本研究成果可为解决家具产业集群协同创新中面临的实际问题，提供系统的理论分析框架和诊断依据，为家具产业集群的升级转型政策、发展规划与推进措施的制定提供理论指导与实践经验借鉴。

ABSTRACT

Through nearly 40 years of development, the furniture manufacturing industry in China has caught the opportunities brought by the transfer of the international furniture industry, the increasing openness of the international market and the rapid expansion of the domestic market, and achieved rapid growth and become the world's largest furniture producer and exporter. Furniture industry cluster has achieved a high degree of agglomeration, but most furniture enterprises' main businesses are basically at the low level of the global value chain manufacturing link, and enjoy only a tiny slice of market share in the global furniture industry competition. The improvement of international competitiveness of the furniture industry depends on the collaborative innovation of the whole industrial chain. However, the improvement of the overall innovation ability of the furniture industry was badly affected by the low industry concentration of the furniture industry and the short innovation ability of small and medium-sized enterprises in this industry. How to integrate the quality resources in the furniture industry chain to complete the collaborative innovation of furniture design, production, management, etc., has become the key issue in the transformation and upgrading of the furniture industrial cluster, especially with the aids of colleges and universities, research institutes, government, furniture associations and financial institutions.

Firstly, the development status and research background of the furniture industry in China are analyzed to show the significance of furniture industry cluster transformation and upgrading. Based on the literature on the domestic and foreign industrial cluster innovation network, cluster collaborative innovation drivers, influencing factors, operating mechanism and innovation performance, this book establishes the basic framework of research on collaborative innovation of the furniture industrial cluster combining with the current situations of furniture industrial cluster. Secondly, based on the analysis on the forming conditions of the furniture industry cluster, this research builds the structure model of cooperative innovation of furniture industrial cluster on the "innovation subject-innovation resources-innovation environment-innovation function" perspective, analyzes the functions of collaborative innovation of the different organizations in the furniture industrial cluster, and establishes the relationships between innovative organizations according to the theories of value chain and the social network cluster. Thirdly, on the basis of economics, synergetics and complex adaptive theory, it explains the mechanism of collaborative innovation of furniture industry cluster and provides theoretical basis for determining the influencing factors of collaborative innovation. Fourthly, After the analysis on the internal motivation, external motivation, technology innovation diffusion force, self-organizing driving force of the cooperative innovation of industrial cluster, it builds the driving system model of cooperative innovation, and makes an inquiry of the mechanisms of operating, communicating and learning, supplying, cooperating and trusting, and the motivating of the industrial cluster. Fifthly, the empirical study on collaborative innovation performance and its influencing factors of industrial clusters shows that besides the collaborative innovation network, collaborative innovation organizations, collaborative governance mechanism and collaborative innovation environment play significant roles in collaborative innovation performance. The evaluation grade of collaborative innovation performance of the furniture industry cluster in Qingdao City is above the middle, and the order of the evaluating scores is social, harmonious, advanced and economic dimensions respectively from high to low. Sixthly, focusing on the existing problems of the collaborative innovation of furniture industry clusters in Shandong Province, it proposes the collaborative innovation strategies in the respects of the furniture production system, circulation system, industry-university-research cooperation, financial institutions, furniture associations and government to promote the furniture industry cluster of cooperative innovation performance.

The research in this book can provide a systematic theoretical framework and diagnostic basis for solving the practical problems in collaborative innovation of furniture industry clusters, and promote to introduce the related policies or developmental planning to upgrade and transform the furniture industry clusters.

目　录

第一章　绪论 …………………………………………………… 001
  第一节　研究背景及意义 ………………………………… 001
  第二节　国内外产业集群协同创新研究现状 …………… 018
  第三节　国内外家具产业集群发展研究 ………………… 035
  第四节　产业集群协同创新的国内外研究评价 ………… 038
  第五节　研究方法、技术路线及创新点 ………………… 039

第二章　家具产业集群形成条件及集群协同创新的
        结构功能分析 …………………………………… 044
  第一节　家具产业集群形成条件分析 …………………… 044
  第二节　家具产业集群协同创新系统的结构及功能 …… 058
  第三节　家具产业集群协同创新主体间的关系分析 …… 064

第三章　基于多元视角的家具产业集群协同创新
        机理研究 ………………………………………… 072
  第一节　家具产业集群协同创新的经济学机理 ………… 072
  第二节　家具产业集群协同创新系统的协同学机理 …… 083
  第三节　家具产业集群协同创新系统的复杂自适应机理 … 086

第四章　家具产业集群协同创新的动力系统及运行机制 ……… 094
  第一节　家具产业集群协同创新的动力系统构成 ……… 094
  第二节　家具产业集群协同创新的运行机制 …………… 120

  第三节 产业集群协同创新系统有效运行的要点 …………… 140

第五章 家具产业集群协同创新绩效的影响因素实证研究 …… 142
  第一节 影响因素的研究假设 …………………………………… 142
  第二节 问卷设计与实证方法 …………………………………… 156
  第三节 回归模型的拟合与检验 ………………………………… 168
  第四节 结构方程模型的拟合与检验 …………………………… 175

第六章 山东省家具产业集群发展状况及协同创新绩效评价 …………………………………………………………… 183
  第一节 山东省家具产业集群发展概况 ………………………… 183
  第二节 山东家具产业集群发展的 SWOT 分析 ……………… 192
  第三节 山东家具产业集群发展的战略关键点 ………………… 208
  第四节 山东省家具产业集群协同创新绩效评价体系构建 …………………………………………………… 210
  第五节 山东省家具产业集群协同创新绩效评价案例分析 …………………………………………………… 224

第七章 促进山东省家具产业集群协同创新的发展策略研究 ………………………………………………………… 231
  第一节 家具生产系统创新 ……………………………………… 231
  第二节 家具流通系统创新 ……………………………………… 241
  第三节 产学研协同创新 ………………………………………… 245
  第四节 金融支持体系创新 ……………………………………… 253
  第五节 家具协会的服务创新 …………………………………… 258
  第六节 政府政策支持及服务创新 ……………………………… 263

附 录 …………………………………………………………………… 272

参考文献 ………………………………………………………………… 281

CONTENTS

Chapter 1　Introduction ··· 001

1.1　Research Background and Significance ···················· 001

1.2　Research on Industrial Cluster Collaboration and Innovation at Home and Abroad ······································· 018

1.3　Research on the Development of Furniture Industry Clusters at Home and Abroad ······································· 035

1.4　Research and Evaluation on Industrial Cluster Collaborative Innovation at Home and Abroad ······························ 038

1.5　Research Method, Technical Path and Innovation ············ 039

Chapter 2　Analyses on the Forming Conditions of Furniture Industry Cluster and the Structure and Function of Collaborative Innovation System ···················· 044

2.1　Analysis of Forming Conditions of Furniture Industry Cluster ··· 044

2.2　The Structure and Functions in Collaborative Innovation System of Furniture Industry Cluster ························· 058

2.3　Analysis of Relationship between Collaborative Innovation Organizations of Furniture Industry Cluster ···················· 064

Chapter 3 Research on Cooperative Innovation Mechanism of Furniture Industry Cluster Based on Multiple Perspectives ⋯⋯ 072

3.1　Economic Mechanism of Collaborative Innovation of Furniture Industry Cluster ⋯⋯ 072

3.2　Cooperative Mechanism of Collaborative Innovation System of Furniture Industry Cluster ⋯⋯ 083

3.3　The Complex Adaptive Mechanism of Collaborative Innovation System of Furniture Industry Cluster ⋯⋯ 086

Chapter 4 Driving System and Operating Mechanism of Collaborative Innovation of Furniture Industry Clusters ⋯⋯ 094

4.1　Power System Composition of Collaborative Innovation of Furniture Industry Cluster ⋯⋯ 094

4.2　Operating Mechanism of Collaborative Innovation of Furniture Industry Cluster ⋯⋯ 120

4.3　Key Points of Efficient Operation of Collaborative Innovation System of Furniture Industry Cluster ⋯⋯ 140

Chapter 5 Empirical Research on Influencing Factors of Collaborative Innovation Performance of Furniture Industry Clusters ⋯⋯ 142

5.1　Research Hypothesis of Influencing Factors ⋯⋯ 142

5.2　Questionnaire Design and Empirical Method ⋯⋯ 156

5.3　Fitting and Testing of Regression Model ⋯⋯ 168

5.4　Fitting and Testing of Structural Equation Model ⋯⋯ 175

Chapter 6 Evaluation on the Developing Status and Collaborative Innovation Performance of Furniture Industry Cluster in Shandong Province 183

6.1 Developing Status of Furniture Industry Cluster in Shandong Province 183

6.2 SWOT Analysis of Furniture Industry Cluster Development in Shandong Province 192

6.3 Strategic Key Points of Shandong Furniture Industry Cluster Development 208

6.4 Construction of Collaborative Innovation Performance Evaluation System of Furniture Industry Cluster in Shandong Province 210

6.5 Case Study on Collaborative Innovation Performance Evaluation of Qingdao Furniture Industry Clusters 224

Chapter 7 Research on Development Strategy of Promoting Collaborative Innovation of Furniture Industry Cluster in Shandong Province 231

7.1 Innovation of Furniture Production System 231

7.2 Innovation of Furniture Circulation System 241

7.3 "Industry-university-research" Collaborative Innovation 245

7.4 Innovation of Financial Support System 253

7.5 Service Innovation of Furniture Associations 258

7.6 Policy Support and Service Innovation of Government 263

Appendix 272

References 281

第一章　绪论

中国家具经过近40年的发展，抓住了国际家具产业转移、国际市场开放度加大和国内市场快速扩张带来的机遇，成为世界第一大家具生产国和出口国。虽然中国家具产业发展已经具备了较高的集聚度，但是整体上看，仍以劳动力密集、技术含量较低的传统生产方式为主，处于国际家具产业链的低附加值环节。在国际国内经济不景气的背景下，许多家具制造企业都在积极寻求创新升级之路，由于家具行业集中度不高，真正有经济和创新实力的大型企业比重较低，通过产业集群协同创新来提升产业发展能力，成了家具企业的共同选择。

第一节　研究背景及意义

一　家具产业的发展概况

家具制造业是中国的传统产业，也是中国具有比较优势的产业之一。中国家具产业经过近40年的发展，抓住了国际家具产业转移、国际市场开放度加大和国内市场快速扩张带来的机遇，取得了快速的增长，成为世界第一大家具生产国和出口国。截至2018年底，中国家具行业规模以上企业6300家，累计完成主营业务收入7011.88亿元，同比增长4.33%；累计完成利润总额425.88亿元，同比增长4.33%；累计产量71277.36万件，同比下降1.27%。家具全行业累计出口 555.77 亿美元，同比增长 8.08%；进口 32.90 亿美元，同比增长 7.80%。

中国家具产业已经从传统的劳动密集型产业发展成为以机械自动化生产为主，技术设备较为先进、规模较大的产业，形成了比较完整的产业链，涌现出一批具有国际先进水平的家具龙头企业和家具配套企业，形成了六大家具产业集聚区，50 个国家级特色产业集群。家具产业的品牌建设、技术水平、标准化、市场建设等均有很大提高，设计特色、产品种类、新材料应用、功能性、环保性等方面，都发生了显著的变化。许多大型的家具企业引进世界一流的生产设备，家具智能制造水平大幅提高，企业规模不断扩大，管理水平不断提高，一批具有影响力的家具品牌的形成为中国确立家具大国地位奠定了坚实的基础。

1988~2007 年中国家具产业高速发展，家具行业规模以上企业产值从 1988 年的 41.08 亿元，增长到 2007 年的 5400 亿元，年均增长速度为 29.27%。2008 年以后，次贷危机、欧债危机等事件的爆发引发了全球性的金融危机，中国家具业的出口市场受到了较大的冲击，进而转向内销。2008 年规模以上家具企业产值回落到 3073 亿元，2008~2010 年年均增长速度为 19.86%，较前 20 年大幅降低。2011 年开始中国家具行业的发展进入调整期，增长速度明显降低。在市场逐渐饱和、进出口受到冲击、环保政策陆续出台等多种因素的影响下，家具行业的发展面临越来越多的挑战。2011~2018 年家具产业产值的年均增长速度为 5.95%，但产品质量不断优化，产品结构不断升级。柔性制造系统、精益生产系统的引进和推广，新材料、新技术的应用，大大降低了生产成本、缩短了生产周期、提高了生产效率和产品质量。在家具产业大市场不景气的情况下，定制家具市场规模却逆势增长，主要消费人群向一线高收入人群集中，2018 年定制家具市场规模约占家具总规模的 41.37%，同比增长 20.22%。

随着国内经济的持续增长、居民收入水平的提高和城市化进程的加快，国内家具市场的需求仍存在很大的空间。从人均家居装饰及家具消费支出来看，2015年中国人均支出额为2694.62元，远低于同期美国的6435.21元和英国的5399.62元，中国的人均支出水平与发达国家的人均支出相比还有不小的差距，家居行业未来有较大发展空间。在家具行业未来的发展中，互联网、大数据技术成为家具行业发展的新动力，数字化制造模式逐步形成，高端化、定制化等家具需求的变化将引导家具产业不断提高技术创新能力，为家具产业的可持续发展注入持续不竭的动力。

二 家具产业的地位及发展趋势

（一）家具产业的地位

家具是人们生活中不可或缺的耐用消费品，是改善人居环境和提升生活质量的重要条件和手段。在城镇化进程不断加快的背景下，家具产业成为国民经济发展的重要增长点，家具产业的发展在满足社会消费需求、提升生活品质、促进国际贸易、吸纳社会就业、推动区域经济发展、构建和谐社会等方面起到重要作用。

中国家具产业因为其内涵的特殊性，在发展中的地位也具有多重性。其一，近30年来，中国家具产业在国际家具生产和贸易网络中具有重要的地位，是一个劳动力密集型的传统制造业，可以吸纳大量社会劳动力，对缓解"三农"问题起到了积极作用，是重要的富民产业。其二，家具与人们生活、工作、学习、娱乐等密切相关，是人们生活的必需品，是现代生活方式的载体。在居民消费不断升级的背景下，家具产业的市场空间不断扩大，因而，家具产业具有较强的可持续发展能力。其三，绿色环保是家具产业、涂料产业、油漆产业的热门话题，注重建设绿色、环保、生态、可循环发展的家具产业链，从源头控制家具原辅材料的质量，在家具设计、材料选用、生产过程、成品销售、售后服务的全过程贯穿绿色环保理念，可以对生态环保产业的发展起重要的推动作用。因此，也可以说家具产业是生态环保产业发展的重要组成部分。其四，家具是设计技术、新型材料、艺术风格、文化内涵的集成物，生产技术、加工工艺和新材料的出现决定了家具产品设计风格的变化，同时一个国家和地区的文化积淀和文化氛围对家具的造型、风格也会产生重要影响。所以家具的艺术风格、文化特性已成为其产品价值的主要部分，成为吸引消费者注意力的主要影响因素。

（二）家具产业的发展趋势

随着技术进步的日新月异以及产品需求的日趋多变，家具制造业在世界范围内市场竞争日益激烈。具体来说，一方面，新型材料、智能制造、计算机技术、信息及管理软件等的快速发展，使家具制造领域形成了软、硬技术的有效结合，为家具业的生产加工方式、经营管理模式的改变提供了有效的技术支持，使家具企业的生产效率大大提高；另一方面，市场需求的不断升级与企业间竞争的日益加剧，迫使企业不得不寻求能快速响应市场和适应当代环境的制造方式与生产经营方式。这两方面因素共同发挥作用，使家具制造业在发展过程中呈现明显的变化趋势和特点。①家具设计理念发生改变，更加注重工业设计与工艺流程、使用功能与材料工程、个性化需求与工业化生产的统一，需要设计师具备多元化的知识和能力。②家具生产材料的选用，更加注重新型环保材料的使用、注重资源节约与综合利用、注重木质材料与其他材料的复合利用，从而使材料的环保性能和利用效率大大提高。③家具的加工制造过程，更加注重运用信息技术和智能制造技术对现有的自动化和半自动化设备进行改造与提升，同时购进智能化的数控加工设备，以满足大规模定制与数字化柔性制造的需要。④家具生产过程的管理，更加追求精益管理，注重供应链管理和信息化管理、资源整合与互通互联，在控制成本的前提下，大幅度提高产品质量。

可见，家具产业需要不断利用互联网技术、信息化技术、制造技术与管理技术，使家具制造逐步实现从"劳动密集型"向"劳动+技术密集型"产业发展。家具企业要培养和引进复合型人才，加强对多种学科、多种技术的综合吸收和消化应用，使制造环节、加工过程、生产配套等融为一体，形成柔性制造系统，利用精益生产管理模式，提升生产效率和产品质量；同时要逐步使家具产品的设计、生产、销售、市场、服务等趋向于衔接紧密化与一体化，实行生命周期管理，使企业的生产经营方式、商业销售模式等能够快速响应市场需求的变化。而对家具制造龙头企业来说，多渠道筹集资金，加大自身技术研发的投入或者购买相应的技术专利及智能化生产设备，合理配置企业内部的资源，可以推进家具产品的创新和升级；但这些要求对于企业数占比达80%以上的中小家具企业来说，单凭一己之力是难以达到的。因此，家具产业链上企业应根据自身的优势，确定好自己的生态位，在龙头企业的主导下，加强分工与协作，共同完成家具产品和服务的创新。

三 家具行业产业链分析

在产品生产分类中，家具主要分为木制家具、金属家具和软体家具，而木制家具占据了绝大比重。虽然家具类别不同，生产技术、生产方式有较大的差异，但就整个家具行业来说，其产业链的构成比较单一，细分产业链之间的差异不大。产业链的主体由上游的原材料及辅料供应商、中游的家具生产制造商、下游的经销商及产业链末端的消费者组成。

（一）上游的原材料及辅料供应商

家具产品的种类不同，所对应的上游产业也不同，其主要原材料会有较大的差异，但概括起来，主要原材料有木材、钢铁、塑料等，材料产地、品种、规格型号的不同，会对家具成本产生不同影响；次要原材料大致有布料、海绵、玻璃等；辅料主要有油漆、染料、金属配件、螺丝钉等。这些原辅材料市场化程度高，为家具制造提供了充足的保障；另外，新材料、新技术的应用为新型家具的生产提供了可能。家具生产设备制造业也属于重要的上游产业，主要包括锯木、烘干、铸造、加工、烤漆等设备，其发展水平直接影响到家具的智能制造水平。

（二）中游的家具生产制造商

目前中国的家具制造企业中，中小型企业占家具制造企业总数的92%。受经营规模和经营实力的影响，中小企业在行业整体中处于劣势地位。而在大型家具企业中，产值过亿元的企业比比皆是，近5年来通过上市扩大自身规模和影响力的企业也不在少数（截至2018年底，A股家具上市公司28家，其中有16家是2016年以来新上市的企业，占家具上市公司总数的57.1%）。但从主营业务收入比例来看，家具行业的产业集中度比较低，并不存在能够主导市场的、有绝对影响力的企业，这也很大程度上决定了，家具行业产业链中的核心企业对上下游公司的影响能力可能比较弱，家具企业间的竞争比较激烈。

（三）下游的家具经销商

家具制造行业的下游为各类销售终端，主要包括家具专卖市场、超市、实体店等，销售的传统方式主要是经销、代销、连锁店专卖、特许经营等，在互联网背景下，许多家具销售借助互联网平台及AR、VR等技术，将线上销售与线下销售相结合，在提升家具品牌影响力的同时，为消费者提供了更多的便利条件。互联网的发展倒逼家具业向O2O模式转化，而O2O模式又进一步推动家具产业链重塑，家具制造商、销售渠道商乃至家装服务商的业务产生交集，产业链的边界逐步模糊，产业链迎来品牌渠道变革。同时，新的商业模式对线下产品的质量及服务提出了更高的要求，线下产品服务配套仍然是家具市场拓展的关键因素。随着城市化进程的加快，家具销售终端的覆盖领域不断扩张，对消费者的影响力也不断增强，销售商种类和数量的增多、销售方式的多元化为家具产品的终端消费者提供了更大的便利。

四 家具产业集群发展概况

家具产业在产业链扩展延伸的基础上，在市场和政府政策的引导下，继续扩大与高校、科研院所的合作，加强与政府部门、家具协会、金融机构、中介机构等的联系，逐步形成家具产业集群。目前全国各地区在发挥自身的资源特色和产业特色的基础上，形成了华南、华东、西南、华北、东北、华中6个家具产业区，培育和发展了50个国家级家具特色产业集群。产业集群的形成与发展是家具产业形成强劲、持续竞争优势的关键所在。

（一）家具产业集群的分布

目前中国的六大家具产业集群分布区域不同，区位优势不同，发展历史各异，形成了各具特色的产业集聚区。①华南家具产业区，以广州、东莞、顺德、佛山等广东省地区为中心，具有毗邻港澳的区位优势，有广阔的市场空间，资金和劳动力资源丰富，家具制造业起步较早，发展速度比较快。家具产业发展实力较强，拥有完整的产业供应链，家具设计水平先进，制造能力全国领先，品牌优势明显，销售市场覆盖很多国家和地区，拥有大涌、乐从、大岭山、龙江、大江、三乡、厚街、石碁、东升9个产业集群，家具产值占全国的三分之一，产品多出口到美洲市场。②华东家具产业区，是国内家具生产能力提升最快的地区，主要位于东部沿海一线，以浙江、江苏、江西、山东等地为中心，综合经济实力强，制造产业基础较好，地区文化积淀深厚，高素质人才集中，交通便利，信息发达。区域内人口分布密集，家具市场容量较大，对家具产品质量、档次要求较高。家具企业管理理念和管理模式先进，经营业绩良好，家具产值占全国的三分之一以上，产品以出口为主，欧美等发达国家是其主要目标市场。该地区拥有22个特色各异的产业集群，其中，浙江省的集群优势明显，拥有玉环、杭州、安吉、海宁、瓜沥、东阳、龙游、宁海8个特色产业集群；山东省的集群发展相对较早，拥有阳信、宁津、胶西、周村4个不同特色的产业集群；江苏省近年来产业集群发展速度较快，拥有蠡口、海虞、碧溪、沙集、海安5个产业集群；江西省的家具产业集群发展后来居上，承接了广东各地的家具产业转移，形成了南康、南城、樟树3个家具产业集群；福建、安徽各有一个家具产业集群：福建仙游、安徽叶集。③华北家具产业区，以北京、天津、河北为中心，依托环渤海经济圈，家具制造业历史久远，资金、技术、劳动力资源丰富，产业链比较完善，名牌家具企业相对较多，企业管理规范、规模较大，消费群体对家具的需求层次较高。该地区拥有胜芳、香河、涞水3个产业集群，具有成熟的家具销售市场，家具流通企业密集，在国内家具行业有较强的影响力。④东北家具产业区，主要拥有庄河、彰武、普兰店3个产业集群，依靠大、小兴安岭丰富的木材资源和俄罗斯进口木材，重点发展实木家具产业。该地区以沈阳和大连沿线为主，辐射黑龙江等东北老工业基地，沈阳家具市场是东北、内蒙古乃至全国的家具集散地，大连拥有全国最大的实木家具出口生产基地，黑龙江拥有以实木家具、板式家具为主的家具制造产业集群，家具产品集中向东北亚和欧洲市场出口，集群发展受国际经济环境影响较大，国内市场份额较少。⑤西南家具产业区，以四川成都、云南瑞丽为重点发展区域，抓住机会承接了浙江、江苏、广东等沿海地区的家具产业转移，近年来家具产业集群发展较快。该区域家具产品销售主要面向中、西部三级市场,这些区域未来的市场发展空间很大,对家具产品的需求也会大幅增长。家具行业被各地方政府列为带动本地经济发展的支柱型产业,在发展中给予了政策、资金上的全方位支持。政府以家具产业园区的发展为载体,通过招商引资,引进产业链上的相关企业,在征地、贷款、用工等方面,出台了各项财政、税收方面的优惠政策,为产业园的建设提供大力支持,极大地促进了家具产业的发展。该产业区具有成熟、便捷的物流基础和巨大的市场空间,企业以物流优势获取更多的市场份额,产业发展规模增长很快,在政府主导下发展了剑川、武侯、崇州、新都、瑞丽5个产业集群。⑥华中家具产业区,以河南、湖北为重点发展地区,属于家具产业的后起之秀。在各地政府的主导下,按照集家具设计、材料研发、家具生产、家具销售、物流、配套服务为一体的综合性新型家具产业园的规划进行建设,在较短的时间内建成潜江、红安、原阳、庞村、监利、清丰、信阳、兰考8个产业集群,家具产品供应面向中、西部三级市场。中国50个国家级家具产业集群的分布,见表1-1。

表1-1 中国50个国家级家具产业集群区域分布

地区	省份	数量	家具产业集群
华南家具产业区	广东	9	1. 中国红木家具生产专业镇——广东省中山市大涌镇
			2. 中国家具商贸之都——广东省佛山市顺德乐从镇
			3. 中国家具出口第一镇——广东省东莞市大岭山镇
			4. 中国家具制造重镇——广东省顺德龙江镇
			5. 中国家具材料之都——广东省顺德龙江镇
			6. 中国传统家具专业镇——广东省台山市大江镇
			7. 中国古典家具名镇——广东省中山市三乡镇
			8. 中国办公家具重镇——广东省中山市东升镇
			9. 中国广作红木特色小镇——广东省番禺区石碁镇

续表

地区	省份	数量	家具产业集群
华东家具产业区	浙江	8	1. 中国华东实木家具总部基地 中国实木家具工匠之乡——宁波市宁海县 2. 中国椅业之乡——湖州市安吉县 3. 中国出口沙发产业基地——海宁市 4. 中国办公家具产业基地——杭州市 5. 中国浴柜之乡——萧山区瓜沥镇 6. 中国欧式古典家具生产基地——台州市玉环市 7. 中国红木（雕刻）家具之都——东阳市 8. 中国红木家居文化园——衢州市龙游县
	山东	4	1. 中国实木家具之乡——德州市宁津县 2. 中国古典家具文化产业基地——滨州市阳信县 3. 中国软体家具产业基地——淄博市周村区 4. 中国北方家具出口产业基地——胶州市胶西镇
	江苏	5	1. 中国东部家具产业基地——南通市海安县 2. 中国家具电商产销第一镇——睢宁县沙集镇 3. 中国苏作红木家具名镇——常熟市海虞镇 4. 中国苏作红木家具名镇——常熟市碧溪街道 5. 中国东部家具商贸之都——苏州市相城区（蠡口）
	江西	3	1. 中国金属家具产业基地——樟树市 2. 中国中部家具产业基地——赣州市南康区 3. 中国校具生产基地——抚州市南城县
	福建	1	1. 中国仙作红木家具产业基地——莆田市仙游县
	安徽	1	1. 中国中部（叶集）家居产业园——六安市叶集区
华北家具产业区	河北	3	1. 中国北方家具商贸之都——廊坊市香河县 2. 中国金属玻璃家具产业基地——霸州市胜芳镇 3. 中国京作古典家具产业基地——保定市涞水县
东北家具产业区	辽宁	3	1. 中国橱柜名城——大连市普兰店区 2. 中国家具彰武新兴产业园区——阜新市彰武县 3. 中国实木家具产业基地——庄河市

续表

地区	省份	数量	家具产业集群
西南家具产业区	四川	3	1. 中国西南家具产业基地——成都市新都区
			2. 中国西部家具商贸之都——成都市武侯区
			3. 中国板式家具产业基地——崇州市
	云南	2	1. 中国民族木雕家具产业基地——大理市剑川县
			2. 中国（瑞丽）红木家具产业基地——瑞丽市
华中家具产业区	河南	5	1. 中国中原家具产业园——新乡市原阳县
			2. 中国钢制家具基地——洛阳市庞村镇
			3. 中国（信阳）新兴家居产业基地——信阳市羊山新区
			4. 中国中部（清丰）家具产业基地——濮阳市清丰县
			5. 中国兰考品牌家居产业基地——开封市兰考县
	湖北	3	1. 中国家具红安新兴产业园——黄冈市红安县
			2. 中国华中家具产业园——潜江市
			3. 中国长江经济带（湖北）家居产业园——荆州市监利县

(二) 家具产业集群的优势

从中国六大区域家具产业区的集群发展状况可以看出，产业集群在家具产业发展过程中具有独特的优势和重要的推动作用。

首先，家具产业集群可以集中区域优势资源，为集群企业的发展提供更多便利。产业集群能够为区域产业发展提供良好的政策、人力、物力、财力等资源，开拓更为广阔的销售市场和渠道，集群内企业可以有效利用集群式发展的优势，以较低的成本获得高素质的技术人才、先进设备和优质原材料，从而有效推动家具生产技术和产品的创新，更便捷地提供满足市场需求的产品。

其次，家具产业集群可以整合产业链上中小企业的优势资源，提高集群产出效率。集群企业在龙头企业的带动下，按产业链分工合作，每个企业只需完成自己最具竞争实力的生产环节，然后通过物流、信息流、资金流的频繁交换，完成市场需求的最终产品的生产，从而有效提高产业集群整体的竞争力。

再次，家具产业集群具有政策推动、资金支持的优势。西南和中部家具产业区，主要是在政府主导下建立的，具有明显的后发优势。各地政府在家具产业发展规划中，明确提出采取政策引导、财税支持、技术扶持等多种措施促进产业集群的发展。通过建设家具产业园区，进行产业链招商，发挥家具协会、生产技术服务中心的作用，为集群中企业间的交流搭建桥梁，促成企业间的分工合作；促进企业与高校、科研院所的技术交流，促成科技成果的转移，大大提高了科技成果的产业化水平。

最后，家具产业集群的发展有利于提高家具区域品牌的影响力。产业集群的建设有利于形成原材料、辅料、木工机械设备及家具产品的专业市场，有利于核心企业利用展会平台进行家具品牌的宣传和推广，使企业在区域市场中获得优势。

总之，家具产业集群在发展过程中可以充分发挥集聚效应，以点带面，推动区域相关产业和经济发展，提升区域创新能力和整体竞争力。

五　支持家具产业集群发展的文件

2015年中国家具协会修订了《中国家具新兴产业园区的管理办法》和《中国家具行业特色区域荣誉称号的管理办法（修订）》，为中国家具产业集群发展提供全方位的指导。

（一）制定《中国家具新兴产业园区的管理办法》

2015年7月，中国家具协会重新修订了《中国家具新兴产业园区的管理办法》，重新明确中国家具新兴产业园区（区域产业集群）是中国家具行业在发展中兴起的工业及相关产业集中区域，是整个行业工业化程度较高、产业链相对完整的产业基地。新兴产业园区反映当代中国家具工业水平，也基本代表中国家具发展方向，其发展状况关系中国家具未来。

《中国家具新兴产业园区的管理办法》（以下简称《办法》）由中国家具协会组织实施，重申了中国家具新兴产业园区的基本申请条件：①符合国家发展方向，与当地经济发展规划契合；②由地方政府批准并规划、立项及建设在三年以上的产业园，有详细规划方案；③已经开始运作，已有30家以上企业入驻产业园，并有1/3以上的企业投产运行；④生产产品或运作模式在发展方向上有代表性；⑤建设完成后能够形成规模。《办法》对园区的公共服务、产业链发展规划和管理机构做出明确要求：园区有合理健全的公共服务及技术平台、相对完整的产业链建设规划、合理的中长期发展规划及健全的管理机构。

《办法》对区域家具产业集群的发展提出了明确的要求，指明了发展方向。园区获得资格认定以后，享有获得行业信息、参与行业活动的优先权，有组织行业活动的建议权，有申报地方和国家名牌产品、中国驰名商标等荣誉的优先推荐权，有升格为地方和国家级产业示范园区的优先权。同时有义务积极参加并支持协会活动，支持协会工作，为中国家具行业的发展做出更大贡献。

（二）制定《中国家具行业特色区域荣誉称号的管理办法（修订）》

2015年6月，为扩大区域家具产业发展优势，推动区域家具品牌成长，支持各地特色家具产业区域健康快速发展，中国家具协会制定了《中国家具行业特色区域荣誉称号的管理办法（修订）》，规定符合以下基本条件的区域均可申请中国家具行业特色区域荣誉称号。①具有传统优势，在同行业中处于龙头地位或具有明显特色区域优势；已形成稳定的专业化生产及销售中心，以某一产品为龙头，相关配套产业互相协调发展，并具有五年以上产业发展基础。市场成熟度高，辐射面广，在国内外市场占有较大份额。②在区域经济发展中具有重要影响，处于主导地位，申报家具产业占当地产业的三分之一以上。本区域拥有特色产业家具企业150家以上，其中规模以上企业不少于30家。③具有知名的品牌企业和突出的龙头企业，产品质量符合国家标准或行业标准。④区域内的企业具有良好发展基础，有能力面向国内、国际市场。国内外市场营销网络比较健全，市场管理规范有序，交易公平信誉高、自律性强，在行业中公认有较好的商誉，产品销售辐射面比较广。⑤具有新产品的开发能力和技术改造能力，有较强的创新能力。拥有自主知识产权和专利产品，没有侵权行为和案例。⑥注重人才培养和科技创新，形成特色产业文化。⑦注重节能减排、环境保护，在建设"资源节约型""环境友好型"社会工作中成绩突出，确保当地家具行业可持续发展。⑧有创新精神，对中国家具行业的发展具有积极的拉动作用。有中长远发展规划及近期实施方案。⑨信息网络和售后服务网络健全。⑩当地政府对家具行业一贯支持，注重建设公共服务平台，有专门负责特色区域建设的部门或人员。地方协会组织健全，工作活跃。

《中国家具行业特色区域荣誉称号的管理办法（修订）》的实施，使家具产业园区的建设和发展更加规范，园区内打造了相对完整的产业链，形成了家具产业集群，有效促进了家具产业转型升级和结构调整，提高了区域资源的集成能力，形成了具有中国特色的家具产业体系。

（三）山东省家具行业发展规划

山东省家具协会先后编制了《山东省家具行业"十二五"发展规划》《山东家具产业转型升级实施方案》《山东省家具行业"十三五"发展规划》等，肯定了"十二五"期间山东省家具产业发展取得的成绩，找出了发展中存在的问题和制约因素，指出了山东省家具行业"十三五"期间发展的指导思想、基本原则和发展的主要目标，通过进一步优化产业结构、增强生产能力、加大研发整体投入、提升品牌优势，不断强化产业集群的综合实力，争取实现由家具大省向家具强省的跨越。为此，明确了家具产业集群的发展重点，依托实木家具、软体家具、板式及定制橱衣柜、木门、定制化整体家具等重点门类和重点企业推进家具业的供给侧改革；通过大力推进机械化升级改造、大力推广智能制造和深化互联网在家具行业的应用，推动信息化与工业化的深度融合；通过严把产品质量关、提高原材料的利用率、加快实施清洁生产、推进绿色制造，加大对新型环保材料的使用，积极开发绿色环保家具产品。通过制定相关地方性法规，形成良性的循环体系等系列措施，推广以旧换新制度，有效提高废旧家具回收再利用水平；通过科学规划产业布局、支持龙头企业与中小微企业分工协同发展、建立集群内公共服务平台、完善产业支撑体系等措施，着力提高集群内公共服务水平，提升集群内企业竞争力，扩大产业集群的品牌影响力。通过大力发展网络营销等新型营销方式、大力支持商业模式创新与实践、积极引导产业组织形式创新、加快实现设计研发路径创新等措施，大力实施创新驱动，加快推进模式创新；将山东传统文化与现代产业相融合，充分挖掘"鲁作家具"浑厚质朴、儒雅内敛的造型特点和历史文化内涵，以致力于"鲁作家具"研发的济南天地儒风为基础，将齐风鲁韵融入"鲁作家具"的设计研发中，开发出"鲁作家具"系列产品和具有山东特色的文化创意产品。

从工信部、中国家具协会、山东省家具协会制定的系列文件可以看出，家具产业集群的建设在家具行业的振兴和创新发展中具有无可比拟的重要性，其重要原则、指导思想和发展重点的确立，为山东省家具产业的转型升级和可持续发展指明了方向。

六　家具产业集群转型升级的意义

（一）家具产业集群的转型升级要求

1988~2018年中国家具行业的高速发展是由国际产业转移和国内消费市场的特殊性所决定的，改革开放扩大了家具产品的市场空间，促进了人民消费需求的持续快速增长，滋养了中国家具业从无到有、从小到大的快速发展。家具产业发展初期，依赖相对廉价的原材料、劳动力、土地等资源，承接了部分国际家具产业的转移，迅速扩大了家具产业的生产规模。但大多数家具企业承接的多为附加值低的加工组装等非核心价值链环节，附加值高的核心价值链环节仍掌握在发达国家手中。因而，尽管中国家具产业集群已经具备较高的集聚度，在一定程度上奠定了在家具产业的国际竞争中的地位，但总体来讲，中国家具业仍以劳动力密集、耗能耗材、技术含量较低的传统产业为主，创新能力弱、产业配套不完善、环保意识和保障差、知名品牌少，家具的整体设计水平参差不齐、原创设计知识产权保护不够、家具的智能化水平不高。家具生产的技术含量不高、门槛较低，发展过程中存在区域恶性竞争、产品抄袭、质量欠缺等问题，导致中国家具产业发展陷入低水平竞争的恶性循环。

随着人们生活水平的提高，消费需求日益升级，以"薄利多销"为代表的传统制造业路径正逐渐褪去光环，曾经的成本优势变成了劣势，无品牌、雷同性强、附加值低等"后遗症"使传统家具制造业步履维艰。家具产业集群发展中普遍存在战略缺失、生产专业化不足、技术水平低下、产品同质化严重、设计能力不足；供应链体系不完善、政策和服务体系不到位等问题，严重阻碍了家具产业的转型升级步伐。以中小企业为主体的家具行业的主要业务基本处于全球价值链低端的制造环节，缺乏向全球价值链上游的研发、设计环节以及下游的营销、品牌环节的延伸，企业面临着极大的升级转型压力。

2015年前后，家具供方市场已经趋于饱和，家具产业的发展速度明显放缓。数据显示，中国家具制造业主营业务收入的增速已经连续五年放缓，2013年中国家具制造业主营业务收入增速为14.3%，此后各年增速逐步下滑，2014年增速为10.9%，2015年为9.3%，2016年为8.6%，2017年为5.8%，2018年则转为下降22%。利润方面，2013年增速为17.1%，2014年为9%，2015年为13.4%，2016年为7%，2017年为5.2%，2018年则转为下降24.6%。在经济新常态和家具行业供给侧改革的背景下，家具行业已经到了一个调整期，此阶段对家具质量提高的要求，超过了对增长速度的追求。企业间的竞争越来越激烈，利润空间急剧下降，一部分企业面临被市场淘汰的危机，另一部分企业面临转型升级的发展压力。许多家具制造企业都在积极寻求机遇，进入以转型升级为方向的供给侧结构性改革阶段。

（二）家具产业集群协同创新研究的意义

家具产业集群要进入可持续发展的良性轨道，需要以转型升级为方向的供给侧结构性改革措施的支持，需要依托产业集群的大规模生产与配套系统的完善，包括各种先进生产设备、工艺流程与技术的应用及严格的质量管理和环境管理，尤其是现代化的创意设计、营销物流、商业渠道等服务业层次的提升。其升级的最终体现就是研发的新产品持续推向市场并获得定价权，即获得相应的市场势力。而这一目标的达成需要家具企业有较强的发展实力和创新能力，但目前以中小企业为主体的家具行业普遍存在资金不足、研发实力薄弱的问题，难以独立完成技术创新、管理创新、品牌推广的任务。如何整合家具产业链上游的优质资源，借助高校、科研院所的技术支持，在政府、家具协会、金融机构及中介机构的协助下，取得家具的设计、生产、管理等方面的创新，提升产品质量，从源头上提升品牌价值，创造更大的产品附加值和利润空间，成为家具制造企业、地方政府及相关服务机构需要解决的关键问题。

产业集群中各参与主体的协同创新是实现家具产业创新发展和转型升级的重要手段，成为家具产业集群规避"路径锁定"、应对集群风险和外部压力、实现向全球价值链两端的高价值环节攀升的重要依赖，将会给家具产业的发展提供新的出路。对产业集群协同创新机理、动力机制、创新绩效及创新策略的研究，可为解决家具产业集群协同创新中面临的实际问题，提供系统的理论分析框架和诊断依据，为家具产业集群转型升级提供理论指导。这将有利于改善集群创新的内、外环境，推进家具产业集群创新体系的建设，提高家具产业集群的综合实力和国际竞争力。

第二节　国内外产业集群协同创新研究现状

产业集群的概念类似于"产业综合体""区域产业集群""价值链产业集群""新产业区""产业联盟"等，其目的都是通过群体内的相关企业资源优势的整合，理顺集群内企业间的关系、优化产业链条结构，形成集群规模和技术联盟，从而实现集群的规模效应、降低企业成本和风险，最终提高企业的竞争力。产业集群的发展与创新网络的联系尤为密切，产业集群中的企业和其他实体机构扮演了网络节点角色，节点之间通过并行或串联的方式形成了复杂的网络系统，创新网络内生于该网络系统，又高于该网络系统，能够将外部信息知识通过创新网络系统源源不断地输送到产业集群网络系统之中。协同创新是指创新资源和要素有效汇聚，通过突破创新主体间的壁垒，充分释放彼此间"人才、资本、信息、技术"等创新要素活力，从而实现深度合作，提高创新效率。协同创新是技术创新模式从封闭转向开放的必然结果。

国内外许多学者从不同视角对产业集群协同创新展开了卓有成

效的研究，主要的研究视角集中于协同创新的内涵、动因、影响因素以及协同创新绩效等方面。

一 创新网络与协同创新的相关概念

纵观技术创新研究发展的历程，可以看出技术创新研究从最初的单个企业独立创新逐步延伸到开放式创新、网络式创新、集群式创新、系统性创新和协同创新。协同创新理论是在开放式创新、网络式创新、集群式创新、系统性创新等一系列理论的基础上发展起来的，以科学的发展为基础，以技术创新为主要任务，结合设计和商业的创新，最终目标是产品创新，创新过程中需要创新主体、创新投入要素、创新内外环境的协同。然而，由于研究视角的不同，学者们对协同创新的具体内涵尚存在争议。

（一）创新网络的概念及基本结构

创新网络研究最早出现在国外，1912 年由经济学家熊彼特（J. A. Schumpeter）在《经济发展理论》一书中提出。自 20 世纪初该创新概念和理论提出以来，技术创新经历了开发性研究、系统研究、综合研究三个阶段。弗里曼（Freeman, 1991）最早提出创新网络的概念，他认为创新网络的构建是集群内的创新主体通过根本性的制度安排应对系统性创新的一种选择。集群内各行为主体之间通过正式、非正式的关系，形成了纵横交错的创新网络，企业间的创新合作关系行为形成网络构架的主要联结机制。集群内的知识溢出效应得益于集群内部企业间的显性和隐性学习机制，借助集群非正式网络得到的隐性知识对集群创新尤为重要；知识溢出促进了集群经济的增长和集群创新网络的发展，可以提高集群创新产出和生产效率。罗纳德·罗斯韦尔（Ronald Rothwell, 1994）对产业创新模式的发展阶段进行了划分，从 1950 年代到现在技术创新模式经历了五代，分别是技术推动模式（1960 年代之前）、市场带动模式（1960~1970年代）、结合技术与市场作用的"交互作用"模式（1970~1980年代）、集成（一体化）的创新过程模式（1980年至1990年代初）、系统集成与网络化模式（1990年代以来）。技术创新模式由点到线到面再到网络空间，企业创新的合作与协同程度越来越高，网络内成员相对于外部成员拥有不可比拟的竞争优势，专业化分工的高效、灵活性和企业间经常性地知识交流与学习被认为是网络化创新的主要优势（Jarillo，1988）。创新参与者之间通过各种途径联系在一起形成不同的网络，能够有效促进集群创新活动的顺利进行。产业集群创新主要通过组织间的互动实现知识的产生、传递和积累，这种新的创新模式可以称为网络式创新（Steiul and Schiel，2002）。

王缉慈（1999，2001）的研究贡献在于对创新网络的基本构成及作用进行了分析，她认为集群创新网络是"有组织的市场"，集群成功的关键是集群内企业之间以及企业与其他行为主体之间在发展中形成的合作网络，使劳动力、资本等生产要素以及新知识、技术和有价值的思想、信息在网络中顺畅地流动、扩散、创新与增值。吴贵生和李纪珍（2000）认为创新网络是制造企业、R&D机构和创新导向服务提供者等不同类型的创新主体形成的网络共同体，集群整合了各创新主体的优势共同参与创新技术开发并促成新技术的扩散，参与新产品生产和销售过程，通过交流协作在科学、技术、市场之间建立直接和间接及互利互惠关系。刘友金（2004）认为传统产业集群具有核心网络系统、辅助网络系统和外围支撑网络系统三个层次的网络系统结构，以中小企业为核心的集群创新网络比一般网络形式控制成本更低，持续时间更长，战略联盟更为持久。区域企业集群的各主体间具有地理接近性、社会接近性和行业接近性特征，容易达成合作，形成集群创新网络，在创新过程中呈现融合促进、互动创新特征，这一特征体现出创新研究范式的转换。协同创新的涌现，是集群自组织活动的结果，应看成接近性耦合与网络互动共同作用形成的新稳态（徐占忱、何明升，2005）。

（二）协同及协同创新概念的提出

哈肯（Hermann Haken）1971年提出协同的概念，1973年在《社会协同学》中给出了协同学的定义，认为协同学是研究由大量子系统相互作用所构成的复合系统，在一定条件下，子系统间通过非线性作用产生协同现象和协同效应，使系统形成有一定功能的空间、时间或时空的自组织结构。1976年，他又系统地论述了协同理论，认为协同是指复杂大系统内各子系统的协调行为产生超越各要素自身的单独作用，从而形成整个系统的联合作用；创新活动涉及技术、知识、组织、市场、战略和文化等多种要素，是一种系统性的活动，二者有着本质联系。协同创新将二者融合，强调通过不同企业创新要素的合理配置和非线性互动过程，产生单个企业创新要素所无法实现的整体创新效应。之后，协同思想被广泛应用于新产品开发、制造和销售的资源共享以及协作运营等领域。

1980年代后，协同思想被应用于创新系统理论，许多学者以国家创新系统以及产学研合作为研究对象，探索企业与高校及科研院所或中介机构等不同的合作对象之间的协同创新问题。后来，学者Corning（1998）将协同定义为系统（社会或自然系统）中多个子系统要素之间产生的整体效应。2006年，麻省理工学院的彼得·葛洛（Peter Gloor）基于开放式创新理论首次提出协同创新，认为协同创新就是自我激励人员或组织在共同目标的引领下组成协作网络，并借助网络平台分享创新思维、信息及研究进展，通过合作和协同来完成创新任务。Veronica和Thomas（2007）从整合和互动两个维度研究协同创新体系，认为协同创新是一个"沟通—协调—合作—协同"的过程，良好的沟通协调能够加强企业间的合作与协同，推动企业的全面创新管理以及提升企业的创新绩效。

(三) 不同视角的协同创新概念

1992年，国家经济贸易委员会、教育部与中国科学院联合实施了"产学研协同开发工程"，开启了国内关于协同创新的相关研究。彭纪生（2000）从宏观与微观层面探讨了技术协同创新的概念，界定了技术协同创新的内涵和框架，分析了协同创新的特征及创新系统中各要素交互作用的内在机制，并从数学和经济学角度进行了论证。胡恩华和刘洪（2007）、张方（2011）认为，所谓协同创新是指集群创新企业与集群外部环境之间存在复杂的非线性作用机制，各创新主体间既相互竞争、相互制约又合作协同、共同受益，从而产生单个企业无法实现的整体创新效应的过程。陈劲（2012）认为协同创新是企业、政府、大学、研究机构、中介机构和用户等为了实现重大科技创新而开展的大跨度整合的创新组织模式，主要表现为产学研合作的过程，但如果缺乏国家宏观层面的政策指导与计划，协同创新各主体容易产生零和博弈。解学梅（2013）认为协同创新是企业通过创新要素的耦合以及复杂的非线性作用，产生单独要素无法实现的整体协同效应的过程。何俗非等（2013）、姚艳红等（2013）、白俊红等（2015）认为协同创新是集群内各创新主体，基于优势互补、风险共担、互利共赢的原则，通过对各主体拥有的优势创新资源的共享，实现各方优势互补，产生各创新主体无法实现的整体创新效应的过程，加快技术推广应用和产业化。陈芳和眭纪刚（2015）认为协同创新是以企业、高校与研究机构、地方政府、中介机构、金融机构、用户等某一创新主体为主导，其他创新主体为辅的，主要要素一体化深度协作互动的价值创造和能力提升过程，是产业体系内的创新主体内在演化动力与外部环境相互交织与影响的复杂过程，而且随着产业发展，其协同创新处于不断的演化过程，经历孕育、萌芽和成长三个阶段。杨林和柳洲（2015）认为，系统科学（主要是协同学）、创新网络、创新系统、集群创新、产学研结合、开放式创新、三螺旋理论等是协同创新的重要理论基础，随着开放式创新逐渐成为企业创新开发的新范式，协同创新也必然成为主流的技术创新模式。严炜炜（2016）从生态学、物理学和经济管理视角，进行产业集群协同创新的多学科理论含义揭示和探讨，为产业集群协同创新实践活动的开展寻找理论支撑。

（四）协同创新内涵的特征

从上述文献梳理过程中可以看出，协同创新系统是一个包括企业、高校及科研院所、地方政府、行业协会和其他中介机构在内的跨边界的技术、信息、组织、知识、管理等多要素在内的复杂的非线性开放系统，各跨界要素之间通过耦合、交互、协同作用，发挥创新系统的协同效应，产生"1+1>2"的效果。尽管学者对协同创新的理解角度不同，有的侧重企业内部，有的侧重产业链，有的侧重产业集群，但其内涵至少包含以下4个核心特征：创新资源的互补性、创新过程的高效性、创新成果的共享性及创新活动的可持续性。在协同创新系统形成过程中各参与主体投入自身的优势资源，并通过交互协作与耦合，使系统拥有人才、技术、资金、信息等异质性互补资源，通过资源的优化配置，提高整个创新系统的创新效率。各创新主体对最终创新成果的利益诉求的差异，为协同创新成果的共享提供了可能，高校及科研院所的基础研究得到政府和社会资金的支持，获得理论上的突破和知识的积累；企业获得实用性的先进技术，并通过产业化转换形成最终的经济利益；中介机构及金融机构等也从专项服务的提供中得到应有的回报，各创新主体的核心竞争力进一步提高。同时，在协同创新过程中形成的良好协作关系，为各创新主体间持续的创新协作奠定了良好的基础，推动了协同创新活动的持续开展。

二 产业集群协同创新的动因

参与协同创新的各主体的利益诉求不完全相同,导致其参与协同创新的动因各异,主要的动因有:获取外部资源和知识共享、实现成本分摊和风险共担、对创新剩余的追求等。

(一) 获取外部资源和知识共享

Paul R. Krugman (1991)、R. Baptista (2000)、Fosfuri 和 Ronde (2004)、Iammarino 和 McCann (2006) 等认为集群企业在发展过程中需要其他主体的互补性资源的协助,在信任机制的推动下各创新主体间展开稳定、频繁的互动与合作,各参与者共享知识的意愿和可能性越强,创新成果的获取、技术扩散和传播的效率越高 (S. E. Ibrahim et al., 2009)。如果企业之间不进行合作创新,就没有相应的激励机制让其他企业共享自身的科技信息资源,信息共享很难发生。当集群中的企业进行合作创新时,随着集群中创新环境的改善和集群规模的扩大,企业愿意提供更多的信息进行共享(陈云等,2004)。

从社会学视角进行的研究认为,产业集群中的独特环境与"植根性"社会网络发展有着重要的关系,社会网络可能超越企业和产业的边界促进产业集群的协同创新 (Granovetter, 1992)。产业集群通过构建紧密互惠合作的网络关系,共享内外部资源、共同研发新产品或新技术、降低研发成本与风险 (Joseph and Rugman, 1993)。产业集群协同创新的主要动因之一就是企业、大学之间知识和能力的异质性所带来的互补效应(游文明,2004),企业进行协同创新的目的之一是弥补自身资源不足的缺陷、获取互补性资源,即资源的互补性是企业进行跨界协同创新的核心原动力。通过协同创新,企业不仅可以充分利用外部资源,提高企业生产技能与知识创新能力,创造出新的竞争优势,还能在协同过程中及时调整企业的管理措施,以提高企业响应外部市场环境变化的能力,从而提高企业的创新效率(O. Vuola,A. P. Hameri,2006)。获取互补性研究成果、进入新技术领域、开发新产品、接近大学的重要人员、提高学术研究能力是企业参与产学协同创新的主要动机(S. Lee,2010),企业借助不同合作伙伴的外部资源,可以获得技术、设备、专业知识、资本、商业网络和知识产权等资源,提高自身的创新能力(M. Schwartz et al.,2012)。陈劲等(2013)认为产业集群可以通过创新资源的有效配置,推动不同类型创新主体间的交流、合作与协同,集群中不同类型创新主体的跨组织协同合作,加快了创新知识的扩散和溢出,有效调动了集群网络中中小企业的参与积极性,使其与集群中核心企业的联系更为紧密和稳定,提高了集群新知识、新技术的综合集成能力,提高产业集群的创新绩效。

(二)实现成本分摊和风险共担

Mowery(1998)指出企业合作的动机主要有获得技术创新活动的规模效益、降低研发成本。创新网络所带来的技术创新优势比集群内企业分工协作带来的成本优势更持久,在创新网络中企业容易获得共享资源以及能力互补优势、知识溢出效应、集体学习机制、创新的累积效应、更低的创新风险和成本,从而使企业集群富有创新活力(蔡宁等,2004)。当企业独立进行技术研发的成本过高或创新成果的不确定性和复杂性加剧时,协同创新因与合作伙伴协作能够分担创新成本,降低创新风险,从而成为企业创新战略的重要选择(A. Escribano et al.,2009)。协同创新不仅可以帮助初创期企业获得开展创新活动所必需的互补性资产,还能够分摊创新成本和共担可能面临的创新风险,进而提高创新活动的效率(H. Okamuro et al.,2011)。A. Lopéz(2008)认为企业在与其他组织或机构协作创新的过程中,能够有效利用其他主体的优势技术和信息资源,提高自身的市场适应力,实现外部规模经济效应,达到成本分摊和风险共担的目的。技术创新的协同能够借助外部资源降低企业创新风险，有利于成本领先战略的落地实施（李卫红，2014）。

总而言之，协同创新能够通过优势资源的整合利用，提高其创新效率，同时分散各企业的创新风险，降低其创新成本。

（三）追求知识溢出效应及协同剩余

Paul R. Krugman（1991）认为集群网络中存在知识溢出效应，集群中企业由于地理位置的接近性，相互之间的技术创新合作更具优势，新产品、新技术、新工艺流程的溢出效应更加明显。溢出效应可使集群企业最大限度地获取技术创新所需要的多元化知识，从而提升技术创新效率和效益，并在集群中形成强大的正反馈效应，提升集群整体的创新水平。协同创新可以看作是企业之间溢出效应的权衡，企业能够在合作过程中产生溢出效应，同时也能够从协同网络的合作伙伴和非合作伙伴中获取溢出的知识和技术，并在知识传递、分享和集成等多维互动过程中，加速企业的技术创新，获取更多的创新利润（R. Gulati，1999）。创新集群通过企业间知识的有效集成激发集群的创新潜能，提高企业创新绩效（陈剑锋等，2001）。集群的非正式网络是知识扩散的一个重要渠道，从业者可以从非正式网络中获得有价值的技术和信息。在集群网络中，不同企业的科研人员会跨组织边界相互提供知识，甚至可能交换企业专有技术，虽然公开这些关键信息会对企业不利。他们互相交流意见和探讨解决问题的方案，并希望会在未来受益（S. Michael Dahleta et al.，2004）。

Baptista 和 Swann（1998）的研究认为产业集群内的企业比外部独立企业更具有创新性，并从新技术扩散速度的角度，实证研究了集群内的企业比集群外的企业拥有更多的资源和机会，具有明显的创新优势。个人联系、企业网络及企业间的相互作用促进了知识溢出，成为产业集群创新的内在原因，集群内部企业的技术创新更具优势，通过集群知识溢出和集群学习，可以促进集群内部的知识转移、共享、产生和扩散，进而提高集群企业的创新效率，加快企业的成长速度。协同创新各参与主体通过交流与合作，加快了企业知识的积累与更新步伐，进而完成新技术和组织创新（Y. Caloghirou et al.，2003）。企业与高校及科研院所的协作，不仅能够加速高校及科研院所的学术成果产出，增加技术专利拥有量，而且能加速企业新技术和新产品的开发速度，提升企业的创新绩效（O. Vuola et al.，2006；H. Yli-Renko et al.，2011）。知识传递和知识学习在网络式创新中居于核心地位，集群网络创新的效率取决于知识整合能力，集群网络化创新能提高创新绩效（魏江等，2003；魏江等，2007）。协同创新是推动企业研发和提升创新水平的一种有效手段（M. Fiaz，2013），有利于"新资源"的形成，产生知识溢出，并带来"合作剩余"（L. Fu et al.，2013），通过保持高知识流动和保护内部知识外溢之间的平衡，达成协同创新的目标（T. Schmidt，2005）。对收益回报的追求是战略新兴产业集群协同创新的主要诱导因素之一（石明虹等，2013），集群的网络式学习结构是创新绩效提高的重要原因（Jinho Choi et al.，2013）。

三 产业集群协同创新的影响因素

围绕与创新主体相关的核心要素和支撑要素，学者们从地理区位、信任与沟通、内外环境及影响机制等层面分析影响创新主体协同创新的主要因素。

（一）创新主体的地理区位

地理区位主要包括合作伙伴所处的地理方位、合作伙伴之间的物理距离以及合作伙伴花费的行程时间。Powell（1996）认为地理上的接近是企业与合作伙伴进行经验交流和知识扩散（尤其是隐性知识）的催化剂，合作伙伴之间地理上的接近有利于集群创新；空间距离上的接近可以减少各创新主体间合作成本的投入，特别是节省旅行和沟通交流的时间成本和经济成本（L. Fu et al.，2013）。Schwartz 等（2012）指出创新合作者之间的空间接近有助于提高创新效率，有利于促成企业和研究机构之间的合作。然而，也有部分学者持不同的看法，认为地理的接近性容易导致合作创新者之间因竞争而产生冲突，不利于合作关系的建立和维持，要实现创新主体各方利益的最大化，必须更多地保持与外部环境的互动（Fritsch et al.，2004）。另外，在网络经济背景下，距离的远近并不是协同创新的主要影响因素，同一区域内的社会和认知的趋同才是协同创新的关键所在，而社会和认知的趋同需要各参与主体形成良好的合作关系（Boschma，2005）。

（二）创新主体间的信任和沟通

在协同创新过程中，各参与主体之间的信任极为重要，成功的协同关系基于互信、互惠和无等级层次的组织结构（M. Fritsch，G. Franke，2004），Fawcett 和 Waller（2012）在研究供应链上企业间的协同创新关系时指出，信任是协同创新得以形成的基础，没有信任作为基础，协同创新就难以建立和维持。然而，信任关系需要合作主体经过持续不断的努力才能形成和维持。合作时间长短不同，合作密切程度不同，信任关系的发展程度也会有所差异。合作初期的信任，可以让合作主体通过契约、协议相互了解，进而追求共同目标（L. Fu et al.，2013）；而更高层次的信任对各参与主体之间合作协议的顺利执行将会产生积极的推动作用（E. M. Mora-Valentin et al.，2004）。Drejer 等（2005）认为企业与其他组织间的协作需要有效的协调机制，协同双方的信任、承诺和互利机制也会影响企业的协作过程，机制的缺失将造成协作的失败。在企业协同创新过程中，合作主体之间的相互信任会受到合作经验、沟通频率、企业自身的研发能力等内部因素与市场环境、信用体系等外部因素的影响，沟通频率是影响企业协同创新进程的重要因素，频繁、有效的沟通能够强化各创新主体的合作关系；随着双方信任程度的增加，合作企业的创新效率也将提高（O. Vuola et al.，2006）。

总体上看，协同创新是一个"沟通—协调—合作—协同"的过程（S. X. Zeng et al.，2010）。良好的沟通和激励机制有利于企业之间技术知识的相互模仿学习、消化与吸收，能够提高技术溢出效应，加快企业新产品开发的速度。由此可见，企业与高校、科研院所之间建立深层次的信任与沟通关系是实现技术创新成果高效扩散、转移以及达成协同创新目标的关键途径（S. Lee et al.，2010）。

（三）协同创新的内外环境

Malerba 和 Orsenigo（1996）指出协同创新氛围对企业创新绩效有重要影响，协同创新的开展需要企业自身具备良好的创新氛围和创新要素基础，而创新文化氛围和激励制度的缺失将阻碍企业协同创新活动的开展。董晓宏等（2007）认为在多主体协同创新机制建立和运行过程中，各创新主体需要建立内部支持性环境。内部环境具体包括企业家精神、发展战略、组织结构、人力资源、信息系统以及企业文化等。协同创新主体需要采取适当的措施主动改变不利的内部环境，具体可以借助 SWOT 分析等战略分析工具，明确自身的优势和劣势，扬长避短，以便抓住机遇，避开威胁。环境是影响企业协同行为的重要因素（Martínez-Román et al.，2011），良好的集群外部环境是组织进行协同创新必要的外部条件，能够促进企业协同创新活动的开展（胡恩华等，2007）。

解学梅、曾赛星（2013）认为集群外环境是由地理区位环境、法制政策环境、社会人文环境、技术环境、市场环境共同构成的一个生态系统，创新主体与集群外环境之间的协同创新受多种因素的影响并在复杂自适应机制的作用下形成创新结果。政府的扶持性政策有利于推动企业的协同创新，政治稳定和政府的扶持会影响企业协同创新活动的开展（Thorgre et al.，2009；Fiaz，2013）；政府应合理界定自身在产业集群协同创新过程中的作用，从财税激励、政府采购、共享机制、融资支持、中介机构等方面对中小企业技术创新活动给予有效支持，以扫清协同创新障碍（张艳清，2011）。S. X. Zeng 等（2010）认为各级政府在企业协同创新中发挥间接作用，对协同创新的影响相比其他创新主体要小。但 V. Hanna 等（2002）的研究认为政府政策的制定和实施在推进企业间协同创新、提高企业竞争力的过程中起着不可或缺的作用。

四 产业集群协同创新的运行机制

协同创新运行机制研究主要从创新主体的横向协同、纵向协同及自组织协同等方面展开。陈光（2005）的研究认为，横向协同创新主要是指同一大类产业中细分产业主体间的协同，各创新主体间具有竞合关系；纵向协同创新主要是指同一条供应链的不同环节上的创新主体间的协同，各创新主体间以合作关系为主，按照产业链上的分工展开；自组织协同则是从生态系统的视角研究产业集群协同创新的演进机制，了解其演进的动态过程。

（一）创新主体间的横向协同创新机制

机制是复杂系统中各要素间产生的内在规定性和控制方式，曹静等（2009）认为协同机制包括激励机制、风险管理机制、利益分配机制和成果导入机制。如果忽视了系统各要素之间的相互作用机制，创新系统不能够达到最佳效果（Tidd et al.，1997）。

产业集群在协同创新过程中要建立有效的协同过程监督机制、风险分摊机制、利益分配机制，从制度上来防范机会主义行为的产生（彭本红等，2008）。范太胜（2008）通过对协同创新机制的功能与结构分析，解释创新网络的集体学习机制，指出协同创新机制可以提升创新网络的密度、规模、强度和创新速度，进而提升网络的创新绩效。唐丽艳等（2009）构建了科技型中小企业与科技中介、政府机构、大型企业、大学及科研院所的协同创新网络模型，协同创新网络能够为科技型中小企业创新的模仿、消化和扩散提供有力支持，降低创新成本和分担创新风险，提高集群整体创新效率，其研究认为，在浓厚的创新氛围影响下，科技型中小企业的市场竞争及技术创新动力有了明显提高。张琰飞（2014）从协同能力、管理机制、外部环境、协同程度等方面构建了新兴技术研发主体间协同创新效果实现的影响机制模型，并根据问卷调查数据进行了实证研究，结果表明协同创新管理机制是否健全会直接影响协同创新的效果，研发主体的协同能力需通过一定的传导机制发挥作用，因而构建良好的组织协调机制和契约制度是实现集群协同创新的关键所在。刘晓云等（2015）分析了我国制造业协同创新系统中存在的问题，从系统动力机制、资源供给机制、合作信任机制和激励保障机制四个方面构建了我国制造业协同创新系统的运行机制。

（二）基于产业链的纵向协同创新运行机制

G. X. Lou 等（2007）运用博弈论模型对集群产业链上的低成本创新模型进行分析，得出低成本协同创新有利于供应商和客户提高自身的经济效益的结论。张巍等（2008）、张旭梅等（2008）、张巍（2009）建立具有纵向溢出效应的供应链上企业间协同创新模型，探讨了制定供应商、制造商、销售商协同创新的利益分配机制的问题，以维持三方协同创新的顺利进行。他们对供应链上所有成员在新产品设计、制造、运输、销售、使用等整个产品生命周期内协同创新的模型及流程进行了分析，对协同创新过程中的信任、知识共享、利益分配、核心知识、技术保密及知识产权归属等问题进行了研究，并有针对性地提出了供应链上企业间协同创新的实施策略。汪洪波（2013）基于协同学、博弈论、网格理论及供应链管理理论等对家具供应链中生产企业的横向和纵向协同运作机理进行研究，探寻家具生产企业间的最优协作模式，从而使家具生产企业取得供应链协同创新的最佳效果。

（三）协同创新网络的自组织演进机制

Malmberg 等（2005）研究认为产业集群内主导企业局部创新会形成创新增强趋势的正反馈效应，从而引发产业链上的全面创新。刘颖等（2009）认为制造业与生产性服务业协同创新可以通过复杂的非线性相互作用，产生企业自身所无法实现的整体创新效应。他们首先运用自组织理论分析了两类不同企业协同创新的动态机理，然后指出协同创新系统的开放性、远离平衡态、涨落性与系统要素非线性相关是其前提条件，协同作用是其动力机制，超循环协同创新是其演进形式，最后从集群各创新主体自组织适应视角提出了提升协同创新能力与绩效的策略。黄玮强等（2012）运用仿真方法研究集群创新合作网络的自组织演化规律，提出网络自组织演化至稳定状态的速度与知识溢出效率相关，也会影响网络的资源配置效率及公平性。张琼瑜等（2012）运用复杂自适应理论研究了产业集群协同创新动力机制，并从动力因素的角度以及企业、集群和政府三个层面就促进产业集群创新提出了改进策略。刘丹和闫长乐（2013）认为集群协同创新网络是一个自增益循环的生态系统，系统的健康发展取决于两个关键要素：政府主导与制度安排及自组织的协同机制。张廷海和韩玮（2014）认为产业集群协同创新是集群行动者之间非线性的、具有不完全信息的重复博弈过程，集群企业通过协同创新形成网络竞合关系，通过创新资源的整合与共享促进集群协同创新绩效的提升。公共政策应在产业集群协同创新的市场运行环境、创新网络、信任机制和外部支撑体系方面采取行动。于斌斌等（2015）运用演化博弈模型分析集群企业技术创新模式选择的内在动态决策机理，研究发现集群企业与高校及科研院所的技术合作、本地物流效率与选择合作性创新的集群企业创新能力显著正相关。

五　协同创新网络对创新绩效的影响研究

Capello（1999）在对产业集群创新绩效影响因素的实证分析中，发现集群学习对中小企业创新绩效有明显的正向促进作用。产业集群行为主体间的知识整合水平与经济活动范围是影响经济绩效的关键参数（Morosini，2004），集群企业的知识基础存量、企业之间知识转移能力、知识的复杂性、企业的创新动力、企业的创新能力、企业之间的协同程度等多种因素，以不同的方式影响集群协同创新绩效。万幼清等（2007）在对前述因素分析的基础上，建立了产业集群协同创新绩效模型，分析了各因素对创新绩效的影响。魏江等（2007）以创新速度作为中间变量，从产业集群网络化创新过程与创新绩效的实证研究分析中，验证了集群网络化创新程度对创新绩效的影响；Thorgren等（2009）指出，在企业协同创新过程中，网络规模、激励的力度和政府作用发挥等要素都会影响企业的创新绩效；Fiorenza Belussi等（2010）认为创新系统的开放度是影响协同创新绩效的主要因素，企业应利用开放式研发网络和知识网络进行创新活动。B. McEvily和A. Marcus（2005）对供应链上的网络关系对产业集群创新绩效的影响进行实证研究，发现企业是否能与供应商建立解决问题的网络连接与其研发能力有较强的正相关关系；Mahmood等（2011）对供应链上企业的网络连接的类型进行细分，研究了供应商、顾客等网络连接对于企业研发能力获取的影响。

解学梅等对创新绩效的影响因素进行了较为全面的研究。解学梅（2010）运用结构方程模型探讨不同的协同创新网络和企业创新绩效的关系。研究结果表明："企业—企业""企业—中介机构"和"企业—研究组织"等协同创新网络与企业创新绩效显著正相关，而"企业—政府"协同创新网络对企业创新绩效产生显著的间接效应。研究证实，在所有的协同创新网络中，"企业—企业"协同创新网络对主导企业创新绩效影响最为显著。研究还表明，纵向和横向的协同创新网络对企业创新绩效的作用程度不同,与顾客、供应企业的纵向协同相比同类企业的横向协同对企业创新绩效的推动作用更为显著。解学梅(2013)在问卷调查的基础上,运用多元回归模型研究了知识吸收和转化能力在企业协同创新网络特征和创新绩效间的中介效应。研究结果表明:(1)知识吸收和转化能力与企业创新绩效有显著正相关关系;(2)协同创新的网络规模、网络同质性、网络强度均与企业创新绩效有显著正相关关系;(3)知识吸收和转化能力在协同创新网络特征与企业创新绩效之间存在部分中介效应。解学梅等(2014)认为集群中具有关联性的企业通过集聚形成持续进化和完善的协同创新网络,不同层次的协同网络与企业创新绩效有显著正相关关系;协同创新机制和氛围与企业创新绩效均有显著正相关关系;协同网络在协同创新机制、创新氛围与企业创新绩效之间分别存在着完全的中介效应和不完全的中介效应。解学梅等(2015)运用实证分析法研究企业协同创新的影响因素与创新绩效的关系,结论显示"企业主体""知识与技术""协同机制""协同网络""社会关系网络"六类影响因素与企业创新绩效有显著正相关关系。

唐朝永等(2016)对协同创新绩效关系影响因素的实证研究表明,协同创新网络、人才集聚效应对创新绩效均具有显著的正向促进作用。因此,企业应加强与其他创新主体的合作,通过集体学习,强化知识传递、共享和溢出效应;政府要发挥在集群协同创新中的政策引导作用,制定高层次人才引进政策,建立有利于协同创新的人才交流、协作的长效机制,推动创新人才弹性流动和集聚,为提升产业集群人才集聚效应提供制度保障。

程跃(2017)研究了生物制药产业集群协同创新主体间关系对企业协同创新绩效的影响,结果表明:大学及研究机构无论在关系数量还是在关系强度方面对企业协同创新绩效的影响都是最为显著的;生物制药企业需要加强与供应商、中介机构和同行企业的网络联系,并提高与政府、金融机构及行业内外其他企业的联系频率;

在网络结构方面,龙头企业应发挥在创新网络中的核心节点作用,成为高校及科研院所、同行企业、客户及金融机构的中心,并加强与大学、研究院所、相关企业、中介机构、政府和金融机构等的联系。

赫连志巍等(2017)研究协同创新网络的创新成果传递能力与产业集群升级的关系,认为创新网络中的企业将获取的市场需求信息反馈给与之合作的高校及科研院所,并通过一定的资金支持和提供试验场所等方式,协助其进行技术或产品的创新研究;政府机构通过项目立项支持的方式,为高校及科研院所提供初期的研发资金支持;科技成果转移中介机构在创新成果的产业化过程中担当重要媒介,提升了科技成果的转化速度;金融机构主要为企业的创新成果转化提供资金支持,主要用于创新产品的生产以及生产技术设备的更新。可以看出,协同创新网络各主体间的积极互动能够有效提高协同创新绩效。

综上所述,国内外众多学者对产业集群协同创新网络的构成、动因、影响因素、运行机制、协同创新绩效等问题进行了多角度的研究和探索,对产业集群协同创新优势进行了较为全面的阐述,研究成果为家具产业集群协同创新绩效影响因素及创新绩效的实证研究奠定了良好的基础。

第三节 国内外家具产业集群发展研究

有关国内外家具产业集群发展的研究成果相对较少,主要集中在提高家具产业集群发展竞争力和转型升级路径等方面,对家具产业集群协同创新的关注不多。

一 家具产业集群发展相关研究

Dott(2001)对意大利木制家具产业集群的研究指出,木材供应链、产品分散化、加工机械化、中介及生产性服务是集群发展的主要驱动力，应加强企业间技术和设计创新等方面的沟通、交流，促进集群企业的合作创新。Niels Beerepoot（2008）研究菲律宾宿务市的家具集群发展时，认为提升家具产业集群竞争力的关键资产是劳动力，传统手工艺知识和技能与正规家具制造知识如何结合是制约集群竞争力提高的难点，应为劳动力的培训和转移提供更好的服务。周志霞等（2009）对中国家具制造业集群的现状进行分析，运用产业集中度及区位熵指标对家具制造业集群的水平进行实证研究，并为中国家具产业集群未来的发展提出了建议。霍志勇等（2009）认为家具产业集群的产业链升级对提高竞争力极为关键，应在产学研协作中引入创新理念，完善风险投资机制。程宝栋等（2011）从家具产业集群转型升级、家具产业集群类型拓展、家具产业集群环境优化等角度，提出促进家具产业集群由低成本型向创新型转变的对策。程宝栋等（2013）在分析广东家具产业集群发展现状的基础上，剖析了广东家具产业集群的内部发展状态与外部竞争环境，提出了未来广东家具产业集群的升级路径。刘志超等（2012）从产业集群的角度分析了龙江镇家具产业集群的现状、优势及问题，提出了龙江家具产业集群产业链升级的建议。朱媛（2014）的研究认为影响家具产业集群升级的因素主要有：全球价值链的动力机制和治理模式、国际产业转移、知识系统的创新、行业协会和政府，政府、集群和行业协会应发挥各自的优势以促进家具产业集群的升级转型。申明倩等（2015）在分析江苏红木家具产业集群现状的基础上，从原材料供应、红木干燥技术、平台建设、物流配送等方面提出整合的方法与模式，通过加强集群企业的竞争与合作，提升江苏红木家具产业的竞争力。

二　家具产业集群的协同创新研究

M. D. Parrilli 等（2010）通过对巴斯克地区的家具集群的研究，得到系统化知识流动和隐性知识流动应该互补的结论，这有助于填补企业和知识机构之间存在的"创新鸿沟",提高创新系统的效率。因此,决策者和商业协会应将集群中各主体间的互动、学习和创新作为关注重点。Maria Caridi 等(2011)对意大利家具产业供应链的创新模式进行实地调查和研究,发现"多层次沟通程度""纵向整合""网络集中度""企业熟人度""供应商数量""消费变异性"是影响家具产品创新的重要因素,家具产品的模块化设计和协同创新相结合可以实现性能的最优化。高模块化产品以创新为基础,并由不同类型的网络开发和交付,以协作为基础的网络更适合突破性项目,而集成的低协作网络更适合衍生项目。同样,低模块化产品是由不同类型的网络根据创新性开发和交付的;平台项目建议进行集成,而创新程度较低的产品(衍生产品)可以进行外包。

汪洪波(2013)在探寻家具生产企业在供应链中最优的横向和纵向协同模式过程中,认为家具生产企业要重视信息共享、外部预测、生产企业间的生产设计、运输组织等关键环节的协同,这样才能达到最佳的协同创新效果。周冬艳(2015)在研究中国家具设计创新问题时提出,家具产品设计不仅是一种产品的创新设计,而且是一套完整的制度创新。必须在研究国内外社会、经济、科技环境和行业竞争环境的基础上,根据企业现有的技术实力,设计创新战略框架,与行业内外相关企业与机构建立有效联系,通过有效的学习机制,向市场及合作机构学习,建立创新型组织,提升家具性能和管理效率。卢晓梦、薛坤、牛广霞(2017)对山东省家具产业集群协同创新模式进行研究,认为现有协同创新模式结构松散、目标单一,属于单点式创新,没有从根本上解决协同创新中的"协同"问题。在此基础上,她们提出了家具产业集群协同创新的联合实体模式、二级独立机构模式、"产业链核心企业/科研院所+"等模式,为山东省家具产业集群协同创新活动的开展提供参考。

国内外的家具产业集群发展研究主要关注集群发展存在的问题、如何提高集群的竞争力和转型升级路径等,少部分学者关注了家具产业集群发展中的设计创新、技术进步和协同创新,但对协同创新的动因、机理、机制等理论探讨深度不够。

第四节 产业集群协同创新的国内外研究评价

综上,微观企业层面协同创新自 20 世纪 90 年代末兴起,逐渐延伸到中、宏观层面区域或集群网络的协同创新,学者们主要是从经济学、管理学、社会网络、生态学视角开展相关研究,提出了协同创新的概念,对协同创新的构成主体及网络结构进行分析,探讨了协同创新的动因、影响因素、运行机制,并对不同的协同创新网络对创新绩效的影响进行了实证研究,提出了协同创新的可选模式及发展路径。理论层面的研究成果比较丰富,协同创新动因、影响因素研究相对较多,但是对集群协同创新中各主体的功能、协同机理、运行机制的研究还比较零散、不够系统。本研究将在构建家具产业集群协同创新模型的基础上,运用价值链理论、社会网络理论分析各创新主体间的相互关系,运用经济学理论、协同学理论、复杂自适应理论与产业集群创新理论,系统研究产业集群协同创新的机理、动力机制。

从研究方法来看,已有研究的可操作性不足。实证研究中尚未形成一套科学有效的协同创新绩效影响因素分析和协同创新绩效评价体系,而以产业集群为对象的实证研究,在数据收集、数据质量上存在诸多难点,相关实证研究进展缓慢。

从研究领域来看,对高新技术产业和战略性新兴制造业产业集群协同创新关注较多,对传统家具产业集群转型升级中的协同创新研究相对较少。目前我国 92% 的家具制造企业为中小企业,行业集中度非常低。作为家具产业集群主体的中小企业,其研发资源和实力较差,各企业发展目标不尽一致、科技创新成果较少,迫切需要高校及科研院所给予技术上的帮助和理论上的指导,同时需要政府、家具协会及金融机构给予政策和资金上的支持。但现实情况是，政府的财税资助过多地给予了实力相对较强的大型企业，对中小企业的政策和资金支持难以落地。家具产业集群龙头企业对中小企业带动不足，集群各主体参与协同创新的动力不足，中小企业缺乏包括政策引导、资金融通、信息交流、科技成果转化等综合功能的协同创新平台的支持。这些问题极大地阻碍了家具产业集群的发展。

互联网和信息技术的发展，为家具产业集群协同创新平台的搭建提供了便利条件，为中小家具企业借助外部力量实现技术创新奠定了基础。越来越多的中小家具企业尝试通过合同契约关系、分工协作网络、社会网络等加入集群协同创新系统，与龙头企业、高校、科研院所及金融机构等不同创新主体进行协同创新，以解决企业自身创新资源及创新能力不足的问题。但在家具产业集群协同创新过程中，各创新主体的功能、协同机理、动力系统、运行机制、影响因素等均有不同于其他产业集群的特征。本研究以家具产业集群为研究对象，对家具产业集群的形成条件，协同创新的结构模型、协同机理、动力系统及运行机制进行分析，在对问卷调查数据进行信度和效度分析的基础上，运用回归分析及结构方程模型对山东省家具产业集群协同创新绩效的影响因素进行识别，并运用模糊综合评价模型对山东省家具产业集群的创新绩效进行评价，找出制约协同创新绩效提升的瓶颈环节。在此基础上，本书从不同创新主体的视角，提出促进家具产业集群协同创新的具体策略，为解决家具产业集群在协同创新中面临的系列问题，提供系统的理论分析框架和对策建议。

第五节　研究方法、技术路线及创新点

一　研究方法

本书采取文献研究、理论研究与实证研究相结合，定性研究与

定量研究相结合的研究思路开展研究。

（一）文献研究法

梳理和研究国内外产业集群协同创新相关研究的文献资料，确定本研究的切入点和研究框架，运用产业集群、技术创新、经济学、协同学和复杂自适应理论，结合家具产业集群的特点，探讨家具产业集群协同创新的协同机理、动力系统及运行机制，为家具产业集群协同创新策略的制定提供理论依据。

（二）跨学科理论研究法

通过文献研究，构建"创新主体—创新资源—创新环境—创新功能"的家具产业集群协同创新研究框架；基于经济学、协同学、复杂自适应理论等多元视角，探讨家具产业集群协同创新的机理，基于产业集群内部及外部动力系统、技术扩散系统和自组织系统研究产业集群协同创新的动力，从沟通学习、资源供给、合作信任、激励和保障等视角分析集群协同创新的运行机制，为产业集群协同创新影响因素及协同创新绩效的实证分析奠定理论基础。

（三）综合的定量分析法

1. 因子分析法

在理论研究的基础上，从协同创新主体、治理机制、创新环境、网络特征、创新绩效等视角提出假设，构建产业集群协同创新绩效影响因素及创新绩效评价体系。根据对山东省家具产业集群的实际调研资料，运用因子分析法对问卷的信度和效度进行评价，并进一步探寻影响集群协同创新绩效提升的因素。

2. 多元回归与结构方程模型

根据问卷调查数据，首先运用多元回归模型从家具产业集群协同创新主体、协同创新网络、协同创新治理机制、协同创新环境四个维度，分析各二级指标（具体影响因素）对协同创新绩效的影响。其次，从整体模型考虑，运用结构方程模型验证各影响因素对协同创新绩效的影响，找出对协同创新绩效具有显著影响的因素，为衡量协同创新绩效水平及提出促进协同创新绩效提升的发展策略提供依据。

3. 模糊综合评价法

家具产业集群协同创新绩效评价是一个复杂的决策过程，在评价指标数据的调查中存在很多不完全的信息，同时，由于家具产业集群协同创新绩效的评价属于多维度、多层次评价，不同层次的指标权重具有一定的主观性。基于此，本书在问卷调查的基础上，采用模糊综合评价法对家具产业集群协同创新绩效进行评价，从而提高评价结果的可信度。

（四）案例研究法

首先，对山东省家具产业集群的发展现状进行分析，了解其区域分布特点，剖析典型家具产业集群建设及发展经验，总结出可供借鉴的经验。其次，对山东省家具产业集群发展进行 SWOT 分析，确定山东省家具产业集群发展的战略要点，指出家具产业集群开展协同创新的必要性。最后，构建山东省家具产业集群协同创新绩效评价体系，并以山东省家具产业集群协同创新状况问卷调查的资料为依据，对集群协同创新绩效进行评价，找出协同创新绩效的薄弱点，为制定提高产业集群协同创新绩效对策提供依据。

二 研究思路及技术路线

（一）研究思路

本书首先以家具产业集群协同创新结构模型的构建为切入点，对集群协同创新模型的结构功能、各创新主体间的关系进行分析，并对各创新主体协同创新的机理、动力系统及运行机制进行理论研究；其次，在理论研究的基础上，确定家具产业集群协同创新的主要影响因素，并运用因子分析、回归分析和结构方程模型分析影响因素对创新绩效影响的方向和程度；再次，构建产业集群协同创新绩效评价体系，用模糊综合评价法对山东省家具产业集群协同创新绩效进行综合评价；最后，提出促进山东省家具产业集群协同创新的发展策略。

（二）技术路线图

本书根据研究背景和文献梳理的结果，确定研究主题；根据创新网络理论和协同创新理论设计研究框架，在理论研究与实证研究的基础上，提出应用对策。研究的技术路线如图1-1所示。

三 本研究的创新点

（一）研究视角创新

从理论上看，学术界已有的产业集群协同创新的相关研究，主要集中在高新技术产业、战略性新兴制造业领域，对传统产业集群的关注相对较少，而对家具产业集群协同创新的研究更是十分稀少，且不成体系。从经济学、协同学、复杂自适应理论等不同视角研究家具产业集群协同创新的机理，对家具产业集群协同创新的动力系统和运行机制进行研究，将丰富产业集群理论、技术创新理论和协同学理论的研究内容，拓展产业集群协同创新理论的应用领域，对于指导我国家具产业集群创新、转型升级具有重要的意义。

（二）研究方法创新

根据家具产业集群协同创新的研究框架，在研究产业集群协同创新机理、动力系统、运行机制的基础上，构建家具产业集群创新

```
┌──────┐      ┌─────────────────────────────┐
│确定主题│─────▶│问题提出·研究意义·文献综述│
└──────┘      └─────────────────────────────┘
    │
┌──────┐      ┌──────────┐        ┌──────────┐
│框架  │──┬──▶│创新网络理论│        │协同创新理论│
│设计  │  │   └──────────┘        └──────────┘
└──────┘  │          │                 │
          │   ┌────────────────────────────────┐
          └──▶│家具产业集群协同创新系统的结构与功能│
              └────────────────────────────────┘
                         │
              ┌────────────────────┐
              │家具产业集群         │
              │协同创新机理         │
              └────────────────────┘
                         │
┌──────┐   ┌──────────┐ ┌──────────┐ ┌──────────┐
│理论研究│──│经济学理论│ │协同学理论│ │复杂自适应理论│
│与    │   └──────────┘ └──────────┘ └──────────┘
│拓展设计│          │
└──────┘   ┌────────────────────────────────┐
           │家具产业集群协同创新的动力系统及运行机制│
           └────────────────────────────────┘
              │动力系统│           │运行机制│
           ┌──┬──┬──┬──┐       ┌──┬──┬──┬──┐
           │内部│外部│技术创新│自组织│  │沟通│资源│合作│激励│
           │动力│动力│扩散力 │驱动力│  │学习│供给│信任│保障│
           └──┴──┴──┴──┘       └──┴──┴──┴──┘
                         │
              ┌────────────────────────────────┐
              │家具产业集群协同创新动力系统模型│
              └────────────────────────────────┘

┌──────┐      ┌─────────────────────────────────┐
│实证研究│─────▶│山东省家具产业集群协同创新影响因素的实证研究│
└──────┘      │山东省家具产业集群发展状况及协同创新绩效评价│
              └─────────────────────────────────┘

┌──────┐      ┌─────────────────────────────┐
│应用研究│─────▶│促进山东省家具产业集群协同创新的发展策略研究│
└──────┘      └─────────────────────────────┘
```

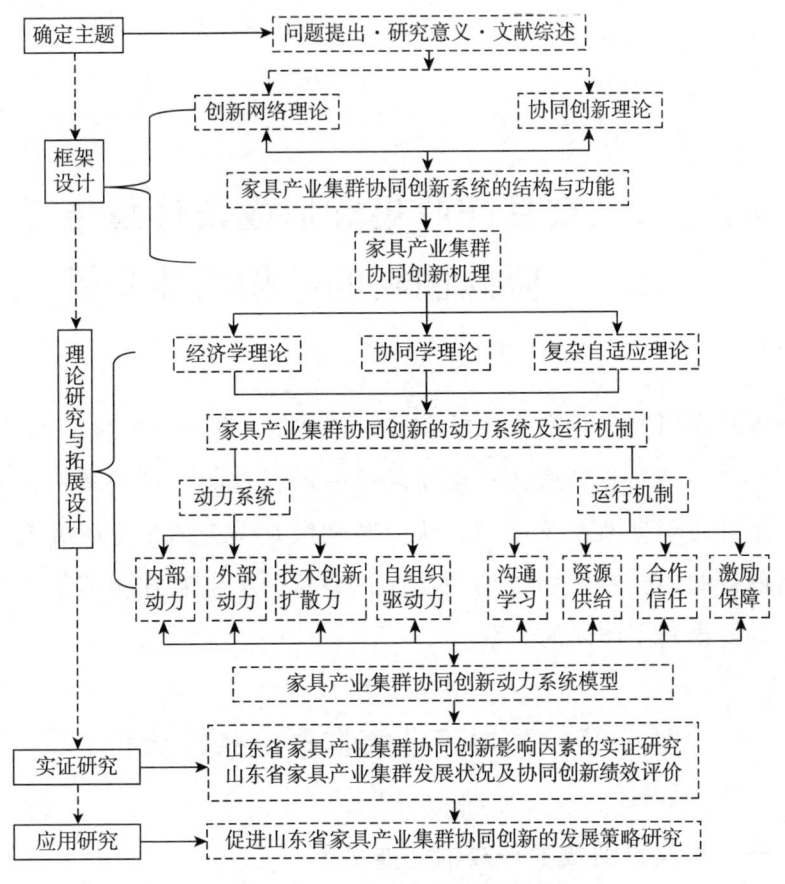

图 1–1　本研究的技术路线

绩效影响因素及创新绩效评价体系，并结合问卷调查和实地调研数据，运用因子分析、回归分析及结构方程模型探寻产业集群协同创新绩效的影响因素，运用模糊综合评价法对山东省家具产业集群的协同创新绩效进行评价，确定协同创新绩效的薄弱点。理论研究与实证研究的有机结合，突破了以往产业集群协同创新研究以理论研究为主的局限，实证结果为提出家具产业集群协同创新的策略提供了现实依据，对山东省及全国家具产业集群的升级转型具有重要的指导意义。

第二章　家具产业集群形成条件及集群协同创新的结构功能分析

本章在研究家具产业集群形成的必要条件和充分条件的基础上，从"创新主体—创新资源—创新环境—创新功能"的视角构建家具产业集群协同创新系统模型，从中观和微观结合的角度研究家具产业集群协同创新系统的结构和功能，并从价值链和社会网络视角分析集群各创新主体间的关系。

第一节　家具产业集群形成条件分析

一　家具产业集群形成的必要条件

家具产业集群的形成应从家具产品本身的特征、产业链条的长短、集群产品的互补性关系、集群产品的市场需求和集群竞争环境等方面展开分析，它们是产业集群形成的必要条件。

（一）最终产品的可分解性

家具产业集群形成的第一个必要条件是家具产品具有可分解性，这实际上反映了家具产品属性对产业链上企业间分工的影响。家具产品的可分解性分为产品结构的可分解性和产品生产工艺的可分解性。对于产品结构具有可分解性的产品，其在生产中可按不同的构件进行生产，然后组装形成成品，整件产品以节拍方式完成制造；

对于生产工艺具有可分解性的产品，其生产工艺（烘干、加工、喷漆等）过程可分散在不同企业进行，每个企业完成其中的一个生产环节。可见，家具产品的可分解性对集群内企业的专业化分工具有决定作用。

家具产品的生产都具有技术可分解性，例如家具生产的总步骤为：备料→生加工→机械加工→成型→油漆→总装。其中生加工包括：断料→开料（直料、弯料）→平刨→压刨→出齿→接齿；机械加工包括：锣机→出榫→打孔→机磨；最后完成家具零部件的烘干→油漆→包装→入库。在家具产业集群形成的过程中，各生产企业可根据自身的生产和技术优势，承接核心企业的部分工序，完成木料的生加工、机械加工、烘干、油漆等工序，再由核心企业总装入库。

（二）最终产品的可运输性

国内外研究表明，交通运输成本对产业集群形成的推动力非常明显，低运输成本能保证最终产品的可贸易性。产业集群是企业在某个特定区域内高密度地聚集，它所产生的供给必然会远大于当地的需求，因此区域外的市场需求非常重要，运输成本就成为集群要考虑的关键因素。如果运输成本太高，集中生产是不经济的。从理论上讲，运输成本越低，这种商品就越具备可贸易性，集群式集中生产所辐射的市场半径就越大。

各类办公家具、酒店家具及生活家具产品属于促进经济发展和提高人民生活质量的必要物资，国内外需求量大，不同消费者需求层次差异大，如果产品便于运输，那么应在不同区域发展不同档次、不同类别的产业集群。目前，中国已经形成华南家具产业区、华东家具产业区、华北家具产业区、东北家具产业区、西南家具产业区、华中家具产业区六大区域性产业集群，而且每个区域性集群发展的资源特色不同、发展历史不同、主导力量各异，可提供功能不同、特色各异的家具产品。以山东省为例，2016年1月发布136个特产经济区域和特色产业集群名单，名单显示山东省家具行业共有28个特产经济区域和特色产业集群，分别在实木家具、红木家具、板材家具、钢制家具、古典文化家具、软体家具、竹藤家具等方面形成各区域的特色，满足国内外企业和消费者的需求。

（三）家具产业价值链条长

产品价值链的长短与产品可分解性紧密相关，具有很长价值链条的可分解性产品更有利于集群内企业间分工结构的优化。较长产业价值链上企业的集聚，向上延伸到原材料和零部件及配套服务的供应商，向下延伸到产品的营销网络和客户；横向扩张到互补产品的生产商及通过技能、技术或由共同投入物品联系起来的相关企业。这种集群的产业价值链一旦形成，就具有一种自我强化的内在机制促使其进一步发展，不仅使该产业价值链内单个企业的竞争力增强，而且不同的产业价值链之间表现出独特的竞争优势，有利于降低企业的生产成本，加快新企业的衍生过程。

家具是将材料、结构、外形、功能、风格等多种属性结合在一起的生活必需品，其产业涵盖范围广、产业链条长、产品种类多。家具产业链由家具生产链和家具产品链组成，根据具体家具产品类别的不同，其上游产业链可能涉及木材加工产业链、人造板产业链、纺织品产业链、金属制品产业链，而且可以继续向上延伸到林木种植、木材进口环节；其配套产业链可以涵盖胶粘剂产业链、涂料业链、五金业链、装饰材料业链等，行业跨度广，产业链条长；家具产品链条根据具体用途和材质分为卧房家具产品链、桌椅产品链、软体家具产品链、橱柜家具产品链、儿童家具产品链、钢制家具产品链等；家具产业链的下游是家具销售和仓储物流。具体的产业链划分如图2-1所示。特别是中游的家具加工制造环节，提供的产品（按使用场所、材质、风格等分类）种类繁多，可分解性强，加工工艺程序复杂，在产业链条的各个环节，都有可能形成专业化分工与合作，发展特色家具产业集群。

```
                                    ┌── 木材加工业链
                        ┌── 上游产业 ├── 人造板业链
                        │           ├── 纺织品业链
                        │           └── 金属制品业链
            ┌── 生产链 ──┤
            │           │           ┌── 胶粘剂业链
            │           │           ├── 涂料业链
家具产业链 ──┤           └── 配套产业├── 五金业链
            │                       └── 装饰材料业链
            │
            │           ┌── 卧房家具产品链
            │           ├── 桌椅产品链
            │           ├── 软体家具产品链
            └── 产品链 ─┼── 橱柜产品链
                        ├── 办公家具产品链
                        ├── 儿童家具产品链
                        └── 钢制家具产品链
```

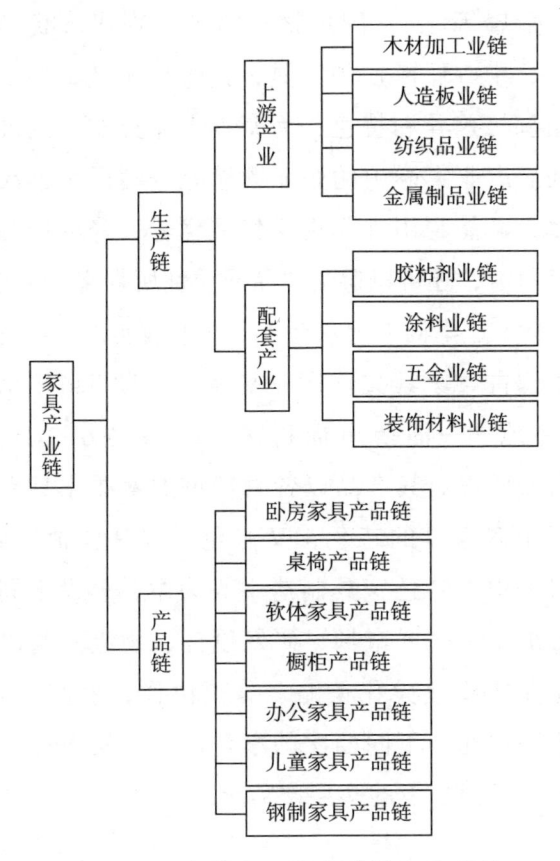

图 2-1　家具产业的生产链和产品链

（四）集群内产品的互补性差异

消费者需求偏好不同是家具产品产生差异性的根本原因，差异性的大小对产业集群的形成和发展具有显著影响。当产品差异性很小时，近距离的企业之间容易产生恶性价格竞争，不利于产业集群的形成；当产品差异性比较大时，企业之间的差异化特征较大，竞争程度相对低，产业集群的竞争优势就会显现。

消费者对不同风格、不同材质、不同档次的家具产品的需求，为特色家具产业集群的发展提供了差异化的市场空间。家具产业中不同用途（民用家具、办公家具、酒店家具）、不同材质（实木、板式、藤艺、金属等）、不同风格（古典、现代、欧式、中式等）、不同档次（高、中、低档）的家具，其制作工艺、制造技术、质量等级等都有明显的差异和特色，为家具产业集群式发展创造了合理的差异化空间。产业集群中的企业既能充分利用集群品牌影响力提高市场占有率，又能利用外部规模经济优势，降低产品成本，提高产品的市场竞争力，还可以避免产品同质性所带来的恶性竞争。2018年的国家级家具产业集群中山东有4个：中国实木家具之乡——德州市宁津县、中国古典家具文化产业基地——滨州市阳信县、中国软体家具产业基地——淄博市周村区、中国北方家具产业出口基地——胶州市胶西镇。其产品以各具特色的木质家具和软体家具为主，既体现了山东家具的特色，又避免了与其他地区家具的雷同。各集群发展过程中以特色家具制造中心为主，分设不同的原材料辅料加工、配套加工、会展市场、研发设计、物流配送以及生活配套中心等，各企业实施差异化策略、分工协作，生产不同设计风格、不同材质、不同用途、不同档次的家具产品，从而形成差异化的竞争空间，有效满足消费者的多层次需求。

（五）产品市场需求的升级

首先，家具产业发展具有明显的消费者驱动特征，消费者需求升级是产品设计创新、材料创新、工艺创新和功能创新的源头。本区域市场需求的大小直接决定了当地家具集群的市场规模。本地企业直接面对客户市场，能够比较容易地获取本地市场需求信息，提供适销对路的产品，同时又能节省产品运输费用，产品的市场竞争力较高。消费者的产品偏好和市场偏好的不同造就了家具产品市场需求多元化，家具市场有着巨大的市场容量，且行业的准入门槛不高，很容易吸引企业进入，因而形成了家具企业以中小企业为主的现状。中小家具企业为了更好地生存和发展，在成长过程中逐渐形成了共享材料供应、共同满足客户不同需求的特征，很容易在一定的区域上集聚。在长期的合作中，各个企业为了增强自身的实力，会逐渐形成专业化分工，强化产业链上的协作关系，在经营中竞相改善服务、改进生产工艺、降低成本，从而逐渐形成家具产业集群，这会使家具产业的影响力进一步加大。家具产业在一定范围内的集聚，有效带动了区域经济的增长，引起当地政府的重视。地方政府开始为集群内企业的发展提供健全的基础设施、政策引导、财税支持及公共服务等，这使产业集群的发展加速，集群整体竞争实力进一步得到提升。集群企业更加注重品牌的宣传和推广，产品市场空间从本地扩展到全省、全国甚至全世界。国内外家具市场需求的扩大，反过来又会进一步吸引更多的企业加入，从而使产业集群的规模越来越大，集群发展进入成长、成熟的良性循环。所以，在产业集群发展初期，通过拓宽销售渠道、打造密集的销售网络来满足本地消费者的多层次需求尤为重要。当然，在产业集群形成的初期，也可能会由于市场需求空间不大，出现集群企业过度竞争，大量企业破产倒闭，产业集群难以形成的情况。

其次，消费者需求层次的升级，即消费者对家具产品质量和性能要求越来越高，特别是消费者中的高端顾客对家具品质感、舒适度、功能性的追求，倒逼家具企业在设计和生产中精益求精，生产出设计感强、做工细腻的创新产品。一旦企业能够满足本地高端客户的需求，那么在对外宣传、拓展市场空间时，就会比其他企业具有更大的差异化竞争优势。随着经济的不断发展，消费者对生活质量的追求越来越高，对家具功能、质量的要求也随之提高。现代家具设计既要适合消费者的居住环境特征，又要满足生活的多元化需求；在为消费者生活带来便利的同时，还要体现视觉上的美感和感觉上的舒适。所以，家具除了具备最基本的功能外，还必须体现材质美、工艺美、艺术美和空间结构的高度和谐。

以软体家具行业为例，市场对软体家具产品的需求主要是环保和舒适，因此软体家具制造商需要在选材、设计和制造等方面对产品做出改进。在软体家具设计过程中，要以舒适性为目标，更贴合身体曲线，还要更多地考虑满足现代年轻人个性化、差异化的需求。在各种材料的搭配选择上，制造商把是否环保、安全作为首选条件，将取材天然并且不含有害化学物质的木质材料作为主要材料。可以说，消费者的需求升级所创造的创新空间是家具产业集群可持续发展的重要驱动力。

（六）竞争环境的动态多变性

产业集群是适应经济、社会环境变化所产生的一种中间性组织，其形成和发展与行业的经济技术环境变化密切相关。在经济技术环境比较稳定、市场需求变化不大的情况下，纵向一体化的大企业可以很容易在企业内部完成生产的各个环节，实现大批量标准化产品的生产，发挥内部规模经济效应，降低单位产品的生产成本，提高产品质量，以提高产品的竞争力。同时，企业内部一体化的管理，有效降低了各生产环节的协调成本，能够保障企业低成本战略的成功。但在经济技术环境迅速变化、市场需求不断升级的情况下，纵向一体化的生产模式因企业规模过大，无法及时应对外界环境的变化，能适应快速变化的市场需求和工艺要求，满足多品种、中小批量生产要求的柔性制造应运而生。但是柔性制造系统具有投资大、结构复杂、对操作人员要求高的特征，单一企业很难独立完成。于是，产业集群这种弹性专精的生产组织形式就应运而生，集群整体对外相当于一个具有市场垄断能力的大企业、大集团，但内部相关企业是一种既相互竞争又相互依赖、相互合作的关系。这种外部的垄断性与内部的竞争性、协作性，有利于节约成本、推进技术创新，也有利于提高集群企业的竞争优势。

在消费需求不断升级的背景下，消费者越来越注重舒适性、智能化、个性化、环保化，家具产品的更新换代越来越快，设计创新、功能创新、智能制造等在家具产业发展中越来越重要，使家具企业发展更多地依赖信息资源以及知识资本。随着家互联网、大数据等信息技术的迅速发展，创新信息获得壁垒越来越低，在此背景下，企业只有采取灵活多变的柔性制造方式才能跟得上市场需求的变化。处于家具产业发展前沿的、以珠江三角洲为中心的华南家具产业区，率先成立了区域性的共性技术服务中心，集中购进烘干、喷漆、晾干、检测设备，为集群中的家具企业提供专业型生产服务。至此，华南家具产业区形成了从木材的集体采购、真空烘干，到产品的造型设计、精雕细刻、人工打磨、环保上漆，再到产品的高科技检测、网络化销售的模式，生产链不断优化、产业配套能力进一步提高。集群内的核心制造企业在家具工程技术中心的引导下，与全国著名的家具研究院所建立了长期的产学研合作关系，在产品设计、技术研发、智能生产、营销及售后服务网络建设等方面处于全国领先地位，配套服务企业主动适应核心企业生产创新升级的需求，主动升级配套制造技术，为区域品牌的建设及推广做出自己的贡献，家具产业集群的竞争实力居全国首位。

综合上述分析可以看出，家具产品的可分解性是集群企业分工合作的前提，家具产品的可运输性是企业生产低成本要求和分工合作的经济性要求的体现，家具产品长而宽的价值链为集群内企业的分工合作提供了可能，家具产品类别的多样化和互补性差异为有效避免企业间的恶性价格竞争提供了可能，有利于家具产业集群的形成和良性发展。本区域市场需求空间的扩大及市场需求的升级，为集群企业创新发展提供了动力，可有效引导家具产业集群在材料选用、加工工艺、制造技术、管理制度和营销模式等方面进行创新，形成家具产业集群的差异化竞争优势；企业所面临的竞争环境的动态多变性，为集群企业的创新提供了更多的便利条件，也可引发更多的创新需求，从而促进集群内各创新主体的合作，加速设计创新、技术创新、工艺创新和产品创新，使集群产品更好地满足市场需求，最终使集群赢得更大的市场空间。

二　家具产业集群形成的充分条件

促进家具产业集群形成的充分条件主要包括自然资源禀赋、社会关系网络、企业家精神、政策环境及公共服务机构等。

（一）自然资源禀赋

任何一个地区都有其独特的地理环境、资源禀赋等自然特征，根据赫克歇尔—俄林理论，资源禀赋决定了区域专业化生产内容和区际分工格局。因此，企业在进行生产地选择时，首先要考虑该地区各种资源的丰裕程度，资源的稀缺性会使企业向物质及劳动力资源丰富、区位优势明显、交通便利的地区集聚，各种特色资源禀赋便成为特定区域最初吸引企业进入的显性要素。山东省各地家具产业集群在形成过程中，无一不是结合了当地的资源禀赋。宁津的实木家具、阳信的古典家具、淄博西河镇的古典红木家具、淄博周村的软体家具、胶州胶西镇北方家具产业出口基地，以及枣庄滕州的木门、聊城临清市松林镇的老榆木家具、滨州邹平县好生镇的实木家具、临沂蒙阴县的根雕、菏泽曹县的桐木加工、潍坊临朐县的钢制家具等都是在当地的区位优势、资源禀赋、基础设施等自然环境基础上发展起来的。

企业的生存和发展必须依赖区域的基础设施，产业集群的发展同样需要良好的基础设施环境，主要包括生产基础设施、社会基础设施和制度保障机构等。第一，基础设施环境对产业集群形成时的区位选择具有很强的影响。①生产基础设施是否健全是企业家选择生产地时最先要考虑的因素。供水、供电、供热、排污等城市管网、网络及邮电通信设施、道路、交通设施、仓储设备等生产基础设施的健全性很大程度上影响着企业生产的综合成本的高低。作为"经济人"的企业家，在进行区位选择时首先要考虑的就是生产经营的经济性，因为健全的城市管网设施可以为企业的生产经营活动提供基本保障，便捷的网络及邮电通信设施能够提高集群企业与客户的谈判效率并节约交易成本，便利的交通、仓储可以降低物流成本。②社会基础设施是否健全直接影响集群企业员工的稳定性。满足居民基本生活需求的商业服务网点、金融服务机构、学校及培训机构、文化娱乐与体育设施、医疗保健服务等具有健全性，可以为集群企业员工的工作稳定性提供保障，从间接的角度保障企业生产的顺利进行。③公安、政法、检察院等制度保障机构是否健全直接影响集群企业发展的外部环境是否稳定，健全的制度保障机构可以为集群企业发展提供基本的制度保障。第二，现代化的基础设施环境对集群的发展有重要的保障和推动作用。互联网和物联网的发展，可为集群企业的信息流、资金流和商品物流提供极大的便利，通过减少信息搜寻成本、提高沟通效率、提高物流运输速度等方式，提高集群的生产效率。在集群的发展过程中，各类基础设施的配置如果无法满足集群发展的需要，就会成为阻碍产业集群继续成长的瓶颈。当这种瓶颈短期内难以改变，集群内企业就会放弃原生产地域，转而搬迁到其他具有优势的区域。这也正是目前各级政府为扶持区域性家具产业集群发展而规划建设家具产业基地、家具产业园区的重要原因。

（二）根植性的社会网络

在西方古典经济学和新古典经济学中，社会因素一直被看作竞争性市场的障碍而被排斥在经济学理论的分析之外（G. Grabher, 1993）。以格兰诺维特为代表的新经济社会学派，探究组织、制度、社会网络和社会资本对人类经济行为的影响，使人们逐渐认识到，经济活动是在特定的社会网络背景下开展的，并不是纯粹的市场行为。他认为经济主体之间的交易根植于社会网络关系，只有当经济行为嵌入社会关系的网络之中，其行为才可能被现实的经济社会所接受，也只有这样经济主体之间的交易费用才能降低到最小值（M. Granovetter，1985）。

根据西方学者的理论，人与人之间的关系网络具有地理接近性，从而使得以人为主体的产业扩散呈现地理邻近性特征，生产者可将信息传播、技术转移、资源交流和生产经营等很多方面联系在一起形成关联"互动"效应。同一区位的人们在长期实践中形成的基本类似的价值观念和行为模式，构成独特的区域"文化基因"，这种基因与当地的文化、习俗等不可移植性要素融为一体，并因独特的血缘、地缘、人缘关系而变得更加密切，从而在空间范围内不断强化，形成特定区域的独特产业文化氛围，并最终催生了专业化产业区的兴起与演化（金祥荣、朱希伟，2002）。

产业集群在发展初期通常受区域产业文化氛围的影响，山东家具产业集群中的中小企业居多，地缘、血缘、人缘、业缘关系密切，亲戚、朋友、熟人间的联系是产业链上不同环节的企业之间的主要纽带，其信任机制主要存在于人情往来之中。山东不同的地域文化各具特色，泰山文化、黄河文化、孔孟文化、运河文化、海洋文化、城市文化、沂蒙文化等各领风骚，同时又相互影响、相互融合。因此，要结合时代背景，培育和发扬多元文化中的积极成分，为家具产业集群的发展营造良好的文化氛围，将齐鲁文化融入特色家具产品之中，促进具有齐鲁文化底蕴的家具产业集群的可持续发展。

（三）企业家精神

企业家精神是产业集群的发展主导因素，它决定了产业集群的最初形成，美国"硅谷"高科技产业集群的发展就是典型的案例。在山东家具产业集群的形成过程中，以青岛一木、亦家、润篷、星宇、绿可、鸿运星等为龙头的中国北方家具出口产业基地的发展，与企业家精神的引领密不可分。作为龙头企业之一的"青岛一木"，享有中国家具行业唯一的"中华老字号"称号，其创业、发展、辉煌、改革的历程，无一不是由具有创新创造精神的企业家主导的。1953年1月，邢秉德、徐广志等13名个体手工业者自愿结合，组成青岛台东木业生产小组，租赁72平方米民房三间，投入资金480元，设备（工具）10余套，青岛一木的初期创业开始。此后，在王军民、王志强、殷兆坤等企业家的带领下，通过改制、扩大规模、技术研发和改造、设备更新和改造、工艺创新等系列活动，企业由创业期快速转入发展期，进而创造了开放引进的辉煌期，获得行业唯一的"中华老字号"称号，而后通过引进、改革、创新，进一步提升产品质量，扩大海内外市场，奠定了青岛一木在同行业中的领先地位。企业家具有艰苦创业、敢冒风险、勇于创新的精神，他们善于利用现有资源，能够抓住政策引导下的各种创新创业机会，实时开展创新活动，并通过不断地试错，积累经验；通过创新行为的示范效应、创新技术的扩散效应吸引更多的企业加入，从而初步形成木制家具产业集群。

（四）政策环境

政府在社会经济发展中起着优化资源配置、规范市场管制、完善收入分配的作用，是社会经济运行规则的制定者。在市场经济条件下，政府虽然不直接干预企业的经营活动，但可以通过政策的引导和法律法规的制定来规范市场主体的行为，保障市场公平有序的发展。产业集群作为市场经济模式下的中间性市场组织，其经济活动也必然要受到政府规制的约束。政府在产业集群中应发挥科学规划、配套政策制定、基础设施提供、公共服务提供等作用，为集群企业发展确定明确的发展方向，创造公平的竞争和创新环境，密切集群企业和公共服务机构之间的各种联系，提高集群企业的合作效率。

产业集群的形成根据主导力量的不同可分为市场引导型和政府

主导型。在市场引导型的产业集群发展过程中，主导力量是市场自发的，政府主要应运用市场规律促进集群的良性发展。在集群形成阶段，政府应减少干预，主要提供良好的制度保障，而在其发展阶段重点进行规范和管理。政府主导型的产业集群多与政府的产业政策、产业布局有关，在形成过程中政府应在园区规划、基础设施提供、公共服务提供、产业政策引导、招商引资等方面提供扶持，而在其发展阶段政府应逐步退出，减少干预，转而为集群发展营造良好的社会文化环境。总体看来，不管是市场引导型还是政府主导型产业集群，在其发展的不同阶段，政府都扮演重要的角色，即通过政策规划引导、法律法规制定、基础设施提供、公共服务保障、规范家具协会发展等方式，为集群发展提供良好的区域环境和优质的服务。

山东省各级政府在家具产业集群的发展过程中，通过制定家具行业发展规划和集群发展扶持政策，对产业集群的空间布局和发展重点进行合理引导。在各地政府的主导下，各地根据地区产业发展资源和特色，建设特色家具产业园区，并给予政策和资金上的扶持。为提高产业园区内企业间的配套能力，在引进广东、深圳、北京、天津等地家具龙头企业的基础上，注重产业链引资，同时引进木工机械、塑料、五金、海绵、布艺、包装等配套企业，使家具生产的产业链不断得到完善；同时，注重建设家具互联网展销平台，吸引家具"跨境电商平台"入驻，配套建设家具质量检测中心、信息中心、综合商务中心、家居原辅料市场、物流中心等项目，规划建设家具博览馆，打造具备产业特色、文化特色、区域特色的家具产业集群。政府产业规划的引导和各项政策的支持是山东省家具产业集群创新发展的重要推动和保障力量。

（五）公共服务机构

家具产业集群的公共服务机构主要是指为家具产业集群的发展

提供共性需求服务的企业与组织，包括家具共性技术研发中心、生产力促进中心、专业市场、质检中心、家具协会等，为集群内家具企业提供设计、研发、试验、分析、检验检测、质量认证、培训、信息化、交易等共性服务。这些企业和机构定位于家具产业集群服务的不同环节和领域，提供从共性技术的研发、科技成果的产业化、家具产品的生产、质量检测到家具产品销售的专业化服务，彼此之间分工明确，相互配合形成一个全面系统的服务体系。集群公共服务机构一般按照"政府推动、市场运作、自主经营、有偿服务"原则提供服务，采取政府、企业、家具协会、科研院所多方合作，股份制、政府支持和参与等方式运作。公共服务机构的存在，对产业集群的内部组织形式和企业间的联系具有重要影响，是促成政产学研合作的纽带，可以促进集群核心竞争力的形成，对产业集群的可持续发展形成有效的支撑。公共服务机构除了具有加强企业、高校及科研院所的联系，促成科技成果的转移和产业化的作用之外，还具有促进创新知识和技术扩散的作用。服务机构在提供服务的同时，往往会将同类企业的成功经验介绍给其他服务对象，促进隐性知识在集群内的传播，从而提高集群整体的创新能力。

在互联网技术不断发展的背景下，公共服务机构的服务方式也发生了重大改变，地理上的集聚已经变得不太重要。在地方政府的引导下，家具协会牵头利用协会官方网站搭建产业集群的市场交易平台、人才培训交流平台、共性技术服务平台、知识管理平台，利用这些平台开拓共享式的产品销售市场，为共性技术研发成果转化提供有偿服务，通过家具协会的协调和管理降低企业对政府的依赖，解决政府和企业间的信息不对称及政府失灵问题，同时也能避免集群发展中可能面临的恶性竞争，使集群始终在良性轨道上发展。

上述五个因素中，自然资源禀赋、根植性的社会网络和企业家精神是产业集群形成的内在诱导因素，政策环境和公共服务机构是产业集群形成的外在推动力量，各因素的影响叠加在一起，成为促进或延缓甚至阻碍区域性产业集群形成和发展进程的重要因素。

第二节 家具产业集群协同创新系统的结构及功能

家具产业集群协同创新主体主要包括家具企业、高校及科研院所、政府部门、金融机构、中介机构和最终用户，各创新主体借助产业集群创新系统这个平台，通过资金流、物资流、信息流、知识流、人才流、政策流的汇集和转化，获取完成创新所需要的各种资源，保证协同创新活动的顺利开展，最终达到提高产业集群的竞争力和可持续发展能力的目标。

一 家具产业集群协同创新系统的结构模型

家具生产系统、家具流通系统、高校及科研院所、地方政府、中介机构、金融机构和最终用户等创新主体在协同创新过程中发挥着不同的作用，它们在集群内外环境的影响下，通过融入家具产业集群的创新链和价值链，在长期正式或非正式分工与合作的基础上协同发展，共同完成集群协同创新任务，促进产业集群协同创新绩效的提高。家具产业集群协同创新系统结构及功能，如图2-2所示。

二 家具产业集群协同创新主体的功能定位

（一）家具生产系统——技术创新和产业创新主体

家具生产系统是由产业链上众多相互联系的生产企业构成的，企业作为以盈利为目的生产经营组织，追求利润最大化是其根本宗旨，具有技术创新的内在动力和市场竞争的外部压力。企业是技术创新需求的提出者，也是技术创新成果产业化的主体，是一切创新

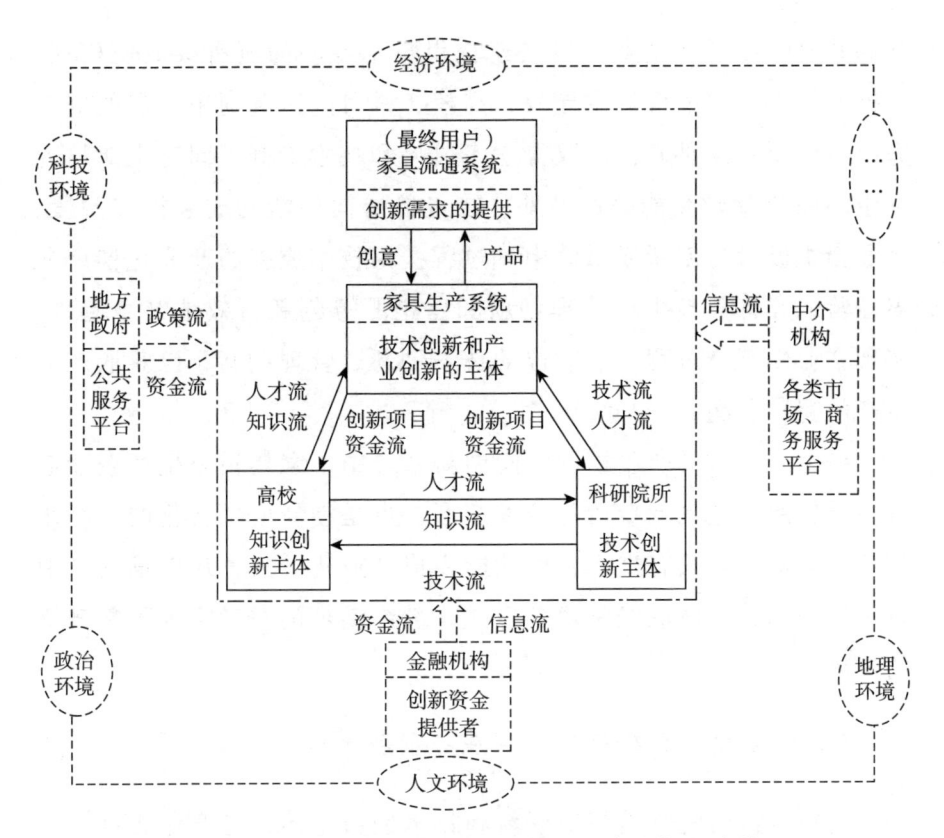

图 2-2　家具产业集群协同创新系统结构及功能

的出发点和落脚点，主要为产业集群的创新提供创新项目和资金流。企业创新是一项投资大、时间长、风险大的多职能协同活动，实施中会遇到资金、人员、技术、信息、时间等各种各样的问题，企业创新的风险来源于市场和技术的不确定性。但是在市场和技术环境的瞬息多变的情况下，企业在发展遇到困境不得不创新的前提下，很多企业会主动投入一定的人力、物力、财力开展创新活动。虽然这些企业具有较强的资金和技术实力，也有些企业有独立的技术研发中心，但是考虑到创新过程中可能遇到的各种制约，企业通常会选择与高校、科研院所合作研发，借助高校及科研院所的专业技术人才及知识与技术的积累，避免在创新过程中走弯路，从而提高创新效率。在创新协作过程中，各方资源互补，成果共享，易于形成互利共赢的结果，企业可以快速获得技术专利的所有权或使用权，占据产品生产和销售的主导权，高校、科研院所等利用充足的资金完成科研项目的研究，既取得学术成果和技术专利，同时也能培养学生的创新及研究能力；另外，在集群协同创新的成果推广阶段，企业会积极参与创新成果的中试过程，为技术成果的产业化推广积累经验，并将其与生产管理创新和营销服务创新有效地结合起来，实现企业生产全过程、全方位的技术创新、管理创新，以获取产品生产的超额利润。

综上，在家具产业集群协同创新系统中，家具核心生产企业起到主导作用，它是创新活动的发起者，也是创新成果转化的最终承担者，创新成果只有进入企业才能完成产业化转换，从而推动产业技术进步和转变区域经济增长方式，最终满足消费者需求不断升级的要求。

（二）高校及科研院所——原始创新主体

高校及科研院所是知识创新和技术创新主体，是产业集群协同创新系统人才流和技术流的源泉，是产业集群知识、技术和人才的主要供给者。高校在经济和社会发展中承担着人才培养、科学研究、社会服务和文化传承等职能和使命，是高层次科技创新人才的培养基地，是基础理论研究和技术原始创新的主力军，在解决国计民生重大科技问题的过程中发挥着重大作用，是创新成果形成和转化的重要输出力量，在协同创新的过程显现出很强的"溢出效应"（董健康等，2013）。高校是文化传承和文化创新的重要基地，在促进科技进步和社会进步的进程中发挥着"孵化器"和"加速器"的作用，成为推动国民经济和社会发展的重要力量。高校应发挥高端人才集聚、科研成果丰硕、创新要素集中、信息交流频繁等优势，积极参与到相关行业的技术创新过程中，探索学科前沿问题，引领创新方向，主动"借力"政府、企业、科研机构和其他社会组织，弥补技术创新中的缺陷和不足，提高协同创新能力。根据协同创新模式的不同，高校在协同创新系统中，可以发挥创新主导和联络人作用，通过定期的会议研讨、沟通联系，及时解决在协同创新中出现的技术难题，促进各方形成一个高效运转的协同创新系统。

科研院所作为知识密集、人才集聚、技术密集的科研创新实体，是产业集群协同创新系统的重要组成部分。其主要职能是积累新知识、探索新方法，实现知识和技术的原始创新，或者是面向市场进行科研开发，提供行业共性技术服务，促成科技成果转化和新产品开发。家具研究院拥有基础研究团队、战略设计团队、产品设计团队和品牌形象设计团队，专门为满足家具行业发展需求而设立。基础研究团队由多领域的权威专家领衔，以先进的专业知识体系为基础，带领家具专业知名高校的博士生、硕士生从事具体的研究工作，借助家具协会动态数据库的支持，在家具前沿领域如研究、新产品推广等方面具有独特的优势。家具研究院以市场需求为导向，把开发智能化、功能性、环保性家具产品作为主要的研究方向，探讨新材料、新工艺、智能制造技术在家具行业的应用，完成产业共性和前沿技术的研发，为家具行业的科技进步奠定重要基础。

家具设计研究院、家具产业研究院等科研院所在协同创新过程中，通过打造技术与服务咨询平台，着力于搜集、整合家具产业相关政策、市场、管理、技术及金融等资源，通过对家具产业理论、政策、技术的研究，培养专业的家具研究和应用型人才，重视"政、产、学、研、用"之间的协作，为提高家具产业的品牌产业影响力和竞争力提供知识策略与动力支持。在推动中国家具产业创新发展和升级转型的过程中，承担重要的历史使命。

（三）各级政府——制度创新主体

各级政府在社会经济发展中主要起宏观管理和管制的作用，政府通过其主导的生产力促进中心、创新创业孵化中心、家具协会等机构对产业集群的发展进行管理，并为其发展提供各种政策性服务。政府主要提供创新环境、产业政策和创新政策支撑，一般通过资金流和政策流的形式来鼓励和扶持各创新主体的创新活动。政府通过发挥宏观调控、法律法规约束、政策引导、财政支持、资源提供、服务保障、利益分配等作用，为创新活动提供良好的政策环境、资源环境、法律环境以及资金支持。

政府可以通过顶层设计和规划引导，决定产业集群区间分布和发展方向，通过完善区域的基础设施和为企业提供多种政策优惠，营造良好的创新软硬环境，吸引产业链上的相关企业参与创新活动，通过设立科研项目直接给高校、科研院所提供经费支持，加快知识创新和技术创新的步伐。当以中小企业为主体的家具产业集群的创新活动遇到困难时，政府还能够作为创新活动的支持者，通过资金或政策扶持，直接参与家具产业集群的创新活动，促进家具中小企业协同创新活动的顺利开展。

（四）金融机构——创新资金投入主体

资金是保证创新活动顺利开展的"血液"，随着产业发展对科技创新依赖性的加强，金融机构越来越重视对企业技术创新的支持，逐渐呈现"技术金融一体化"的局面（章长生等，2015）。金融机构主要由银行金融机构、非银行金融机构和创业投资机构组成，以不同的方式参与产业集群的协同创新，是创新系统得以顺畅运行的润滑剂。良好的金融环境和发达的金融市场可以为集群技术创新能力的提高提供基础和保障，促进产业集群快速发展。

各类金融机构主要为家具产业集群协同创新提供资金支持和风险管理服务，通过提供资金流和信息流等，保障各创新主体间协同创新活动的顺利开展。同时，风险投资机构、创业投资机构等还会在经营管理方面对被投资公司给予帮助，运用其扶持企业发展的经验、知识和信息网络帮助企业更好地开拓市场、高效地进行资金运作、运用先进的管理方法，促进企业更快、更好地发展。如果"技术"是企业的"心脏"，那么"金融"就是企业正常运转所必需的新鲜"血液"。"技术"和"金融"的有机结合，为协同创新项目的顺利开展提供了有力的支持，可以提高创新成果的产出效率。

(五) 中介机构——创新服务主体

中介机构主要包括公共服务机构和集群代理机构两类，是产业集群协同创新系统中的协调者和中间人，为创新主体提供技术评估、创新资源配置、创新决策和管理咨询等专业化服务，促进科技成果的产业化转化，对加速创新知识和技术扩散具有重要意义。公共服务机构主要包括家具协会、家具共性技术研发中心、生产力促进中心、专业市场、质检中心等，是为家具产业集群的创新活动提供生产性服务的机构。集群代理机构又可分为企业家协会和技术交流协会等创新服务组织，通过定期或非定期的会议交流和开展活动，加强人员的联系和信息技术的交流。

各类中介机构主要为产业集群协同创新提供专业化的有偿服务，它们熟悉家具行业科技创新的发展动态，同时精通知识产权和技术创新分享方面的法律法规，可以为创新成果供需方的对接提供专业的咨询和帮助，使高校及科研院所的创新成果能够迅速通过企业中试，进入企业的标准化生产环节，转化为满足市场需求的产品，实现协同创新的社会价值。同时，借助中介机构的媒介作用，企业可以迅速获取消费者的反馈意见及时并将其反馈到高校及科研院所，通过二者的有效沟通促进产品创新的可持续发展。

(六) 家具流通系统——创新方向引导

设计来源于生活，生活来源于市场，市场来源于需求。家具流通市场是用户集聚的场所，用户的需求直接反映到市场的产品结构上，用户需求的升级要求是产品创新创意的提供者，也是创新成果最终的检验者。家具产业集群的协同创新，必须考虑用户的真实需求，用户提出的具体需求是企业创新方向选择和确定的主要依据，它决定了整个行业的创新发展趋势。所以，家具流通市场的经销商经常与用户进行技术、知识、信息等方面的交流，可以为生产企业提供设计创新、技术创新的最新动向，引领家具产业集群协同创新活动的开展。

第三节　家具产业集群协同创新主体间的关系分析

家具产业集群协同创新是家具企业、高校及科研院所、政府部门、金融机构、中介机构、最终用户等为实现家具行业的重大科技创新而开展的大跨度整合的技术创新战略联盟的组织形式，其最终目标是提升集群协同创新能力和创新绩效，最终获得集群在行业中的竞争优势。根据竞争优势理论，独特的资源、要素是竞争优势的基础，建立在资源、要素基础上的核心能力是竞争优势的源泉。产业集群的协同创新本质上是基于各创新主体优势资源互补与整合的核心能力的互补与融合。在协同创新过程中，可从不同视角对各创新主体间的关系进行分析。

一　价值链视角的分析

家具产业的产品类别多，价值链长，行业跨度大，产业集群协同创新过程中各主体间纵横向网络关系复杂。在集群协同创新过程中存在主导型、直接参与型、支持型三种不同类别的参与主体，龙头企业、高校及科研院所是主导型创新者，家具产业链上与龙头企业有密切协作关系的其他企业是直接参与型创新者，政府部门、家具协会、各类金融机构、中介机构、用户等是支持型创新者。各参与主体拥有不同的创新资源和优势，分别处于价值链的不同环节，通过纵向、横向价值链的有机结合，形成协同创新的价值网络。

（一）主导型创新主体

根据协同创新具体模式的不同，家具龙头企业、高校及科研院所在创新过程中处于主导性地位，在技术创新方向的选择、研发团队的组建、研发方案的设计、具体研发环节及研发成果的产业化转变等环节起主要的领导作用，是新技术开发与新产品创新的主体力量。

1. 家具龙头企业

家具龙头企业处于产业链的核心，是产业集群协同创新系统的核心主导者，其核心优势体现在市场洞察力强、有相对稳定的产品研发和生产技术人员、创新技术转化能力强、品牌影响力相对较大、企业管理制度相对健全、管理水平较高。企业能够准确地了解市场需求的变化，引导高校及科研院所开展产品设计、材料应用、制造设备等方面的知识创新和部分技术创新活动，并对其创新活动给予资金上的支持。

2. 高校及科研院所

高校及科研院所是创新知识链的核心，其主要优势体现在学科理论基础雄厚，专业知识扎实，拥有家具设计（外形和功能）、新材料研发、智能制造设备与软件研发等方面的专家团队，拥有丰富的智力资源和人才资源，可以为企业创新提供强有力的智力支持和创新成果，同时能够为家具生产企业培养专业的设计和技术人才，在为企业提供智力支持和创新成果的同时，也能从企业得到相应的研究资助，以促进科研人才自身的发展。

（二）直接参与型创新主体

1. 产业链上下游企业

与家具龙头企业具有密切联系的产业链上下游的材料及设备供应商、家具经销商等多为中小企业，是技术创新的直接参与者。中小企业由于经济实力较弱，缺少创新资金的支持，虽有强烈的创新愿望，但难以独立开展技术创新活动。在集群中，这些中小企业可以发挥在专业化分工中的优势，配合龙头企业的创新需求，完成家具产业链上某一环节的技术创新任务，主要包括家具生产需要的新材料和涂料、油漆等辅助材料的研发，木材烘干设备、加工制造设备、喷漆设备等的研发，及金属、塑料等主要零配件的研发等，与产业链上的其他企业密切协作，共同完成最终产品的创新，能够有效提高家具产品的创新效率。

2. 家具经销商

家具经销商是创新产品价值实现的市场终端，同时也是创新需求、创意的提供者，可通过创新销售模式为家具产品创新价值的实现提供直接帮助。家具经销商应积极运用网络技术和平台完成家具产品的网上宣传和推广，吸引更多的客户群体关注，在实体店运用VR、AR技术增强客户的体验感，通过线上线下销售模式的结合，提高家具产品的市场份额。可以看出，集群中的中小企业在龙头企业的带动下，根据分工要求共同完成产品的技术创新，可以共享协同创新带来的规模经济效应，降低创新成本，分散创新风险，并在密切合作中共享协同创新带来的收益，从而提高企业自身竞争力。

（三）支持型创新主体

政府部门、家具协会、各类金融机构、中介机构、用户等共同作用于集群协同创新，如提供政策支持、资金支持、技术服务、专业指导及提出创新需求等，形成集群中的政策链、服务链和需求链，虽然未直接参与到家具产品的技术创新过程中，但是对协同创新任务的顺利完成具有重大的支持和保障作用，是协同创新的支持型主体。

1. 政府部门

政府部门以提供资金、基础设施和政策导向为己任，根据行业发展的趋势出台产业政策及法律法规，引导企业、高校及科研院所的创新方向，并以具体的财政、税收、金融政策实施实质性的引导和支持，企业、高校及科研院所则可以在政府的引导与资助下与时俱进地开展协同创新活动，以更低的成本和更高的效率提供满足市场需求的技术创新成果。地方政府为促进集群协同创新活动的开展，在高校及科研院所设立项目研究基金，资助高校及科研院所的科研工作者进行项目研究，并将研究成果通过生产力促进中心、孵化中心进行转化，以此扶持企业的发展。

2. 家具协会

家具协会等民间性组织，在地方政府的引导下开展工作，通过发布行业资讯、开展培训活动、组织家具展会等方式，为协会成员企业搭建联系、沟通和信息传递的平台，通过提供制度性服务营造集群协同创新的软环境。可见，政府和家具协会在政策与制度性服务提供及创新环境的营造环节对创新系统的运行产生影响。

3. 金融机构

金融机构、风险投资机构等集群创新资金链上的核心环节，可以发挥其在资金融通上的优势，通过提供贷款和风险投资基金入股等方式，为高校及科研院所、龙头企业的技术研发提供资金支持，解决企业技术成果的转化过程中的资金瓶颈问题，同时从企业创新成果收益的增量中获取应有的回报。

4. 中介机构

生产力促进中心、创新创业孵化中心、人才市场、技术市场等中介机构是集群服务链的重要组成部分，可以利用其在信息、服务方面的优势，为供需方搭建联系的桥梁，能够在很大程度上减少技术转移和营销环节的客户搜索成本，促使高校及科研院所的知识创新和技术创新成果顺利地转化成企业的技术创新产品，更好地满足市场需求。同时，中介机构也可以从信息、服务的提供过程中获取相应的回报。

5. 用户

用户是创新产品的最终使用者,企业可以根据产品的销售情况、用户的选择行为验证创新产品受市场欢迎的程度,根据用户使用产品的体验及反馈意见,发现新的创新机会。可见,客户的体验与满意度是对创新成果的检验,也是持续性创新需求产生的源头。

综上所述,主导型创新主体通过确定协同创新方向,进行创新可行性研究,完成产品核心环节的技术创新,并积极引导相关产业链的直接参与型企业完成其他辅助环节的创新。支持型创新主体通过发挥引导或媒介作用,促成核心企业、产业链上的相关企业与高校及科研院所之间深层次的合作与交流。家具产业集群协同创新网络中的产业链、知识链、政策链和服务链的协同,构成了既合作又竞争的创新网络,各创新主体通过生产和技术资源互补、知识和信息互通、基础设施和政策信息共享,进行协同创新,在特定的范围内实现了创新资源缺口的弥补。

二 社会网络视角的分析

(一) 产业集群协同创新主体间的强弱联结

社会网络是企业为适应环境的变化,协同合作和维持交换,以契约关系结成的自发性群体(王涛等,2011)。社会网络在集群的形成和稳固过程起到了重要作用,是集群创新网络发展的黏合剂和润滑剂。1973年,马克·格兰诺维特(Mark Granovetter)将社会网络内主体之间的关系划分为强联结关系和弱联结关系,并对强弱关系的作用进行了比较研究,认为强联结是在社会经济特征相似个体间形成的,而弱联结是在社会经济特征不同的个体间产生的,不同的关系强度对社会网络的稳定性和创新性产生不同的影响。从社会网络视角看,家具产业集群协同创新系统中的各创新主体因技术交流和信息沟通的需要,频繁地接触,从而形成的关联网络,各主体间密切的网络联系是技术创新知识和经验获取的主要渠道。

集群中的家具企业生产同类产品，生产加工技术和工艺具有很大的相似性，面对共同的消费市场，企业管理者和技术研发人员的社会经历大致相同，相互之间形成强联结关系，强联结保持了集群的稳定性，有利于各企业间技术信息的分享和传递，但是集群知识和技术难以创新。集群中的高校及科研院所在基础研究、应用研究中具有雄厚的理论基础和丰富的人才资源，与家具企业分属不同的社会领域，有着不同的社会职能和价值追求，它们与企业分别嵌入不同的社会网络，相互之间形成弱联结。弱联结可以跨越不同的领域，在各创新主体的沟通和联系中起到桥梁作用。各主体间通过异质性资源的交流，降低了获取互补性创新资源的难度和成本，从而有利于协同创新活动的展开。政府部门、家具协会、金融机构、中介机构等是集群协同创新网络的重要节点，起着政策传递、规划引导、监督管理、资金支持、咨询服务等作用，与企业、高校及科研院所一起形成动态、开放的创新网络。各主体之间以网络的形式实现知识和技术的联结，各节点的活动都被纳入网络之中并受其约束。

（二）产业集群协同创新主体间的信任关系

集群内供应链上企业的协同创新建立在基于产品链、服务链、价值链的社会网络之上，各创新主体因追求共同利益而实现创新活动的互补与协作。在经济新常态背景下，家具市场竞争愈加激烈，企业由于技术创新能力不强，在市场竞争中难以形成差异化优势，只能转而实施低成本策略，即企业在想方设法降低内部制造成本和管理成本的同时，在供应链上的上下游企业之间积极寻求整合，降低供应链成本。供应链的整合不同于市场机制下的资源配置模式，主要是利用建立在家族情感、地域文化、企业信任等基础上的社会网络关系进行资源的重新配置，通过企业间的信息共享、优势互补，实现外部规模经济和成本控制，以获取更高的利润。可见，集群企业间的合作不仅体现了一种经济行为，而且在于构建非正式的社会网络关系。这种社会网络关系虽然是间接形成的，但是是长期的、有效率的，处于不同网络节点的企业在长期的合作中形成默契的往来关系，从而不断增强集群的整体凝聚力，并逐步建立起维持集群企业竞争优势的信任机制。

高校及科研院所是基础创新、理论创新的主要承担者，是共性技术和知识的重要传播基地，知识和技术创新成果的溢出效应显著。基于社会网络视角的集群协同创新机制可以为企业与高校、科研院所之间互惠互利的知识资源共享和知识价值转换活动提供基础，是一种基于社会关系、信任和资源共享的知识网络和社会网络的嵌入形式。在创新成果的利益分配过程中，企业追求利润最大化，要求创新成果转化为实实在在的产品，以便带来更多的利润；而高校及科研院所更重视创新成果学术价值的体现，追求社会对知识创新成果的认可，更注重论文的发表及专利的申请，不太重视成果的转化。两者的合作建立在追求共同创新目标的基础上，而在利益分配上又可以各取所需。因此，以社会网络的形式对协同创新网络中各节点的创新资源进行整合，有利于实现创新网络和社会网络的融合，实现知识、信息、技术、资金等资源在网络间的快速流动，各创新主体在相互作用中可以促成更深层次的协同发展，从而提高产业集群的协同创新绩效。区域的创新氛围和集群文化是社会网络形成的基础，创新氛围使各主体具有创新的意愿和动力，对集群文化的认同能使创新主体产生亲近感，缩短各主体间的物理距离和情感距离，提升彼此信任度，加深互惠互利程度，改善集群内社会资本的认知维度和关系维度，可见，基于高度信任的社会网络关系可以有效规避系统内的协同创新风险。

总之，家具产业集群协同创新网络的形成在某种程度上将构成对产业集群创新文化的规范，并促进社会网络与集群协同创新网络的共同发展。实际上，作为一种特殊的组织形式，产业集群创新网络是社会网络在特定区域内的具体表现，既包括由政府部门、家具协会、金融机构、中介机构等协同创新主体组成的正式网络，也包括基于区域毗邻的各创新主体联动、创新行为耦合和创新收益扩散而形成的非正式网络，并且从某种程度上看非正式网络在产业集群创新网络中发挥的作用比正式网络还要大。

第三章 基于多元视角的家具产业集群协同创新机理研究

产业集群协同创新系统是一个动态、开放的自组织系统,系统内的各主体在创新过程中具有独特优势,但也有着与生俱来的局限性,各主体间的协同创新可扬长避短,最大限度地提高创新效率。本章从经济学、价值网络、社会网络等多个视角研究产业集群创新系统的协同机理,为协同创新影响因素的确定及协同创新绩效评价方法的选择提供理论依据。

第一节 家具产业集群协同创新的经济学机理

家具产业集群协同创新属于典型的经济学领域问题,因为健全的制度和完善的规则是家具产业集群协同创新有效运转的重要保障,有效的信息交流和信任机制是产业集群协同创新的重要影响因素;集群协同创新具有明显的外部规模经济效应,能够降低各创新主体的创新成本,分散创新风险;从利益最大化角度出发,创新利益分配机制也会对产业集群协同创新的顺利开展产生重要影响。因而,家具产业集群协同创新的演进机理,可以基于经济学视角从制度设计、外部规模效应、交易成本、风险控制、利益分配几方面进行揭示。

一 协同创新的制度保障

迈克尔·波特(2002)在《国家竞争优势》中认为劳动力、自然资源、金融资本等物质要素在经济全球化背景下的作用日趋减弱。一国竞争力的强弱与其国土面积的大小和自然资源的多寡没有直接关系，这两者不再是影响一国生产率的关键因素，因为有些要素可以以多种方式自由流动。国家应该创造良好的经营环境，制定一系列支持性的制度，确保投入要素能够得到高效的使用，提高国家的整体竞争力。

（一）健全的制度和规则是产业集群协同创新系统有效运转的保障

制度环境是影响产业集群协同创新发展的重要因素，支持性的制度和规则可以为产业集群的创新发展指明方向，使各创新主体明确自己的责、权、利，积极参与协同创新活动，是产业集群协同创新系统有效运转的保障。现实生活中，市场的交易主体是具有有限理性的"契约人"，交易主体往往通过各种契约来协调交易活动。交易主体存在有限理性使得契约的制定和实施不可能完美无缺，由此产生交易成本；交易主体的机会主义倾向使得在契约的签订和执行过程中需要有专门的条款来约束和防范机会主义的产生，这影响了契约的签订和执行效率，从而产生交易费用；为了应对交易活动、主体行为及市场环境的不确定性，交易主体在自愿或非自愿的基础上签订更多的条约，不确定性因素越多，签订详细条约以减少不确定性所产生的成本就越高，因而会产生更多的交易费用；在交易活动中某些特定的耐久性资产，一经投入就具有资产的专用性，如果交易的一方采取机会主义的行为终止交易，投资方就会蒙受损失（交易费用）。可见，在市场的交易费用相对较高的情况下，通过契约或组织将市场上的部分交易费用内部化，可以大大降低企业间的交易成本，这也是产业集群这种介于企业和市场之间的中介性组织产生的主要原因。

在协同创新过程中各参与主体事先应根据协作模式的不同，签订契约或章程明确各创新主体的责任、权利和义务,明确协同创新过程中的资源投入比例和方式,明确创新成本和风险的分担比例,明确协同创新成果产权的归属和利益分配的具体方式。这些制度与规则的制定,可以尽可能消除或缓解由各创新主体的有限理性、机会主义和信息不对称带来的负面影响,降低协同创新过程中的交易和合作成本。集群企业的竞合关系是建立在正式、非正式契约关系的基础上,企业之间长期稳定的合作关系可以弥补合同契约不完备导致的风险漏洞、降低创新成果不确定性的发生概率,企业间的竞争压力会减少协作过程中机会主义行为的发生概率,市场交易费用将会大大降低,有效地履行契约成为集群协同创新系统高效运转的主要原因之一。

(二) 制度缺陷是阻碍产业集群协同创新发展的重要因素

产业集群内各创新主体是具有有限理性的"契约人",都想以最少的创新投入获得最大的产出。由于协作过程中的信息不对称,各创新主体难以预测在协同创新过程中可能发生的不确定事件及其风险,对于研发活动能否取得理想的成果及研发成果能否顺利实现产业化,均没有十足的把握。任何创新主体都不可能独自承担由此产生的风险,这为各创新主体间的合作提供了可能,但同时也给合作带来了潜在的和现实的阻碍。而制度的缺乏或失灵会导致各创新主体只考虑自身的局部利益,无法达成一致目标,从而妨碍协同创新活动的开展。制度经济学认为,市场经济体系是不完善的,在集体行动中往往存在着"搭便车"、道德风险等制度缺陷。这些缺陷同样存在于产业集群协同创新过程中,阻碍了集群协同创新活动的顺利开展。

1. "搭便车"

产业集群中的企业与其他市场交易主体一样,天生具有逐利避害性,会选择低成本的方式进行创新。每个企业都希望其他主体去承担创新的成本和风险，而自己却保守经营等待模仿，一旦有企业创新成功，便积极搜集信息，开始模仿，期望在短时间内以更少的投入获取更大的利益，"搭便车"行为便由此产生。如果集群中没有强制或特殊的治理措施，约束企业的"搭便车"行为，有理性的、以自我利益为中心的企业通常会选择低成本的方式参与集群创新。这种"搭便车"的行为最终会损害创新主导企业的创新积极性，降低集群中创新活动的可持续性。

2. 道德风险

在产业集群协同创新过程中，需要通过一定的制度约束来防范协同创新者的道德风险。尽管全面了解各参与主体的信息是困难的，但是为保证协同创新的顺利开展，各参与主体必须制定明确的责任和权力条约，弄清楚谁是潜在的受益者。有一些企业看上去是通过合作共享技术和专利，但在合作过程中往往想方设法维护自身的最大利益，发生损害原始创新者利益的行为，违背技术合作协议，在没有征得成果出售方同意的情况下，私自转让技术以获取利益，造成新研发技术的外溢和扩散，最终损害创新主导企业的经济利益。

3. 协调成本

不同的产业集群各主体间联结的方式有很大差异，但其内部通常具有相似的层次结构，每个层次的发展会受到诸多因素的影响，为保证集群创新活动的顺利进行，集群企业既要协调内部的生产经营活动，又要协调与其他创新主体的关系，因而会产生较高的协调成本。集群中的家具协会及中介机构定期举办家具展览会、成果推介会、专题研讨会等，为技术的提供者和技术的需求者搭建沟通的桥梁，促成供需双方的交易，降低它们的研发和交易成本。但是，在制度不完善、不健全的环境下，技术创新供需双方对自身利益的追求和维护，仍会产生难以协调的矛盾，协调成本依旧很高。在经济新常态背景下，市场竞争愈来愈激烈，各创新主体追求自身生存空间和利益的利己性，导致达成共同目标的协调成本上升。

4. 要挟成本

产业集群协同创新过程中，作为原始创新的提供方，高校及科研院所在合作过程中投入了大量的人力和经费，形成的科研成果具有明显的专用性特点，离开了家具行业，其所拥有的知识产权或专利权等科技成果就无法发挥作用。家具制造企业为了将技术创新成果产业化，投入大量资金购买产品加工和处理的专用自动化、智能化设备等，形成巨额的沉淀成本，面临合作失败后资产专用性带来的巨大损失风险。如果协同创新的任何一个参与主体，不遵守契约、协议，从自身利益出发要挟其他参与者，都会给其他合作者带来巨大的损失。产业集群协同创新的制度设计和安排，就是要通过完善的契约关系和严厉的惩戒制度，激发各协同创新主体的"诚信本能"，从而消除各协同创新主体的顾虑，减少由技术专用性和资产专用性带来的交易费用和合作风险。

由上述分析可见，加强集群协同创新过程中的制度设计，加强对技术创新成果的产权保护，保护原始创新主体和企业的合法利益，减少假冒、抄袭、仿制等侵权行为发生，能有效促进产业集群协同创新的持续进行。

二 协同创新的外部规模经济效应

家具行业的产业集中度相对较低，企业独立从事技术创新活动最大的一个缺陷就是创新的投入产出效率低，难以实现技术创新的规模经济，但当集群产业链上有合作关系的中小家具企业聚集在一起，以分工、协作的方式进行技术创新时，就可以形成技术创新的外部规模经济。这种外部规模经济，既能发挥企业独立创新的独立性和灵活性，又可以获得集群创新的协同效应，从而实现创新"行为优势"和"资源优势"的有机结合。一般情况下，集群协同创新的外部规模经济主要得益于以下优势。

（一）专业化分工

家具产业集群中拥有各种配套服务的专业化市场，为核心制造企业的生产带来低成本优势。比如专业人才市场、原材料供应市场、专业化的零配件市场等，能够为家具生产企业提供高素质的劳动力、高质量的原材料和配件，有效降低家具产品的生产成本；家具批发仓储、物流配送及零售市场，能够有效降低家具产品的销售费用，提高产品的市场竞争力。因此，专业化分工能够使集群中的企业共享各种辅助性服务，享受规模经济带来的优势。同时，专业化分工与产业链、技术链、资金链在创新活动中通过产业资源、知识技术以及资金的互补和共享也会产生协同效应和规模经济效应，从而大大降低创新成本。

（二）共享公共设施

单个中小家具企业的发展难以对区域经济产生重要影响，从而难以引起地方政府及公共服务部门的注意，在享受基础设施和公共服务方面受到巨大的约束。而家具产业集群在一定的地理区域内集聚，因其整体规模能对区域经济发展产生重要影响，政府也会对该区域的基础设施和公共服务投入较多资金，并给予财税政策、金融政策上的支持。集群内的家具企业可以通过共享公共设施和服务，充分利用政策上的支持，降低创新成本，提高创新效率，提高集群协同创新的能力。

（三）知识的溢出效应

家具产业集群中中小企业居多，为了能在市场竞争中占据一定的地位，有较强烈的创新意愿，但受自身的资金、人才、信息和技术水平所限难以开展自主创新，依托核心企业、高校及科研院所等来完成技术项目的创新研发是企业最恰当的选择。由于专业技术知识和专利等科技成果具有公共产品的部分特性，与生产经营有关的新材料使用、工艺改进、质量控制、成本控制、生产管理等方面的创新成果会被迅速地扩散和模仿，形成知识和技术的溢出效应。同时，由于集群企业的地理毗邻性，许多企业的专有技术和技术诀窍也会伴随着人员的流动和频繁交流过程而迅速扩散，促进产业集群研发创新成果的形成和转化，从而提升产业集群的创新能力和整体竞争力。

（四）创新环境改善

家具产业集群内的各创新主体在长期的合作中建立了良好的合作关系，为集群内企业家的思想观念传播、人才流动、技术信息扩散等创造了便利条件；同时，集群整体对外也是相对开放的，能比较好地融入区域经济发展的大环境，与区域内的其他经济主体共享政策、基础设施、专业培训及科技成果转化等公共服务，也为区域经济、社会发展贡献自己的力量。特定区域的社会环境、经济环境、科技环境、人文环境等是创新氛围和创新文化形成的主要影响因素，区域的基础设施配备、产业配套、政策支持和优惠等则是企业选择产业集群的决策依据。由各地家具协会牵头搭建的集群协同创新平台，可有效改善集群创新的软环境，通过及时发布技术创新的供求信息，协助创新主导企业或机构完成技术创新成果的转移，提高技术创新成果的产业化水平，并协助进行创新产品的市场宣传。借助协同创新平台，各创新主体可实现跨行业的沟通和交流、共享产业链上不同环节的技术资料、共享协会提供的各项服务，为集群创新主体实现跨组织协同提供必要条件。

（五）资源的互补性

家具产业集群的创新主体包括主导企业、高校及科研院所及其他服务机构等，具有各不相同的创新特质，在协同创新过程中可互通有无，弥补自身的创新缺陷。家具企业距离消费者比较近，具有天然的市场敏感性；高校及科研院所处于知识和技术发展的前沿，具有高度的技术敏感性；拥有雄厚资金的金融机构和风险投资机构，在利益的驱动下自愿加入产业集群的创新活动中；政府、家具协会、中介机构为了本地区的经济发展和行业竞争力的提高，会在政策支持、服务提供等方面为产业集群中各主体的协同创新提供全面周到的服务。集群中各创新主体在资源上的差异性和互补性，成为吸引各主体参与协同创新的关键因素，有利于形成技术创新外部规模经济效应。

三 协同创新的成本降低效应

罗纳德·科斯（1937）首次提出"交易费用"思想，他认为交易费用主要是指企业用于寻找交易对象、订立合同、执行交易、洽谈交易、监督交易等方面的费用与支出，主要由搜索成本、谈判成本、签约成本与监督成本构成。威廉姆森（1979）对交易费用理论进行了系统的研究，他认为市场和企业是两种可以相互替代的资源配置机制，由于各经营主体存在有限理性、机会主义、不确定性和资产专用性等问题，他们基于自身利益最大化做出的决策使得市场主体的交易费用居高不下。

从制度经济学视角看，产业集群是一种介于企业科层组织和市场组织之间的中间性组织形式，是一种能够有效降低交易费用的"新制度"形式。在产业集群的发展过程中，集群中的各交易主体需要遵循共同的行为规范和行业惯例，彼此之间建立密切的合作关系，促进集群内部信息的沟通和交流，为交易费用的降低奠定基础。

（一）中间组织属性节约交易费用

产业集群中的创新主体在长期合作中形成了相对稳定的契约关系，减少了机会主义倾向的产生；信任及合作程度的加深减少了交易的不确定性，避免了要挟成本的产生，有效降低了各主体间的协调成本。集群内企业与高校及科研院所的专业人才、专有技术、专业设备、专项资金等创新要素的有机结合，降低了资源搜寻成本、谈判成本，既达到了资源共享、优势互补的目的，又可有效减少重复投入、降低创新成本，提高创新成果产出效率。与直接面对外部市场的企业相比，产业集群内部企业间具有建立在专业化分工基础上的合作关系，在供求信息的搜集、合作关系的建立和执行方面具有明显的优势，为集群协同创新活动的开展奠定了良好的基础。

（二）信息充分交流节约交易费用

信息交流在产业集群协同创新中有及时答疑解惑和减少无效劳动的作用，不同的制度环境对信息交流的频率和深度有不同影响，导致集群协同创新能力有较大差异。产业集群内部的企业由于存在长期的稳定合作，彼此之间建立了密切的联系，各种信息、技术与人员的交流比较频繁，企业的领导者和技术人员经常共同探讨解决生产经营中的技术难题，具有丰富的实践经验和顺畅的沟通渠道，为集群协同创新在研发阶段和中试及产业化阶段进行信息和技术的交流打下了良好的基础，降低了各创新主体的信息搜寻成本。

产业集群协同创新主体间的基础知识共享、经验和技术的交流、行业前沿信息的互换，能够加快行业显性和隐性知识、技术信息的传播，促进集群内企业的创新能力的提高。如果各创新主体存在隐藏信息的现象，则会造成创新合作中的信息不对称，从而加大创新交易成本，降低创新效率。可见，集群内信息的充分交流对于新思想、新观念的传播和新技术的推广具有非常重要的作用。

（三）相互信任节约交易费用

信任是在相互交往过程中某一市场主体在信息不完全的情况下将自身资源交付给其他主体使用，它是市场主体间合作的基础。相互信任是集群内部各创新主体进行资源整合的基础和纽带。在经济新常态背景下，经济发展速度放缓，市场技术环境快速变化，家具产品和技术创新的生命周期明显缩短，家具企业间的市场竞争越来越激烈，集群企业的内部管理面临巨大挑战。企业间的信任关系，可以增强集群的凝聚力，强化契约、合同的执行力，限制某些主体的机会主义倾向，降低违约行为发生的概率，提高集群管理效率，便于集群协同创新活动的开展。各创新主体间的信任，可以提高协同创新的自觉性，减少契约签订过程中对细节问题的过多考虑，降低签约成本；同时，创新主体间信任关系的存在，使信息的沟通和技术的切磋更为深入和有效，可减少契约执行过程中的监督成本。协同创新的各主体在产品设计、功能优化、生产制造、市场销售等环节的频繁交流与信息反馈，可缩短技术创新的研发周期，降低创新的盲目性，有效控制创新风险，提高协同创新的绩效水平。

信任是集群创新主体在追求长期利益的重复博弈中的现实选择，可以保证协同创新过程中信息的有效传播，降低协作各方的信息不对称，减少企业合作过程中的摩擦和矛盾，降低协调成本；诚信作为各创新主体自我约束的主要力量，可以有效防止欺骗等不良行为，减少机会主义的产生，从而节约交易费用。

（四）提高资源配置效率降低交易费用

家具产业集群的协同创新应该在核心企业的主导下，以市场需求为导向，确定创新的核心技术和关键环节，满足市场对家具产品的功能性、智能性、环保性等要求。企业作为技术创新投入的主体，应该为研发项目的开展提供现有的技术资料、创新所必备的物质资源和资金；高校及科研院所则应围绕企业的技术需求，组建领衔研究的专家和技术团队，对接企业的研发人员，开展具体的技术创新活动；政府和金融机构通过创新立项和资金支持，推进企业、高校及科研院所协同创新的进程。在科技成果的产业化过程中，企业需筹措资金，购置专用化设备；金融机构应通过贷款支持或风险投资基金支持等方式，为协同创新成果的落地提供充足的资金保障。在"政、产、学、研"协同创新的过程中，政府通过规划引导、政策支持和法律法规监管等方式，协调各创新主体的权益和责任，降低各创新主体间的谈判成本和履约成本；产、学、研各方通过互补性资源的投入及充分的信息交流与协作，降低沟通协调成本；中介机构在技术创新供需方的对接过程中起到重要的媒介作用，降低资源的搜寻成本，加快创新成果的转化速度。可见，协同创新机制能够充分调动集群内各成员的创新积极性，有效降低交易费用，使得资源配置效率得到显著提升。

总之，在产业集群协同创新的过程中，利用产业集群中间型组织的优势，通过契约制定和制度安排，可尽可能消除由有限理性、机会主义倾向、不确定性和资产专用性等带来的消极影响，降低创新主体间的交易费用，从而调动更多的优势资源参与协同创新。运用交易费用理论来研究产业集群协同创新，比单纯基于创新管理视角进行研究，可能会更加符合现实情况。

四 协同创新的风险控制效应

产业集群协同创新可有效控制创新风险，创新风险主要划分为系统风险和非系统风险两大类。其中系统风险包括政策风险、信用风险和市场风险，非系统风险则包括技术风险、运营风险、财务风险和管理风险。面对创新活动中不同类别的风险，家具产业集群可以发挥政府、家具企业、高校、科研院所、金融机构等主体的优势，实现创新活动的合理分工，最大限度地降低和分散创新风险。

首先，产、学、研各创新主体发挥自身的优势，完成创新活动的不同环节的任务，可有效分散和降低创新风险。家具企业提供生产资源和生产中实际使用的技术资料，高校、科研院所提供智力资源、知识资源和技术资源，在协同创新过程中各主体通过交流和互动完成不同资源的整合利用，可有效降低技术风险、运营风险和财务风险等风险发生的概率。其次，政府、家具协会和中介机构能够为协同创新各方提供科技创新的政策、标准、市场方面的指导，帮助它们有效规避政策风险和部分市场风险。此外，集群中的制度规则和信任机制也使创新过程中的信用风险和管理风险明显降低。

五　协同创新的利益分配效应

产业集群协同创新的目的是通过各创新主体的协作实现双赢或多赢，利益分配的关键是满足各创新主体的利益诉求。具体的利益分配方式取决于集群协同创新过程中的协同创新模式，还需考虑主导创新者的特征和各主体在协同创新中的贡献大小，根据投入与产出相协调、收益与风险相匹配的原则，在明确产权的基础上，按照创新资源的投入比例进行折算。

考虑协同创新过程中企业与高校及科研院所的利益诉求存在明显的差异，企业作为协同创新的主导者，追求的是短期经济利益，创新产品所创造的利润是其主要关注目标；高校及科研院所是知识创新和技术创新的主体，注重成果的学术价值，主要追求知识成果和技术专利，为了实现对创新人员的激励，也追求部分的经济利益，这主要在技术成果的转移过程中得以体现；金融机构也具有逐利性，在技术创新过程中提供的资金支持，需要获得收益上的回报。当各创新主体在利益分配上出现分歧或矛盾时，政府机构应当发挥监督管理和协调各方利益的作用，引导各方制定合理的利益分配方案，避免因追求目标上的差异导致协同创新失败。

第二节　家具产业集群协同创新系统的协同学机理

1997年，德国物理学家哈肯创立协同学，协同学是研究复杂系统中各子系统之间通过非线性相互作用产生的协同效应如何导致系统结构有序演化的自组织理论。其基本观点是一个开放的非线性的远离平衡态的系统,当外界控制变量达到一定阈值时,在随机涨落的触发下,可以通过突变进化到一个新的更有序的结构。产业集群协同创新系统正是这样一个自组织系统,具有自我发展、自我适应、自我复制、自我进化的协同学特征。创新系统内部诸要素之间的非线性相互作用是系统自组织进化的内在动力和源泉,协同是自组织的形式和手段。

一 协同创新系统的自我发展

自我发展是家具产业集群创新系统在自组织过程中不断自我否定、自我提升的结果。协同学的不稳定原理指出,一种新结构的形成意味着原来的状态变得不再稳定。因而,不稳定性在系统的进化过程中具有积极的建设性作用。由于产业发展的社会环境、经济环境、技术环境以及创新主体发展状况的改变,如新材料、信息技术、互联网、大数据处理、智能制造等新技术的出现、家具产业政策的调整、新的家具质量标准的制定、新商业模式的形成等,原有的集群创新系统会因为影响创新的内外条件的改变而在系统基本结构和状态变量上产生变化,呈现出不稳定的特征。在这些不稳定因素的驱使下,集群创新系统的基本结构和状态变量的平均值发生改变,旧的结构状态消失,在自组织作用机制下形成新的稳定结构,实现自我发展。通过如此循环变化,集群创新系统完成螺旋化提升的演进过程。

二 协同创新系统的自我适应

自我适应是家具产业集群创新系统自我调整、主动适应外界环境的一种能力。产业集群创新系统是一个开放的系统,其系统的各创新主体之间、创新主体与外界的社会、经济、文化、政治环境之间的作用都是非线性的。创新系统的各影响因素的变化对创新系统的影响是有差异的、不平衡的,各种力量围绕创新系统的原有结构和状态变量上下波动,产生影响创新系统的正负反馈机制,这为创新系统的自我适应提供了内在动力。集群创新系统不仅具有正反馈的倍增效应,同时也存在限制创新发展的负反馈作用,创新系统从原有的有序结构向新的有序结构的转变,是正负反馈非线性机制作用的综合结果。这种反馈机制使得创新系统能够及时将外界环境信息的变化传递给系统内部的子系统,在系统内快、慢变量的交互作用下,支配者系统从旧的稳定状态变化到新的有序状态,通过自组织过程调整组织结构、创新策略或发展方向等,适应环境变化,保证产业集群的可持续发展。

三 协同创新系统的自我复制

自我复制是家具产业集群创新成果通过模仿、复制迅速扩散,产生集群创新成果的溢出效应。成功实现创新的家具企业或群体,由于生产效率的提高、成本的降低或产品销路的拓展,产品的市场占有率大幅提高,企业利润率也随之提高。高额利润对周边的家具企业产生了强大的吸引力,它们纷纷把实施创新的企业作为集群内或行业内的典范。这种示范作用吸引了众多企业纷纷进行模仿创新,技术创新成果被快速"复制",集群整体的技术水平不断提高,集群进入新一轮的快速发展期。

四 协同创新系统的自我进化

自我进化是家具产业集群创新系统结构升级,是在序参量的主导下完成的。创新系统中的序参量是指在系统演化过程中发生从无到有的变化,并能指示出新结构的主导参量。创新系统的序参量的形成,不是外部作用强加于系统的结果,而是来源于系统内部的变化。产业集群创新系统中既存在协同也存在竞争,如果在创新系统变化的临界点处同时存在几个序参量,各个序参量的力量势均力敌,彼此之间就会相互妥协，难以产生协同关系，系统处于旧的稳定状态。当系统趋近临界点时，某个序参量的变化突然放大，各子系统之间的稳态平衡被打破，序参量之间的竞争加剧，最后形成一个序参量主宰系统的格局，引导各子系统协同行动，达到更高一级的协同。可见，在创新系统的演化过程中，协同形成结构，竞争促进发展，序参量一旦形成就成为决定协同创新系统演化进程的核心力量。

第三节　家具产业集群协同创新系统的复杂自适应机理

家具产业集群创新系统是集群创新网络与创新文化、创新环境交互作用形成的聚集体，它以家具产业集群内的创新主体为结点，以结点之间的创新联结为纽带，以创新活动为内容，以资源、信息、技术共享为手段，以最大限度地提高产业集群的创新绩效为最终目标。家具产业集群协同创新系统是一个复杂的非线性系统，在动态演化中存在着大量的反馈与涌现问题，其行为无法用简单办法从以前的行为中推断出来；家具产业集群创新系统的各影响因素之间的联系是动态的、非线性的，各创新主体之间的关系是不固定的，集群创新系统的各创新主体在自组织机制的引导下主动适应外界复杂环境的变化，其协同创新的机理无法用固定结构来解释，需借助复杂适应系统理论来研究。

一　复杂适应系统的概念

复杂适应系统理论是约翰·霍兰德（John H. Holland）于1994年正式提出的，其核心思想是：复杂性来自适应性。它揭示了由适应性主体组成的复杂系统是如何演化、适应、凝聚、竞争、合作和产生多样性、新颖性和复杂性的。

复杂适应系统理论强调个体的适应性，系统中的个体在与环境的交互作用中遵循一般的刺激—反应模型，能够与环境以及其他个体进行交流，并在交流过程中不断学习或积累经验，自动调整自身的状态、参数以适应环境，或与其他个体进行协同、合作或竞争，以争取最大的生存机会或利益。由适应性个体组成的系统，将在个体之间以及个体与环境的相互作用中发展，表现出宏观系统中的分化、涌现等种种复杂的演化过程。如此反复，适应性个体和环境就处于一种永不停止的相互作用、相互影响、协同的过程之中。

复杂适应系统理论可以广泛地用于经济、管理、政治、社会等各个方面，产业集群协同创新系统的研究就是其应用的一个重要体现。

二 协同创新系统的复杂多样性

（一）复杂多样性的含义

产业集群协同创新系统的复杂多样性，主要是指集群创新系统具有层次性、聚集性、协同性。家具产业集群协同创新系统是由家具生产和流通系统、创新支持系统、外部创新环境系统等多个子系统构成的，具有明显的层次性。家具生产系统处于系统的核心层，包含了家具产业链上相互联系的原材料及辅料的供应企业、制造加工企业、加工设备的制造企业以及配件的提供企业，是家具成品提供的核心系统。它接收来自家具流通系统的市场需求信息，对企业自身的研发部门、高校及科研院所提出了创新要求。为了提高创新效率，各创新主体根据各自的优势和特点，以不同的协同创新模式展开协作。由于在创新过程中会面临政策制度、技术信息、标准规范、资金支持等多方面的约束，需要得到政府部门、家具协会、中介机构、金融机构的引导和支持，同时协同创新活动的开展也会受到社会、经济、科技、人文、地理等各种外部环境的影响，由此形成一个由内到外、由点到面的多层次、多功能的创新系统。创新系统内各个子系统通过物质、能量、信息的交流，形成一个有机联系的整体，在协同创新过程中发挥各自的优势,产生创新成果的协同效应。

(二) 复杂多样性的具体表现

集群内家具企业、高校及科研院所、政府部门、金融机构、中介机构和最终用户等不同性质的创新主体,它们彼此之间既相对独立又相互依赖、相互作用。

1. 产业集群协同创新的核心网络

家具企业是创新成果的直接需求者和主导者,在创新网络中处于核心地位,主要追求经济利益,主要目标是获取更多的利润。集群内的企业借助物流、资金流以及信息流密切联系在一起,形成了纵横交错的复杂网络系统。其中,纵向网络系统由原辅材料供应商、家具制造商、家具经销商及相关生产设备供应商组成;横向网络系统由核心家具企业、竞争企业、互补及替代企业组成,它们之间虽然不存在直接的供求关系,但是通过集群内其他企业联系在一起,共同影响集群创新网络系统的运行。处于创新网络核心位置的家具龙头企业,主导和引领集群创新活动的发展方向,通过纵横向的技术交流与扩散效应,带动整个家具产业集群的创新发展。高校及科研院所在创新系统中往往是知识创新、技术创新的主要供给者,为家具企业提供科研成果、创新信息、中试设备以及人才培养,与家具企业形成了互惠互利、优势互补、相互促进的互惠共生关系。

2. 家具产业集群协同创新的支持网络

政府、金融机构、家具协会、中介机构和最终用户构成家具产业集群协同创新的支持网络。这些机构虽然不直接参与技术创新活动,但是它们为技术研发活动的顺利进行提供政策支持、资金支持、技术服务、专业指导及创新方向引领等,是家具产业集群协同创新网络中不可缺少的一部分。政府主要为集群创新主体提供基础设施、政策导向及部分创新启动资金,主要以宏观调控或提供公共服务的方式参与协同创新活动。金融机构在研究家具行业发展趋势的基础上，通过创新服务模式积极参与协同创新活动，为集群的协同创新提供资金支持。家具协会、中介机构等社会服务组织为集群的发展提供政策服务、平台搭建、科技代理、咨询、评估、推介、交易等中介服务，在创新系统中起着桥梁和纽带作用。最终用户将家具创新产品使用意见和需求反馈给企业，使家具企业掌握市场需求和创新方向，保证集群创新活动的顺利进行。

家具产业集群协同创新系统的形成，至少需要具有以下四个要素：产业链上相关家具生产企业的聚集；原辅材料、机械设备及家具产成品专业市场的支持；高校及科研院所的知识、技术和人才的支撑以及政府部门、家具协会及中介机构辅助等。只有四个条件都具备时，才能形成高效运行的集群协同创新网络系统，保证家具产业集群协同创新的顺利进行。

三 协同创新系统的涌现性

在家具产业集群协同创新的过程中需要进行资金、人才、信息、服务等资源的交互活动，创新系统内部呈现复杂的网络结构，创新过程中各种因素的影响叠加在一起，表现出明显的结构和功能涌现的特征。

（一）结构涌现

家具产业集群创新系统中的各创新主体，都具有一定的创新资源和适应性，不断与外界环境进行交流，同时各创新主体间实时进行资源、资金、信息、服务的交互作用。集群各创新主体在集聚的过程中通过非线性作用实现资源、资金、信息、服务的交流和共享，不断取长补短、吸取教训，并根据积累的经验不断调整和改变自身的结构和行为方式以适应系统发展的需要，从而涌现出低层次子系统所不具备的新结构特性。

产业集群技术创新成果的取得会受到系统中各创新要素的有机

配合和协同功能发挥的影响。然而，由于系统的非线性作用和涨落机制的存在，创新要素总是处于非平衡的变动过程中，并且这种不平衡将随着系统的发展而持续存在。当创新系统受到国内外经济形势、法律法规、行业政策等外界政策及环境变化的影响，产生企业迁入和退出等行为时，创新系统内部要素间的交互关系及与外界环境的交互关系会变得越来越复杂，系统的结构、状态等都会涌现出转换或升级。经济新常态的发展要求家具行业实施供给侧改革，要求家具企业在发展中更加注重环保，减少污染物的排放，这些外部环境及行业政策的变化都会促使集群协同创新系统表现出结构涌现特征。

(二) 功能涌现

家具产业集群创新活动是一项高投入、高风险的创新活动，通过协同创新可达到资源共享、优势互补、减少投入、分散风险的目标。通过子系统间分工合作和协同研发行为涌现出新的系统功能，使产业集群创新系统具有更强的风险防御、内部协调、外部协调能力，提高创新效率，形成更多的创新成果。创新系统的这些功能，是各子系统或单个创新主体所不具备的，是集群创新功能涌现的主要表现。由于产业集群协同创新系统中的多个家具企业共同分摊创新成本，集群内企业可以享受到创新产品的低成本优势、即时交流所带来的信息优势及知识外溢所产生的学习效应，极大地提高了创新效率，使得集群的创新成果远远超出了企业独立创新的效果总和，体现出创新成果涌现性特征。同时，大量具有专业化技能的高素质人才的积聚，提高了企业间知识和技术的学习和交流的效率，最新的技术知识和学习技巧可以更方便地在集群内部传播与扩散，激发集群企业创新意识，培养技术人员的创新思维，从而提高各企业学习能力和创新能力。

四 协同创新系统的开放性

家具产业集群协同创新系统的开放性是协同创新活动开展的前提。集群的各创新主体不间断地与外部环境进行物质、能量和信息的交流，从而能够及时认清自身的缺陷以及与外界的差距，形成自觉创新的压力，产生自觉创新的动力，及时进行新技术的学习、吸收和转化，同时，自身的技术创新成果也会持续性地向外扩散。集群内人才的交流互动可以给创新系统带来新知识、新思想、新创意，从而激发集群的创新活力，加快技术转移和扩散的速度，引导和推动产业链上的相关主体开展从属的技术创新活动，进而带动集群内生产关系迅速调整。随着技术的变迁，企业的技术能力、产品结构、管理模式和营销战略都会不断创新。金融资本的输入可以给创新系统提供有力的资金支持，保证集群协同创新活动的顺利开展。开放的系统使得创新主体间进行适度的知识、人才、资金、技术、产品、设备等的交流，为产业集群创新输入负熵，推动创新系统由无序向有序的不断转变。

五 协同创新系统的非线性

非线性主要是指系统各要素的变化不呈比例，它表明系统本身存在不规则运动和突变。随着家具产品设计技术、加工技术的复杂性增加，技术创新使产业链上下游及辅助企业之间形成相互依赖的关系。各创新主体投入的创新资源具有不平衡性及动态变动性，且通过正负反馈机制，以非线性作用的方式影响协同创新技术成果的产出效率。

家具产业集群协同创新的各子系统和要素间的非线性相互作用，是系统由无序向有序结构演化的根本机制。协同创新系统的子系统间并不是简单的因果关系或线性依赖关系，而是具有各种正、负反馈作用，从而形成具有明显非线性特征的复杂关系。这种非线性特征主要体现在创新主体间的技术、劳动力、资金、信息等相互交流中，体现在技术创新、工艺改进、管理创新及市场创新的反馈作用中，体现在创新活动过程中政、产、学、研、用等创新主体间的协同合作过程中。

家具产业集群的协同创新是在动态多变的环境中进行的，社会经济环境、政策环境（财税、货币、金融等）、人文环境、科技环境等都会出现一定的变化，企业家的创新偏好、管理理念、创新创意、新材料、新工艺、新融资渠道、新商业模式等都有可能对家具产业集群创新系统产生不同程度的影响，各创新主体在争夺资源和空间的同时，相互之间也会产生协调和促进作用，由此表现为非线性影响下的创新整合，这就是集群协同创新的根本机制。

六　协同创新系统的自组织性

家具产业集群协同创新的自组织演进过程是集群创新主体和外部环境互相选择和互相影响的适应性结果。创新主体的创新行为在外部环境的动态变化中不断调整与改进，同时具体创新行为的实施又会对外部环境的变化产生影响，从而使系统达到新的有序状态。创新系统的复杂性表现为不同主体和层次间错综复杂的相互作用，由于创新主体具有主动性和适应性，这些相互作用在反馈和协同效应的影响下，使系统能够自适应、自组织地由无序向有序不断进化。

集群内家具企业之间的协同创新，为其自组织演化创造了条件。家具产业集群的创新活动是在产业链上的产品生产系统、流通系统、高校及科研院所、政府部门、家具协会及中介机构的协作过程中完成的，创新活动贯穿设计研发、材料选用、生产技术引进、工艺提升、产品更新换代和再创新的全过程，此过程中任一环节的创新都会对其他环节的创新产生影响，并在自组织过程中逐步走向稳定，形成局部、渐进性创新成果；在集群创新成果整合阶段，已有的渐进性创新成果会在自组织力量的作用下，发生技术深度上的跳跃性突变，形成突破性创新。突破性创新成果在满足市场新需求的同时，又会引发新的创新需求，集群创新进入动态、循环、累积的螺旋式提升的技术轨道。

家具产业集群创新的自组织性还表现在适应外部环境变化、应对外部挑战的能力上。集群内的各创新主体能够根据内外环境的变化，灵活地调整经营策略、竞合行为，形成多层次、多功能的创新系统结构，并通过不间断地学习、重组、完善其层次结构和功能结构，完成协同创新系统从无序到有序、从低级到高级的进化。

第四章　家具产业集群协同创新的动力系统及运行机制

产业集群协同创新需要有协调运转的动力系统支持，并在相应的运行机制的约束下才能够顺利完成。产业集群协同创新系统的动力系统主要包括内部动力、外部动力、技术创新扩散力、自组织驱动力四部分；其运行机制主要指影响产业集群协同创新活动各因素的结构、功能、相互关系、作用原理和运行方式等的总和，主要包括动力机制、沟通学习机制、资源供给机制、合作信任机制和激励保障机制等。

第一节　家具产业集群协同创新的动力系统构成

在产业集群各创新主体合作创新的过程中，创新资源与创新要素有效融合、优势互补，提高了各主体的创新活力，产生协同创新效应，提高了协同创新成果的产出效率。产业集群协同创新系统的动力系统主要包括内部动力、外部动力、技术创新扩散力、自组织驱动力四部分。其中，内部动力包括企业创新精神的主导力、创新预期收益的吸引力、内部创新激励的激发力、集群创新文化的影响力和创新网络效应的推动力；外部动力包括创新需求拉动力、竞合作用驱动力、科技进步推动力、外部环境支持力；技术创新扩散力是技术创新成果通过正式网络和非正式网络在集群内部的扩散和应用，主要包括专业平台推动力、信息人才扩散力、创新引进吸收力；自组织驱动力通过系统的涨落力、协同力、复制力和循环力等影响各创新主体的竞争及协同过程，推动产业集群协同创新活动的有序进行。产业集群协同创新系统的动力系统构成，如图4-1所示。

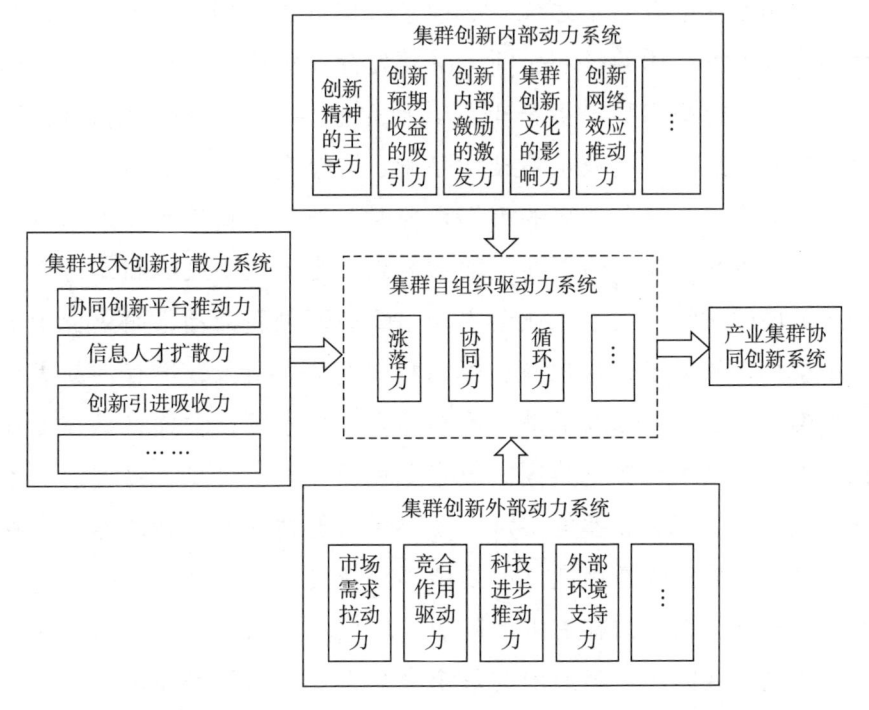

图4-1 产业集群协同创新系统的动力系统构成

一 内部动力系统

（一）创新精神的主导力

创新精神是企业家精神的核心和灵魂，创新精神和创新能力是企业生存和发展的根本。在企业家主导下开展的创新活动是企业提高其核心竞争能力的最重要、最根本的战略举措，是企业追求利润的主要手段。经济全球化的背景下，企业的生产经营活动受到全球化分工合作关系的影响，往往只能从事产业链中某一环节的产品生产，其创新活动不可能孤立地进行，其创新活动建立在与产业链上下游企业密切联系的基础上，需要其他主体的共同参与，所以创新是一个多主体创新活动交互的过程。产学研结合创新、集群式创新、多主体协同创新等创新模式应运而生。区域性家具产业集群要在激烈的市场竞争中有立足之地，必须进行集群协同创新。因此，作为家具产业集群主体的核心企业，必须发挥在集群协同创新过程中的主导作用，组织引导产业链上的其他企业共同开展技术创新活动。产业集群中的核心企业虽然技术基础、资金实力、科研团队实力比较强，但当面临复杂多变的市场环境时，独立创新需要投入的资源比较大，也面临较大的创新失败的风险。为了减小风险和缩短产品进入市场的时间，核心企业会主动组织协同创新活动；而集群中的中小家具企业由于自身规模、资源和创新能力所限，虽有创新需求但很难展开自主的创新活动，愿意加入创新系统，发挥自己在专业化分工中的技术优势，共同完成集群创新活动。可见，集群内的家具企业由于对创新收益的追求，期望尽可能地降低创新成本、避免创新风险、缩短创新周期。但是由于企业自身经济实力、技术实力所限，独立创新会面临更多的障碍，所以集群内相互关联的企业容易形成创新共同体，集群中的每个家具企业只从事创新增值链中的某一环节性的工作，这便于发挥自身的优势，提高协同创新的效率。可以看出，在协同创新精神的引导下，创新系统内的各主体可以通过创新协作提高整个系统的创新效率，进而通过创新成果的转化实现创新成果的经济价值，实现系统内企业和相关创新主体的收益最大化。

（二）创新预期收益的吸引力

家具企业进行技术创新主要是为了追求预期收益，预期创新收益主要体现为产品市场占有率的提高和经营利润的增加，同时还包括企业的品牌认可度和企业形象等软实力的提高。企业在预期创新利益的诱导下开始创新活动，也会在创新成功带来的高额收益的激励下持续创新。作为以盈利为目的的经济体，企业进行创新决策要考虑创新的投入与预期带来的收益，只有当企业从这项创新活动中获得的利润超过社会平均利润水平，能为企业带来竞争优势时，企业才能做出开展创新活动的决策。创新成功后，企业的超额利润会为企业进行持续性创新活动提供充足的资金支持，激励企业继续创新；同时也会吸引其他企业进行模仿创新，从而加速创新成果在集群内的扩散，提高整个产业集群技术创新能力。

（三）创新内部激励的激发力

创新内部激励是创新组织的管理者为了调动组织内科研人员参与创新任务的积极性，充分挖掘每个科研人员的潜能，根据不同人员的生存与发展要求及价值观而设计一系列奖惩制度，并通过具体的激励措施来规范和运转（张建华，2000）。产业集群协同创新是一个涉及组织结构、经济实力、研发能力、技术基础、集群文化、集群制度等方面的系统工程，在产业集群内各创新主体协同运转的过程中，人力资本是其主导力量。在协同创新活动中，只有充分调动包括企业家和创新研发人员在内的各类人员的创新积极性、主动性，才能保证协同创新活动的顺利开展。因此，需要建立一套能发挥人员创新积极性的激励机制，激发其创新潜能（张承友等，1999）。内部激励机制是企业制度创新的重要组成部分，内部激励机制的建立，需要由企业家来推动。积极有效的内部激励政策和手段是吸引和挽留高素质创新人才的关键，可以充分调动科研人员的创新积极性，促进创新效率的提高。

美国哈佛大学的教授威廉·詹姆斯（William James）研究发现：在缺乏激励的环境中，员工只能发挥20%~30%的潜能；科学有效的激励机制，能够让员工把另外70%~80%的潜能也发挥出来。常用的激励方式有物质激励与精神激励两种，物质奖励是运用最广泛也最有效的方式。物质奖励通过工资、奖金、福利、股权等手段满足人的物质需求，借此来激发他们的创新积极性。当然，物质奖励的内容及程度要根据科研人员在创新活动中的贡献大小而定。精神激励则是以职位提升、优秀人才培训深造、委以创新技术带头人名衔等手段，为参与创新的科研人员提供一个施展自身研究能力的平台，以提高其自身价值和专业影响力。

企业通过制定科学合理的薪酬分配制度、竞争激励制度以及约束规范制度，形成鼓励创新、激励创新并宽容创新失败的良好氛围，通过物质激励与精神激励调动创新主体的积极性，无疑将会使集群的技术创新充满活力，创新效率极大提高。

（四）集群创新文化的影响力

集群创新文化是集群创新发展的独特价值理念、思维模式、行为规则和制度体系的总和，是集群内各主体在长期合作过程中凝结形成的，是产业集群特有的、难以被模仿的整合文化。它包含了勇于创新和善于创新的思维方式、智慧才华、心理性格、精神气质、伦理意识、价值观念等丰富内容，是创新思维、观点、创意的生长沃土，是持续激发创新思想和创新行为的内在驱动力。其核心是激励创新、鼓励冒险、合作互信、宽容失败（郭永辉，2013）。集群创新文化分为价值创新文化、制度创新文化两个方面。

1. 价值创新文化

价值创新文化是指创新主体蕴含的价值理念、意识形态、思维模式和道德观念等，是创新主体必不可少的文化特征。价值创新文化是创新文化体系的核心，是隐性内在的、不可复制的。它的存在直接影响创新主体和研发人员的价值取向、思维模式和行为态度等，无形中对产业集群协同创新活动起着内在推动作用，主要体现在以下三点：第一，通过创新导向功能引导集群研究人员确立共同的价值观、道德规范等，形成良好的协同创新文化氛围，从而使个体行为向群体行为靠拢，共同完成创新目标。第二，通过创新凝聚功能把参与创新的所有人员凝聚在共同的创新目标下,通过共同的创新信念、使命感、归属感和认同感,调动各方的优势资源参与协同创新,为创新任务的完成贡献自己的力量。第三,通过创新激励功能激发创新者勇于探索、奋发进取的精神,激励创新参与者不断追求技术创新,推动集群创新的可持续发展。

2. 制度创新文化

制度创新文化指能够激发参与者的创新活力,促进集群创新活动的体制、机制、政策、制度中文化因素的总和,是显性外在的文化。集群协同创新过程中的参与主体,原本是没有隶属关系的独立单位,在价值观念、组织特征、技术水平、管理制度等方面存在不小的差异。在多主体协同创新的过程中,如果没有相应的制度创新文化的引导,各创新主体很容易从自身利益出发,各自为政,创新的协同效应很难形成。地方政府是制度创新的核心,在创新政策的制定、对创新企业家的鼓励、创新启动资金和研发资金的投入、创新成果的保护等方面起着重要的保障作用。在制度创新文化的形成和发展过程中,地方政府要发挥引导作用,通过制定鼓励创业、创新的税收优惠和财政补贴、金融支持等经济政策,激发企业家参与协同创新的积极性;出台人才工程的系列支持政策,搭建人才平台,吸引和留住高端技术创新人才;完善知识产权保护制度,维护各创新主体的权益;制定创新企业和个人的职业道德准则和行为规范等,保证协同创新活动的顺利进行。

山东省与广东省的政府部门在家具产业集群的扶持上存在较大差距,其根本原因就在于两者的制度文化环境完全不同。在家具产业集群发展较好的广东省,地方政府遵循的服务理念是"法无禁止即可为",鼓励创新,鼓励探索,在市场环境的完善、创新政策的制定、创新启动资金的投入、创新人才的引进、创新成果的使用等方面实施了一系列的创新制度,为提高区域家具产业集群的创新能力保驾护航。政府谋利的手段主要是税收,以"培税创税"为出发点的"税源经济观""放水养鱼"的企业发展支持政策是广东省家具产业集群所在地政府的制度创新的重要体现。相比之下，山东省各地方政府遵循"法无授权不可为"的服务理念，给家具中小企业的发展平添了许多障碍。政府支持家具企业创新的政策、制度支持力度远远不够，人才引进保护政策欠缺、创新政策支持不配套、财税政策扶持不够、金融支持政策不全面、知识产权保护不到位等，严重制约了山东省家具产业集群的创新发展步伐。

（五）创新网络效应推动力

产业集群内完善的交易网络、技术网络、社会网络不仅为集群内各创新主体的交流提供了平台，也为各创新主体间协同创新的开展提供了便利。家具产业集群中企业只有根据产业链的构成进行分工与合作，才能充分发挥自身优势，实现资源共享，以弥补各企业在资金实力、知识储备、人员素质、管理能力等方面的不足。家具中小企业借助协同创新平台，可以与龙头企业、高校及科研院所进行深入的合作交流，有效地降低创新资源的搜寻成本及交易成本，通过引进专利、创新成果来弥补自身创新能力的不足，保证企业发展的可持续性。

产业集群创新网络效应是吸引中小企业加入创新系统，提高协同创新效率的重要力量，主要从以下四方面发挥作用。

（1）集群氛围。良好的集群创新氛围，可以提高集群企业的创新意识，形成锐意进取的集群创新文化，激励企业积极参与协同创新活动，分享协同创新带来的超额收益。同时，能够促进知识和技术在集群内的传播和扩散，为集群实现技术创新成果的经济价值奠定基础。

（2）产业配套。产业集群是产业链上相关企业及相关服务机构聚集在一起形成的中间性组织。在集群最终产品生产过程中，每个企业都从事自身分工范围内的专业化产品的生产，产业链上的相关企业相互配合，共同完成最终产品的生产。在配套设施完善的产业集群中，龙头企业可以方便地获取所需的原材料、生产设备、相关零部件等，在新技术研发和科技成果转让过程中，可以享受中介机构提供的便捷服务，从而降低生产成本和交易成本，提高最终产品的市场竞争力。以木制家具制造业为例，其上游的配套产业主要为木材加工业、木工机械制造业及辅助材料供应业，不同产地、品种的木材会对家具成本产生不同影响，用于家具加工的木工机械设备的自动化、智能化程度会对家具产品的加工效率和质量产生重要影响，其他家具辅料及五金配件的质量也会影响家具产品的整体效果；其下游为各类销售终端，主要包括家具专卖市场、大型超市、实体店、网络销售店等，家具销售终端的覆盖领域不断扩张，对消费者的影响力也不断增强。销售商种类和数量的增多、销售方式的多元化可以更好地满足消费者的特色需求，从而提高集群整体的竞争力。

（3）社会资本。产业集群各创新主体能够通过各自的社会资源、社会关系连接在一起，形成纵横交错的网络结构，具有明显的社会网络特征。集群创新主体可以比较方便地获取知识资源、技术资源、人脉关系资源、信息资源等。这些资源对集群内企业的协同研发、原材料供应、产品生产及销售等业务的开展有重要的推动作用，有利于集群协同效应的形成。

（4）品牌效应。从某种程度上看，产业集群是产品区域品牌的象征，区域品牌的建设需要在地方政府、家具协会的扶持下，由集群的关联企业共同出资打造，并进行品牌宣传和推广。良好的区域品牌能够提升集群企业的共同声誉，有利于集群企业进行市场拓展，与单独的企业品牌相比，区域品牌辐射的范围更大，具有更广泛、更持久的品牌效应。

二 外部动力系统

家具产业集群协同创新的外部动力主要包括创新需求拉动力、

竞合关系驱动力、科技进步推动力、外部环境支持力四种动力，它们通过非线性交互作用推动集群创新活动。

（一）市场需求拉动力

市场需求是家具企业创新的原始动力，是创新活动的出发点和落脚点。美国宾夕法尼亚大学教授施穆克勒（J. Schmuller，1966）支持需求拉动的首位权重说，认为企业技术创新的动力来源于市场需求。市场需求是技术创新的出发点，也是技术创新的最终落脚点。它对产品的款式、风格、功能和技术特征提出了明确的要求，引导技术创新的方向，同时通过技术创新成果的产业化提供满足市场需求的产品。

1983 年英国伯明翰大学的罗纳德·阿曼和朱利安·库泊（Ronald Oman，Julian Kupo）研究认为，英国及其他西方国家的重大技术创新成果的 2/3 到 3/4 是需求拉动的结果，进而提出市场需求是引导技术创新启动、持续和创新成果产业化得以成功的关键因素。需求拉动力对技术创新的吸引具有普遍性，对某种特殊产品或生产工艺过程的需求是创新的基本动因。企业根据消费者在产品使用过程中的信息反馈，提出产品创新的关键点，并将此作为确定产品创新方向的基本依据。对西欧的一项研究表明，在所有的创新成果当中，全新、首创的新思路、新创意 100% 来自消费者，重大革新思路 58% 来自消费者，20% 来自企业生产需求，22% 来源于其他。

市场需求是创新活动的起点，也是其动力源泉和成功的保证。企业只有根据市场需求的变化，及时开展技术创新活动，开发适销对路的产品和服务，才能完成利益最大化的经营目标。如果没有足够的市场需求和发展空间，企业创新成果难以完成市场化推广，创新活动就失去了意义。市场需求是集群企业实现收益、获取利润的基本前提，对每个企业都有激励和拉动作用。在经济新常态背景下，消费者越来越注重家具产品的舒适性、功能性、文化内涵以及健康环保等因素，消费需求的变化直接引导家具产品创新向绿色、环保、生态、可循环的方向发展。家具的物质功能主要体现在使用舒适、功能齐全、节省空间、易于维修等方面，精神功能则主要体现在艺术性、审美性、环保性等方面。因此，在家具产品设计上要求产品在生产技术、材料使用方面能够得到保障，生产工艺易于实现，从而使新产品能够满足市场需求，提升市场竞争力；家具精神功能的实现是在实现物质功能的基础上，以具有一定的造型色彩的材料为载体，通过一定的美学设计，让使用者赏心悦目、精神愉悦。家具产业集群的创新活动必须围绕家具产品市场需求的变化展开。家具主材要符合绿色、环保、生态、可循环的要求，造型要结构合理、具有较高的艺术性。家具的主要零配件是家具产品中的重要组成部分，在使用过程中要满足功能性要求。

家具产业集群创新的基本原则是"从需求中来，到应用中去"，只有满足市场需求的创新才能实现其经济价值和社会价值。市场需求既包括消费者对产品和服务的功能和效用需求，又包括企业对改进经营条件和加工工艺水平的需求。产品的市场需求随着经济、科技和社会环境的变化而变化，当经济的发展、科技环境的变化改变了消费者的生活方式，人们对产品的质量和功能就会产生更高的需求（例如希望办公桌有升降功能、衣柜有消毒功能、定制家具能拆单制作）。新的市场需求一旦形成，新产品的创新方向就会随之确定，并引导产业链上的企业以此为导向开展系列创新活动，从而对集群协同创新活动产生拉动作用。家具产品的新需求、互联网＋工业4.0的生产模式、线上线下互动的家具销售模式、数字化定制等带来家具供产销各环节上的协同，进而促进家具产业集群的升级转型。

综上所述，市场需求是技术创新的原动力，需求拉动创新，创新在满足原有需求的同时又会诱发新的需求，从而拉动新一轮的创新。如此循环往复，产业集群的创新能力便会呈现螺旋式上升态势。

（二）竞合作用驱动力

家具产业集群创新系统的所有创新主体之间或多或少都有竞争与合作关系，其中家具企业之间的竞争与合作关系最为显著。为了提高产品的竞争力，企业需要在保证产品质量不降低的前提下尽量降低产品成本，由此产生了企业间的分工合作；分工合作使企业可以致力于自身优势产品的生产，从而大大提高了产品的生产效率，提高了产品的竞争力。企业间的竞争与合作关系不断升级，这成为企业技术创新的重要驱动力量，在这种持续的竞争压力和合作关系的推动下，企业的技术创新需求不断增强，对高校及科研院所的知识创新需求越来越高，从而不断打破旧的技术范式，创造新的技术范式。集群内企业必须通过自主创新或协同创新，不断提升产品创新水平，以提高产品的市场竞争力。

市场竞争在给集群内企业的生存带来压力的同时也为其发展提供了创新动力，避免企业因技术落后导致发展缓慢甚至停滞。从家具产业的实际运行过程可以看出，中小家具企业由于自身实力不足，在市场竞争中处于劣势，为了能够在激烈的市场竞争中占有一席之地，它们更加重视产品的技术创新。据统计，国外主要发达国家的技术创新成果中，80%来自中小型企业。中国的统计数据也显示，技术创新成果的75%、新产品开发的80%来自中小企业。

市场竞争对家具产业集群创新发展的促进作用主要体现在以下三方面：第一，竞争迫使家具生产企业投入更多精力进行市场调研，通过对经销商和消费者的直接调查，明确自己的市场份额，了解家具市场的需求导向，了解消费者对产品功能、家具使用便捷性、智能性及环保性的要求，进而确定大致的创新方向，做好创新前期准备；第二，竞争迫使家具企业不断探索新的设计方案、生产模式、营销方式和管理方式，根据市场需求开发功能齐备、智能环保的新产品，购进性能优良的智能化生产设备，在生产过程中实施精益化管理，改进生产加工工艺，使其在提高产品质量的同时，降低生产成本，最终提高企业技术创新的效益；第三，竞争迫使集群企业创新管理理念，重视企业的可持续发展，重视战略管理和人本管理，重视组织机构、沟通机制、决策机制的创新。企业通过一系列的创新保障机制，可以有效调动创新研发人员的积极性，保证协同创新活动的顺利进行。

在家具产业集群协同创新过程中，创新主体之间的合作表现为集体行动和浅层次合作两个层次。集体行动指参与集体行动的企业基于相同的创新目标组成一个协同创新团体，聘请高校及科研院所的专家，共同探索创新的发展趋势，设计协同创新活动的具体方案，完成协同创新的任务。浅层次合作主要表现为企业间的相互参考与借鉴，企业通过较浅层次的合作，互相学习创新思想，这种合作主要发生在两个或几个企业之间开展创新合作时。在产业集群内部协同创新过程中，参与协同创新的企业以龙头企业为核心，分布在同一产业链的上下游，容易在分工的基础上形成合作创新关系，促使集群企业的创新效率提高；而竞争则激发了企业创新意愿，进一步强化了企业间的合作。所以，企业间的竞合驱动力是产业集群协同创新的重要动力。

竞争与合作的倾向性取决于市场竞争的激烈程度。当市场竞争环境比较缓和时，每个企业均在市场中占有一席之地，企业之间的竞争意识会比较弱，为了共同的利益追求，企业具有通过合作创新来提升利润空间的诉求。中小企业与同类竞争者为了共同的创新目标和任务开始协同创新，这使得一方面企业能更加准确地把握家具行业发展趋势和市场动向，共同开展行业创新和共有技术平台的研发；另一方面关联企业间可形成战略联盟，通过协同创新网络来实现创新的外部经济效应。当市场竞争环境日趋激烈时，企业为了保持一定的市场份额，倾向于采用降价促销的方式参与竞争，这可能致使企业的利润空间持续缩减甚至发生亏损。此时，同类企业之间进行合作创新的愿望降低，敌对竞争意识强化；企业为了提高其核心竞争力，多数情况下会选择与上下游的关联企业或者高校及科研院所进行创新合作，以便在市场竞争中占据优势。

创新产品能够凭借良好的性能满足市场需求，为创新企业带来超额利润。取得高额利润的创新企业对同类企业会产生明显的示范效应，使得它们快速加入模仿创新行列。当创新技术因扩散效应被普遍推广后，创新企业的超额利润消失；此时，市场需求会进一步升级，企业要想在市场竞争中保持有利地位，就会开展新一轮的创新活动，进而引发新的创新浪潮。

近几年，家具市场的竞争愈加激烈，家具企业竞争优势的特征发生了根本性改变。最初的家具企业是靠单独创新、完善企业内部管理和成本控制来生产低成本高质量的产品，以"成本+质量"形成自身的竞争优势，在区域市场中具有较高的市场占有率。在市场竞争越来越激烈的背景下，单靠强化企业内部管理来持续降低企业运营成本已无多大可能。所以，家具龙头企业开始尝试"供应商+渠道"的经营模式，通过整合创新主体间的优质资源和整合价值链来降低生产成本和经营费用，进而提高创新成果的产出效率。龙头企业在协同创新的过程中树立了自己的品牌，具备了上市融资的能力。在最初的"成本+质量"形成竞争优势的阶段，内部规模经济效应是家具企业成功的主要原因；在"供应商+渠道"形成竞争优势的阶段，协同创新成为企业可持续发展的关键所在。在互联网背景下，家具企业竞争优势的获取会日趋依赖"产业价值+技术增值"的跨界协同。功能性产品的开发、环保性的产品标准、智能化的生产技术与工艺、家居大平台的整体销售，需要设计创新、生产创新、营销创新、管理创新等多方面的协同。所以，面对市场竞争的压力，家具企业应加强与其他创新主体的合作，将市场竞争力转变成协同创新的原动力，通过协同创新来研发核心技术、获得核心技术的产权或使用权，进而提高其在行业中的核心竞争力。

(三) 科技进步推动力

具有创新意愿的家具核心企业可以主动与高校及科研院所合作，为加快家具行业的科技进步开展协同创新活动。可以通过产学研合作、合作创新等多种形式，将先进的科技成果及科技资源吸纳到家具产业的协同创新活动中来，利用科技进步成果促进家具企业自身的科技进步。当代科学技术特别是 CBD 协同推理工具、网络支撑技术、集成数据管理技术、3D 打印、智能制造以及工业 4.0 等高新技术的发展，推动了集群协同创新。这一方面表现为通过使用新材料、新工艺等高新技术而研发出的具有新功能、新用途的产品日益增多；另一方面表现为机械化、自动化、智能化设备的使用降低了产品生产的人工成本，提高了企业的产品质量和生产效率，使集群竞争力不断提高。

技术对集群创新的推动作用主要是因为科技创新成果在转化成新的产品后，衍生出全新的发展理念和市场需求，从而带动相关产品及产业的创新发展。率先创新成功的企业会采取一定的技术保护措施，因而在技术创新成果快速扩散之前通常会获得较高的利润，从而激励企业持续不断地进行技术创新，成为行业发展的先行者，引领行业技术创新的发展方向。技术创新的成功，不仅是采用了新材料、实现了新工艺、拓展了新功能，而且会带动产业的转型升级。科技进步主要通过以下三种途径推动技术创新。

1. 新技术思路引导

新的技术思路和构想能够引导企业选择正确的创新方向，积极开展技术创新活动，并将研究成果投入商业化应用。智能化、电商化、绿色化、平台化等新技术、新业态、新模式的形成，正驱动着家具产业在多个环节上进行变革。不论是生产环节、设计环节还是营销环节，大数据、云计算、虚拟现实等新技术都可以为家具产业的发展注入新活力。企业家需在新技术的引导下，积极开展跨界的协同创新活动，以便取得高水平的技术创新成果，创造更多的经济利益。

2. 技术路径助力

创新主导企业的核心技术创新成果会形成相应的技术标准和规范，引导产业链上的其他企业开展辅助创新活动。一旦创新主导企业的核心技术创新成功，产业链上其他环节的创新活动就会沿着特定的技术路径，自发地启动并完成多项局部创新，进而为集群的整体创新奠定基础。如此循环往复，集群的技术创新成果不断升级。家具生产端的大数据应用在产品质量控制、库存控制和原材料采购优化等方面能促进生产技术创新和管理创新，帮助企业降低成本；家具设计端的云计算应用，让家具设计零门槛得以实现，通过云计算、云设计和云渲染让原本操作复杂、成本难控的设计和展示流程能够以更快速、更便捷的方式来完成；营销端虚拟现实技术则可以让消费者获得更好的产品体验，成为家具促销的利器。对产业链不同环节的创新成果进行有机整合，可以提升家具产业集群的整体创新水平。

3. 前向技术推动

科技环境的变化、新材料和新工艺的使用会对生产设备的科技水平提出新的要求，进而推动企业主动进行设备改良或者购进新型设备，以提升产品加工工艺水平，满足创新产品的生产需要。前向技术创新的先进性程度决定了其对产品技术创新的推动作用的大小。微小的技术改良，只能推动渐进式的技术创新；而高端的技术进步，有可能推动突破式的技术创新。创新的经济价值大小则取决于其被市场认可的程度。只有可能为企业带来超额经济效益的技术创新成果，才会进入商业化转变阶段，进而满足市场需求，实现其经济价值。

在信息化、工业化"两化"融合的背景下，家具行业发展进入了智能制造时代，互联网、大数据、云计算等技术创新成果的应用，对家具产品的设计创新、生产加工创新与营销模式创新产生了颠覆性影响。在跨界协同创新的作用下，家具行业的技术创新有了突破性进展，有助于带动家具产业转型升级，打破中国家具行业大而不强的被动局面。

（四）外部环境支持力

协同创新活动的开展离不开外部环境的支持，政府部门、家具协会、金融机构、中介机构等的支持是对家具产业集群协同创新的外部环境支持力。

在产业集群协同创新过程中，政府主管部门制定的相关产业政策会对集群协同创新方向产生导向作用。国内外的经验表明，那些有巨大社会经济效益的突破式创新都离不开政府的支持，政府通过制定相关法律法规、产业政策、信贷政策、金融政策、人才政策等创造有序公平的市场竞争环境，推动集群内各主体间的协同创新。中国家具协会制定的《中国家具新兴产业园区的管理办法》《中国家具行业特色区域荣誉称号的管理办法（修订）》和山东省政府制定的山东家具产业发展规划、确定的家具产业集群发展重点区域等，为山东省家具产业集群的协同创新活动指明了发展方向和发展路径。政府还可以通过完善基础设施、实施政府采购、投入资金等方式对集群的协同创新提供实质性扶持；政府也可以利用财政政策、税收政策等激发企业的创新意愿，调动集群内各主体参与协同创新的积极性，这对于降低集群内企业的创新成本，提升集群的创新能力具有重要作用。

产业集群内的中介机构并不从事实物的生产经营活动，而是在集群内创新主体之间从事信息沟通与协调、咨询与服务提供等活动，保证协同创新活动的顺利进行。中介机构是家具产业集群协同创新的桥梁和纽带，为各创新主体间的交流提供人才、信息、科技成果转让、法律法规等多方面服务，这能够促进技术创新过程中的沟通和交流，促进技术创新成果的快速传播和扩散。中介机构提供的服务使得社会关系网络之间的合作更加紧密，这能增进创新主体间的跨界交流，为企业创新提供更全面、更及时的多元化信息，使企业更便利地获得各种创新资源，进而保证集群创新活动的顺利开展。

产业集群协同创新需要大量的资金支持，但是参与协同创新的企业中中小企业居多，它们在融资活动中面临不少障碍。家具产业集群通常为当地的经济支柱，政府通过设立专门的家具产业园区的方式，为集群的发展提供完善的基础设施、优惠的财税政策，进行产业链招商引资，这意味着集群未来的发展空间非常大，具有重要的投资价值，因此，集群产业链上的关联企业是金融机构的重要客户群。金融机构可以适时提供供应链融资服务，支持产业集群的协同创新。供应链融资指供应链上的龙头企业根据长期合作中的贸易关系自动筛选信用高的企业，组成以自身为核心的融资团体，共同向金融机构提出融资申请。融资团体中家具企业相互之间比较熟悉，这有助于节约金融机构外部信用评级的搜寻成本，降低信息不对称带来的融资风险。因此，金融机构应根据区域经济发展战略的要求，积极创新对以核心家具企业为主的供应链融资团队的金融服务：弱化对中小家具企业不动产抵押担保物的要求，扩大存货、应收账款等流动资产担保的范围，根据中小企业与核心企业间的业务联系，以供销合同为依据确定贷款资金的额度，加强对资金流和物流的跟踪分析，不断改进和完善产业链融资模式，从优化融资结构方面为产业链上的企业提供全面周到的服务。

综上所述，产业集群协同创新的动力机制是在内外动力的双重作用下实现的。其中，内部动力主要从企业协同创新精神、创新预期收益、创新激励机制、创新集群文化、创新网络效应五个方面进行分析，它们是集群协同创新的原动力；而外部动力主要从市场需求、企业间竞合关系、科技进步和外部环境支持四个方面进行阐述，它们是集群协同创新的外部推动力。

三 技术创新扩散力系统

技术扩散等同于知识溢出，集群内企业技术水平、经济效益、竞争能力的提高,都与知识溢出有紧密关系。集群内的多数中小企业不具备独立研发创新能力,主要靠技术引进和模仿创新完成产品的升级。产业集群协同创新的发展程度不仅与集群内核心技术的先进程度有关,而且与集群知识溢出的能力有关。从集群整体发展的视角来看,技术扩散作为技术创新的外部效应发挥作用的重要途径,对产业集群整体创新能力提升的影响,比技术创新本身显得更为重要。

(一)协同创新平台推动力

家具产业集群协同创新平台在技术创新者、新技术率先使用者和跟进使用者之间搭建起沟通的桥梁,从而提高了技术创新成果的扩散能力。协同创新平台的搭建有利于各创新主体准确把握行业发展趋势,有利于创新信息、技术的沟通与交流,有利于创新成果的交易和转让;协同创新平台的存在,使家具企业开展创新活动的协调成本和技术扩散风险大大降低,使技术创新成果应用的相容性和新技术推广的普及率得到提高,使集群整体技术创新能力得到提高。

技术创新是产业集群发展的原动力,而创新技术扩散能够使技术创新的潜在经济效益最大限度地发挥出来,促进产业集群的升级转型。技术创新的扩散速度和效果受到技术扩散路径、扩散规模、产业链长度和集群环境等因素的影响。不同类别技术的扩散路径不完全相同:行业发展的核心技术的扩散源头是技术开发中心、技术供应商、同行的核心企业、种子公司、网络媒体、专业杂志等;计算机辅助技术、管理信息系统技术等通用技术的核心扩散媒介是技术开发中心、网络媒体、专业杂志、咨询机构、技术供应商等;全面质量管理技术的主要扩散媒介是行业的咨询机构和培训机构。相关研究成果显示,家具技术扩散平台对家具产业集群中企业间的技术扩散规模影响显著,而对家具细分行业间的技术扩散影响不显著。家具产业链长度对产业间的技术扩散规模影响显著,而对企业内、企业间的技术创新规模和速度的影响不显著。

（二）信息人才扩散力

知识溢出是指一项新技术创新成果和与此相关的创新思想及技术规范，通过一定的渠道在集群内企业间逐步推广和应用的过程。技术扩散速度的快慢与产业集群内各创新主体间的信息流通和专业人才流动有关。产业集群内信息和人才的高度集聚和频繁流动，能扩大技术创新成果的应用范围，加快技术创新成果的扩散速度，为模仿创新的企业提供技术来源。加强家具行业的专业人才市场建设，促进行业需求信息、创新信息在集群内广泛传播，将有利于家具行业的创新发展，有利于提高家具在质量、功能、文化等方面的创新速度。家具生产与设计专家等在集群内的交流和互动，可以大大降低技术创新成果中非编码化隐性知识在传播中的信息失真度，提高创新技术扩散的有效率。

知识溢出效应对提升产业集群创新绩效具有重要的促进作用。技术创新的过程包括知识、技术的创新和技术成果的扩散两个阶段。在技术创新阶段，需要投入相当多的时间、人力、资金，技术仅停留在研发机构，短期内难以被应用到企业生产过程中，还不能对企业经营业绩的提高产生推动作用；在技术扩散阶段，新技术通过多种传播途径被众多使用者使用，逐渐成为新的行业标准、市场标准并被广大消费者认可，这使得创新产品的市场需求迅速扩大，创新企业的经济利益得以实现，同时创新产品的社会效益相应提高。

（三）创新引进吸收力

产业集群内纵横交错的网络结构，为技术创新成果中隐性知识的传播提供了便利条件。创新成果中的显性知识以文字、图表、公式等规范化的表述方式被广泛学习和传播，而隐性知识是高度个性化的知识和经验积累，难以通过规范化的方式进行表达和传播，只能在具有相似特征的个人之间及社会背景相同的环境中通过频繁的非正式交流进行传播扩散。家具产业集群内企业因为有着相似的产业文化、趋同的行为方式、业内公认的技术轨道，能够快速地学习吸收创新成果中的隐性知识，从而提高集群内多边学习和技术扩散的效率。

产业集群内企业的创新需求和创新意愿会加强技术创新主动性，提高创新合作可能性。目前，家具市场对家具产品的功能性、环保性、文化性的要求不断提高，在设计创新、技术创新、生产创新等方面提出了更高的要求，这使得单个创新主体难以独立完成创新任务。这就要求各创新主体在核心企业的引导下，发挥各自的优势，加强合作沟通，共同应对市场的快速变化和不确定因素带来的挑战。其中，主导企业的创新战略定位和应变能力成为竞争成败的关键。在不确定因素增加的环境下，主导企业借助柔性集成制造技术，把各家具企业中相互孤立的家具设计、精细化制造、经营管理等环节融合在一起，形成一个完整的生产过程。生产过程中的各环节可按功能拆分进行灵活创新，从而使集群创新系统适应市场变化的灵活性大大增强。集群企业在对技术创新成果的模仿、学习和转化过程中，会结合企业自身的创新需求和能力，对技术创新成果进行有针对性的简化或再创新，以提高企业对创新技术的适应性和兼容性。这些再创新成果可能对技术的持续创新产生正向推动作用，促使相关技术创新的不断升级。

四 自组织驱动力系统

（一）自组织的涨落力

哈肯（1989）认为系统的自组织演化取决于少数序参量的变化，并提出涨落是系统演化的诱因：如果没有涨落机制的作用，系统就无从认识新的有序结构，就无法关联放大非线性相互作用和形成序参量，也就不可能进化。

1. 序参量的作用机理

创新系统在演化进程中，其稳定性受到快慢两类变量的影响。快变量在系统受到外界干扰和刺激时，总是趋于使系统回到稳定状态，它随时间的变化衰减很快；慢变量在系统受到外界干扰和刺激时，总是使系统离开稳定状态走向非稳定状态，它随时间的变化衰减很慢。当创新系统达到临界点时其影响反而呈指数增加，如果慢变量的作用增大到能使系统达到新旧技术变化临界点，系统中会产生巨涨落，进而引导创新系统从一种技术范式变化到另一种新的技术范式。但是如果慢变量在系统临界点处的作用没有达到系统临界点，则系统在涨落回归力量的影响下，又会恢复到旧的技术范式。慢变量支配着快变量的变化，成为主导系统演化的序参量。可见，快慢变量变化引起的系统涨落，能促使系统选择使其更能适应环境的结构或行为模式，如图4-2所示。

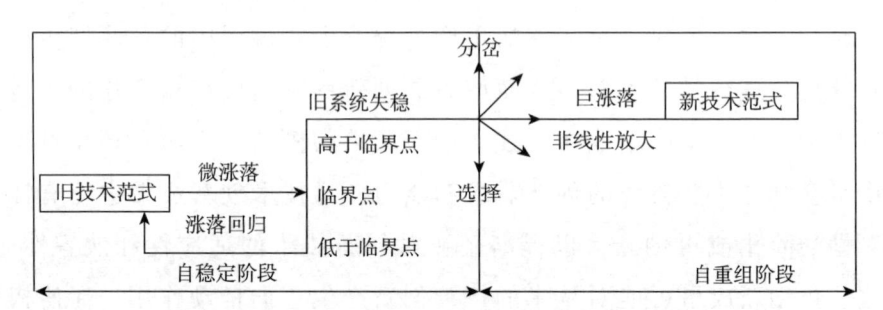

图4-2 产业集群协同创新的自组织涨落力

家具产业集群面对复杂的技术和市场动态变化，通过及时开展协同创新做出迅速反应，即依靠有序的创新过程，利用协同管理机制，减少各主体独立创新带来的资源浪费，在持续性的创新活动中不断优化协同模式，实现集群协同创新的目标。例如，家具产业政策的改变提高了对家具产品的环保性要求，使许多中小企业处于停业整顿、破产清算的边缘。在此背景下，家具产业集群中的部分企业主动筹集资金，转变经营模式，筹建了木材干燥中心、家具研发中心、喷涂中心、检测中心等公共服务中心，这有效解决了中小家具企业在技术投入、设备购置方面的难题，帮助了许多中小企业走出困境，引领集群发展走上了转型升级的良性轨道。

2. 涨落力的作用机理

产业集群协同创新系统内部要素的某些偏离在内部与外部动力的复杂非线性作用机制下，可能会使微小的涨落得以放大，从而在系统内产生突变，使系统从混沌无序的旧状态变为井然有序的新状态，进而实现从低级向高级的进化。产业集群在协同创新过程中会遇到大量的微涨落因素，例如合作一方的消极合作、突然退出协作，外部科技环境改变及竞争环境的恶化等，这些微涨落因素在特定的状况下通过非线性作用机制被放大成巨涨落，从而使得原有的协同创新系统瓦解，或是合作另一方寻求新的合作伙伴，从而导致原系统组织结构瓦解，促成新的有序、稳定的自组织结构形成。由此可知，涨落可以在一定条件下由不确定因素转变为积极的建设性因素，诱发系统的自组织演进过程，这意味着涨落机理对产业集群协同创新系统的有序形成起着至关作用，是引导产业集群协同创新从低级走向高级的关键所在。

家具产业集群协同创新系统的进化表现为：（1）原材料、科研设备、研发人员及资金支持等创新要素的投入体制的完善和其他管理制度的完善，促使集群创新能力提高；（2）集群内各创新主体的分工协作模式更加合理，异质性创新资源的优化配置水平提高，创新网络开放性进一步加强，进而促进了协同创新主体与系统外部环境的互动；（3）当地的资源优势、人才政策、财政补贴、税收支出政策及金融政策吸引更多创新力量的加入，从而提高了集群整体的创新实力。如此，才能使家具产业集群不断打破旧平衡稳态，形成更高级的新平衡稳态，推动产业集群协同创新系统由旧的无序状态向新的有序状态转变。

(二) 自组织的协同力

产业集群协同创新系统是一个不断演进的经济系统,选择和搜寻是影响系统演进的两个关键要素。尼尔逊和温特(1982)认为,搜寻是系统的创新行为,如果给定一个创新流,环境的选择就变得特别重要,市场制度作为培育创新的一种选择方式,是创新成果能否实现的关键因素。搜寻行为的规律性表现为技术进步的累积性,因为"今日搜寻的产物,不仅仅是一项新技术,而且还有利于知识的增进",成为明日知识的自然出发点。

产业集群协同创新是整个产业链的不同环节共同参与的创新活动,为了保证协同创新任务的顺利完成,必须注重创新过程的关联性和各创新主体间的协同性,注重跨组织的资源整合和流程再造。整个创新系统是一个具有自学习性、自组织性、自协调性的非线性复杂系统,系统中的多个活性决策点在群体共同目标的指导下,由政策流、信息流、资金流、技术流等共同驱动,同时集群内创新主体在集群创新文化的支持下,经过交流、竞争、合作、分享、评价等阶段的动态循环累进的自组织协同过程,完成集群的创新任务。整个创新过程经历由点到线再到面的技术研发及技术扩散过程,即主导企业首先在市场需求的引导下,确定核心产品创新的初始方向,然后与产业链上的相关企业沟通交流,并在高校及科研院所专家的指导下,完成产业链整体技术创新概念的整合,确定最终的创新目标。以核心企业为主导单位,吸引高校及科研院所的专家加入,组成技术创新协同体,共同完成创新任务。对于率先完成创新技术商业化转变的企业,其所获得的超额利润会对集群内其他企业产生较强的吸引力,导致其他企业纷纷引进、模仿新技术,促进新技术在集群内的扩散及再创新,并为技术创新的持续进行做好技术储备。如此,整个技术创新过程将经历由企业到产业链再到产业集群的技术提升过程。其协同创新的自组织过程,可以用图4-3表示。

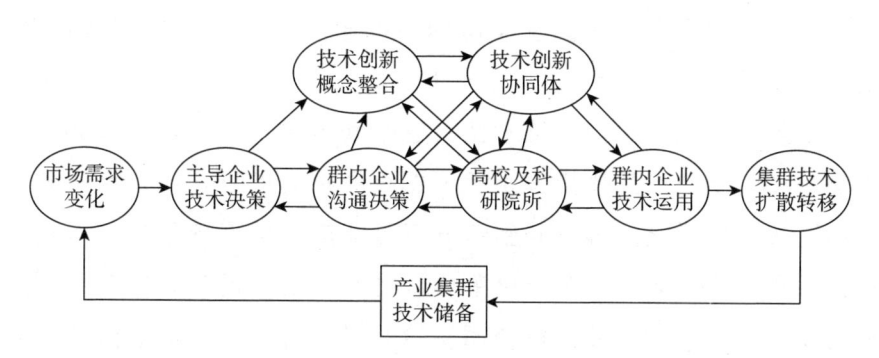

图 4-3　产业集群协同创新的自组织过程

（三）自组织的循环力

在家具产业集群的协同创新过程中，从技术创新思想的萌发、创新思想的交流碰撞与合作对象的选择、各创新主体的协同研发到技术创新成果的分享与创新升级、协同创新评价及信息反馈等，每个阶段的创新关注点各有侧重。产业集群协同创新能力在各阶段的动态循环累进过程中不断提升。

1. 技术创新思想萌发阶段

在这个阶段，集群内的主导企业根据市场竞争的加剧情况和市场需求的改变，萌发创新思想，并通过敏锐的观察发现创新机遇。在消费者对美好品质生活追求的驱动下，复合功能家具、个性化及定制化家具的市场需求逐渐提高，家具消费的生命周期逐渐缩短。市场需求的新变化，要求集群主导企业在明晰市场需求和自身资源的基础上，对自身现有的技术创新能力进行评价，提出可替代技术概念并对其进行多角度评估，明确技术创新的方向，对有关技术标准、技术研发路径等进行描述，做出技术创新的整体战略规划。

2. 创新思想交流、碰撞与合作对象的选择阶段

在明确技术创新战略之后，家具集群内主导企业将与产业链上的协作企业通过正式或非正式的信息沟通渠道进行信息交流。群体内的管理、研发、生产及营销等各层次的人员展开头脑风暴，通过互相交流、讨论和启发，碰撞出创新的思想火花，发现创新机会，确认创新目标。高校及科研院所的专家通过技术创新的小规模试验和技术测试，为企业提供技术创新思路和可供选择的创新方案。主导企业和产业链上其他相关企业根据企业现有的技术设计水平和生产系统的配置状况，对不同创新方案可能产生的实施效果进行初步评估。在此基础上，由企业决策者、技术研发人员与高校及科研院所的专家组成的技术概念整合团队，并对多种可选方案进行整合和综合评价，对创新合作伙伴进行筛选。在这一阶段，合作者的创新能力、拥有的资源、合作经验与信誉等都非常重要。

3. 集群内各创新主体的协同研发阶段

这一阶段的主要任务是确定协同创新的合作模式，进行创新资源的整合，从而进入实质性的协同创新阶段。在此阶段，各创新主体的资源互补性效应的发挥和合作者之间的默契度都会直接影响协同创新的进程和结果，此外，对创新过程的管理也显得特别重要。集群中处于核心地位的主导企业的技术创新行为不是孤立的，需要得到产业链上相关企业的配合和高校及科研院所的支持。于是，技术创新的主导企业不仅要发挥其在产业链上的核心作用，而且要与上下游关联企业、高校及科研院所进行协作，组建有关新技术和关联技术开发的创新协同体。在技术研发的过程中，高校及科研院所的专家需要在试验室进行反复的小型试验调整，家具企业需要将技术成果在生产设备上进行中试，只有这样才能使最终的技术创新成果满足企业大规模生产的需要。技术创新需要大量的资金投入，其资金来源除了家具企业提供的研发资金以外，还包括高校及科研院所的专家通过研发项目申请的方式获取政府的相关科研资助，以及通过多种渠道获得金融机构（特别是风险投资机构）的支持。

4. 技术创新成果的分享与创新升级阶段

这一阶段的主要任务是根据事先制定好的合作协议，合理分配创新成果。其关键是对知识产权成果归属的确定，它直接影响技术创新成果的产业化转换效率及后续创新活动的持续性。各创新主体的成果分享方式主要有申请知识产权、转让技术、生产新产品、改进生产工艺等等，不管采用哪种方式，创新利益一般按创新要素的投入比例进行分配，为了充分调动科研人员的积极性，科研人员的智力资源可以折合成一定的股份然后再参与分配；此外，集群中那些未能直接参与协同创新的企业，也可以通过技术模仿从创新成果的溢出效应中受益。在这一阶段，各家具企业由于使用新技术需要投入新的设备或更新改造原来的设备，这需要大量的资金投入。与此同时，金融机构敏锐地觉察到新技术投入带来的商机，会给家具企业提供资金支持，支持企业的技术成果转化，并从成果的转化收益中得到自己应有的收益。

新技术成果的扩散效应会吸引更多关联企业的加入，技术创新链条不断扩展、延长，各创新主体之间的学习和交流更加深入，主导企业和技术关联企业间的沟通和互动更加方便，集群创新的技术储备也不断增加，集群内各层次之间的创新协同性大大增强。同时，创新成果的市场化推广，在一定程度上促进了消费市场的升级，从而对新一轮技术创新提出要求。

5. 协同创新评价与反馈阶段

集群协同创新的任务完成以后，各创新主体对协同创新目标、合作模式、创新效果进行正式或非正式的评价，总结经验，分析不足并加以改正，然后创新团体解体，集群创新进入新的下一轮循环。

上文将产业集群协同创新的自组织过程划分为五个阶段，这具有一定的主观性，主要是为了方便说明问题，各阶段之间并没有严格的界限，它们之间的先后关系是非线性的。这个"动态循环累进"自组织系统是一个开放的系统，它不仅需要信息流、技术流、人才流、物质流和资金流的不断输入，而且还有创新成果的扩散、外溢等外部输出，在各阶段"动态""循环""累进"的过程中，集群协同创新能力和绩效不断提高。

第二节　家具产业集群协同创新的运行机制

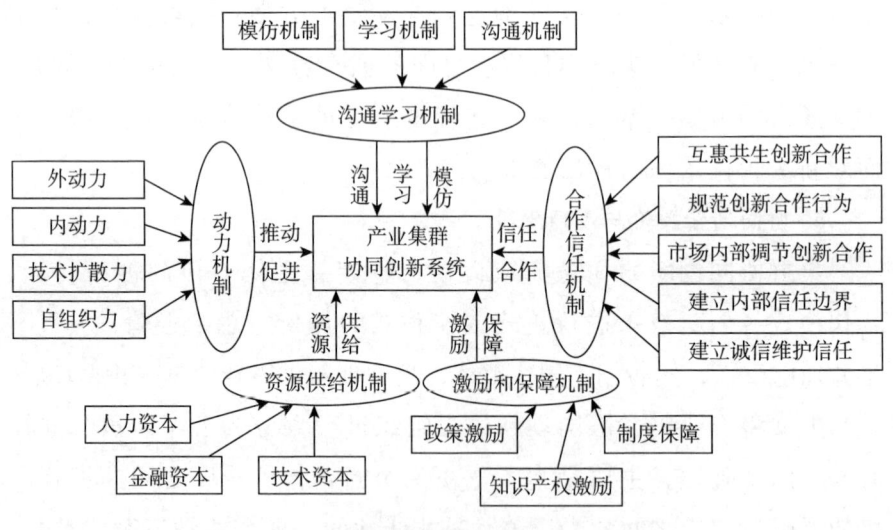

产业集群协同创新的运行机制主要包括动力机制（上一节所述）、沟通学习机制、资源供给机制、信任机制、激励与保障机制等。其中，动力机制着重解决产业集群协同创新系统本身的动力不均衡的问题，进而推动和促进系统的协同创新活动；沟通学习机制可优化创新主体间的信息沟通路径，提高技术创新的协同性；资源供给机制以互补性的资源共享为前提，可以提高创新资源的利用效率；信任机制可以促进创新主体间的合作，解决系统存在的利益冲突问题；激励和保障机制可以有效调动各创新主体的积极性，提高协同创新的整体效率。这五种机制共同构成了产业集群协同创新系统的运行机制，如图4-4所示。

图4-4　产业集群协同创新的运行机制

一　沟通学习机制

技术创新成果在产业集群内快速扩散的主要驱动力是技术创新成

果所产生的经济利益,即只有新技术的使用能够增加企业的经济效益并为其带来超额利润,才会对其他未使用新技术的企业产生示范作用。

(一) 沟通机制

产业集群的协同创新是产业链上相关企业集体参与,并能够产生系列创新成果的过程。其成果一方面表现为主导企业的技术创新,另一方面也表现为产业链上其他企业尤其是上下游的关联企业,对技术创新的接受和参与程度。产业集群协同创新离不开各创新主体间顺畅、有效的信息交流与技术沟通。信息交流和技术沟通的频率及强度对新技术成果的形成起着决定性作用。集群产业链上的创新主导企业将其技术创新需求传递给上下游相关企业,各关联企业根据自己的技术现状和实践经验为主导企业提供相关技术的反馈建议,之后主导企业根据反馈意见,继续完善技术创新方案。各关联企业在主导企业技术创新方案的统一指导下,完成自身在设备制造、材料研发及配套零部件方面的创新,共同提高产业集群的创新水平。在协同创新的不同阶段,会有新的关联企业不断加入,它们在技术创新的过程中也会不断进行信息交流以及信息沟通,从而促进整条产业链上的技术创新水平不断提高。

集群企业在一定区域内的集聚通过形成结构化、网络化的信息沟通的交互路径,为彼此之间的信息交流和技术沟通提供了极大的便利,这有助于提高产业链上关联企业间技术创新的协同性,推动产业集群内的新技术沿正向轨迹发展;但是在创新成果的推广使用过程中,随着企业间信息交互路径的不断固化,产业集群的技术创新优势并不能持续增强。企业在以往发展中采用的技术设备及人员配置形成了对原有技术的"路径依赖",同时,原有的生产技术结构又会对新技术的推广使用产生阻碍,这使得集群企业技术创新成果难以被企业接受,企业技术陷入"锁定"状态。集群内新技术的扩散效应难以发挥,这使整个产业链的技术升级和调整的周期延长,进而对集群企业核心竞争力的提高产生负面影响。

集群各创新主体间的信息沟通过程表明，技术创新成果优势是否具有持续性以及创新周期结构是否合理，决定了集群技术水平能否升级。如果技术创新成果较原有技术水平的提升幅度较大，对市场的影响持续时间远大于技术结构调整的周期，则集群的技术水平不断升级；反之，集群的技术优势将会丧失，竞争力下降，甚至会导致集群的衰退。因此，产业集群协同创新系统要借助协同创新平台，通过举办各类研讨会、学术论坛、新产品展示会等，促进产业集群协同创新信息技术在各主体间的沟通与交流，从而使合作与交流变得实质而具体，进而保证集群中的创新主导者能够根据市场需求的变化，确定技术创新的方向，制定合理的技术创新策略，保证技术创新的先进性，实现技术创新优势的持续性。

（二）学习机制

企业作为一个以追求利润最大化为目的经济实体，开展技术创新活动主要是基于对创新收益和市场竞争中优势地位的追求。产业集群协同创新是各创新主体在知识资源的创造、整合和互动中，产生知识、传递知识以及积累知识的一个过程。产业集群协同创新网络实现动态持续创新的重要途径就是在这个过程中形成的集体学习机制。协同创新过程中形成的集体学习机制，一方面有助于实现集群内的知识共享效应和合作创新效应；另一方面也有助于实现集群内技术创新成果的集成。基于产业价值链形成的社会网络关系，可以推动多种形式的集体组织行为的形成，推动知识共享效应和合作创新效应的实现；以集群内企业的沟通与协作为基础的隐性知识互动，有助于内在创新依赖性关系的形成，给集群内相关企业带来创新动力，并推动集群内技术创新集成。

1. 技术创新的"S"形扩散理论

产业集群的技术创新过程是主导企业、高校及科研院所和其他服务主体协同作用的过程，各创新主体所拥有的互补性人才、知识、技术、信息等资源为企业之间的协作提供了基础。产业集群协同创新活动是通过集群内各创新主体的技术选择、技术扩散和技术融合等环节实现的。

曼斯菲尔德是较早研究技术创新扩散的代表性学者，于1961年提出了著名的"S"形扩散模型，分析了影响技术扩散的主要因素。基于该模型，曼斯菲尔德分析了新技术使用者和潜在的新技术使用者之间的相互影响、使用新技术后的利润变动，以及使用新技术所需投资额的多少对技术扩散速度的影响。曼斯菲尔德的研究结果表明技术扩散系数可以用来衡量技术模仿速度，其大小与行业特征有关；影响技术扩散速度的因素主要有人际间交往的频率和深度、使用新技术所需要的投资规模和新技术会给企业（个人）带来的经济效益规模。曼斯菲尔德的"S"形技术扩散理论具有较好的模拟分析的特点，是用来研究技术扩散的主要模型，较好地反映了新技术扩散在不同阶段的规律性特征（见图4-5）。

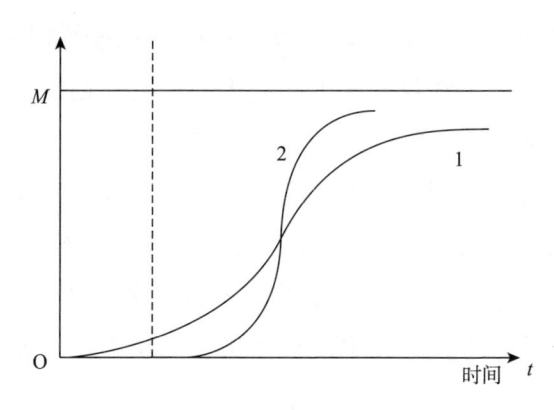

图4-5 技术扩散的"S"形曲线

图4-5中，M为潜在的新技术使用者总数。随时间t的变化，使用技术创新的企业数量呈现出"S"形曲线变动的变化规律，并向M趋近。曲线1对应的技术扩散系数较曲线2小，曲线1使用的新技术比较易于模仿，所需投资较少，产生经济效益的速度较快，初

期模仿者较多，但因技术含量不够高，在寿命期内带来的总收益也不多；曲线2使用的新技术所需投资大，对技术人员的投入有更高要求，受企业实力所限，初期模仿者不多，技术扩散相对较慢，但在技术扩散后期，新加入的企业吸取了前期模仿企业的经验教训，对创新技术进行适应性改良，这使得技术扩散的速度提升很快，扩散达到的极限值也远远超过了曲线1。传统家具企业的技术扩散规律接近于曲线1，但在信息化与工业化融合发展、智能制造技术不断推广的背景下，现代化家具企业的技术扩散规律越来越接近于曲线2。

企业技术创新扩散过程反映的是在时间和空间两种变量的影响下，模仿使用新技术的企业数量变化规律。使用新技术的企业数量与其对应的时间和空间两个变量之间具有非线性函数关系，即$F(t, d)$，t表示技术扩散的时间，d表示新技术的模仿者与创新技术源头企业之间的距离。由于集群企业间联系交流比较密切，对技术扩散有较强的促进作用，所以行业内的技术扩散总是最先发生于集群内部。但由于集群内不同企业的地理位置集中，与率先创新企业的距离没有太大差别，因此距离对技术创新成果在集群内扩散速度的影响甚微。综上，从宏观角度分析产业集群中技术创新扩散的过程时，可以仅考虑时间t这一个变量。

在产业集群协同创新活动中，技术的溢出是相互的：一方面率先创新企业的技术溢出带动了集群内中小企业的模仿创新积极性；另一方面模仿企业在模仿过程中的技术改良和技术提升也会对率先创新企业的后续技术创新产生推动作用。由于不同企业的经济规模、创新目标以及生产技术人员结构不同，其对创新成果的吸收、消化、应用能力也存在较大的差异。集群的地理集中性大大减少了空间距离对企业模仿创新的影响，如果模仿企业和被模仿企业两者具有相似的创新要求和技术背景，则模仿创新企业的学习能力会比较强，可以在短期内获得比较可观的经济利益。但是在同类企业模仿创新的过程中，如果主动创新一方事先没有受到相应的契约保护，其经济利益就会受到冲击，进而影响其后续创新的积极性。此时，模仿创新方是积极、主动的，它们可以有选择地利用、改进技术创新成果，使其更符合本企业的生产特点，从而以更低的成本生产优质产品，提升自身的市场竞争力，实现利润提升目标。

此外，技术创新成果中有显性知识和隐性知识之分，这两种知识有不同的传播载体和传播通道。区分显性知识和隐性知识的主要依据是看其是否能够利用相关媒介载体来扩散。显性知识被规范化编码之后可以通过书籍、技术资料、报纸杂志、专利文献、视听媒体、软件和数据库等方式传播扩散；而隐性知识需要通过面对面的口口相传、面对面指导的"干中学"的方式进行传授，并不具有利用媒体传播扩散的能力，所以只有地理空间距离相近、联系比较密切的集群企业才有可能获得隐性知识。虽然从知识传播扩散能力来看，显性知识在产业集群协同创新过程中的扩散速度较快、溢出程度更高，但是产业集群协同创新能力能否有效提升，很大程度上取决于隐性知识的溢出程度。

2. 技术创新的扩散过程

产业集群技术创新成果扩散在不同的阶段，面临不同的风险，具有不同的特点，其基本过程如图 4-6 所示。

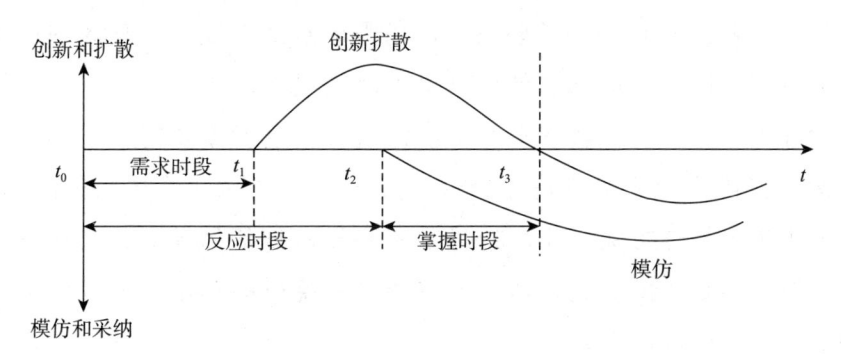

图 4-6　产业集群内技术创新的扩散过程

由图 4-6 可以看出，从 t_0 时刻开始，创新主导企业根据市场需求的变动趋势，主动开始进行创新成果的市场化推广。但是由于消费市场对创新成果的认可一般具有一定的滞后性，所以新产品在诞生后并不能马上被市场接受，而是需要经过一段时间的试用、宣传、推广。在 t_1 时刻，新产品被市场接受，集群内的其他企业开始逐步认识到这项创新的重要性，对创新技术产生需求，并开始接受这种创新。从 t_0 时刻到 t_2 时刻，是主动创新企业的创新产品上市并得到市场消费者认可，以及模仿企业开始模仿的阶段，其中 t_1 到 t_2，则是主动创新企业的市场份额和经济利润快速增长的阶段。良好的市场反应和诱人的经济利益，对集群内的其他企业产生了巨大的吸引力，促使跟随企业开始对此项新技术进行模仿和学习。从 t_2 到 t_3 时期，模仿企业开始通过技术引进、人员培训进行消化、模仿，并在企业内进行技术测试和使用直到熟练掌握创新技术要领，同时开始使用此项创新技术进行产品生产和市场推广。t_2 到 t_3 间隔的长短，取决于模仿企业与创新源头企业之间的空间距离，此项创新技术所包含的显性知识和隐性知识含量的多少及模仿企业员工的技术水平和学习能力的高低。主导企业的创新成果扩散从 t_1 时刻开始到 t_3 时刻结束，包括了需求、反应和掌握三个不同的时段，反映了创新在集群内扩散的不同特征。

技术创新在集群中扩散的各阶段特点如下。

（1）技术创新的需求阶段。市场需求瞬息万变，新技术的市场机会也难以捉摸，最终的创新成果也面临更多的不确定性。技术创新过程中的资源、要素有多种可能性组合，这就需要创新主导企业对诸多创新设计方案进行可行性、经济性、社会性等方面的评估，并从中选出最佳方案。技术选择是明确技术创新的导向，其形成依赖集群主导企业的市场调研、高校及科研院所的理论研究及两者之间的沟通、协商。

从表面上看，是创新主导企业和关联企业关于创新方向及创新资源投入的决策影响了新技术的水平和市场适应能力，但实际上这是集群内创新学习氛围、学习惯例和市场选择共同作用的结果。因为各创新主体参与创新活动的根本动机是追求创新收益,所以市场需求的升级和创新产品利益创造能力的提升既是集群创新活动的引导者又是集群创新活动的驱动者。而集群内的学习机制使集群创新主体间的技术切磋和技术交流更为顺畅,这保证了协同创新过程的顺利进行,使协同创新成果能更好地满足消费者需求。各创新主体在追求创新成本降低、短缺资源互补、技术知识交流和创新效率提高的过程中,逐渐形成了集体学习的集群文化及学习氛围,这也是集群技术创新方向选择的基础。与此同时,创新主体间的技术流通渠道、人员交流方式、资源配置状况、协同创新模式等也会对技术创新效率产生重要影响。集群各创新主体在协同创新主导单位的引导下,综合考虑政府政策、技术市场、人才市场、产品市场、资本市场等因素,判断即将研发的新技术对市场的适应能力以及新技术的升级潜力,这会直接影响技术创新的方向、速度与规模,并决定新技术未来的应用空间和市场反响。

这个阶段一般出现在专门的科研院所或主动创新的龙头企业之间。科研院所拥有专业的研发人员,有一定的科研经费支持,通过多种形式与企业建立协作关系,如有充足的资金支持,可以比较迅速地开展专业的创新研发活动。家具龙头企业一般设有专门的工程技术研究中心,招聘或培养具有较强创新意识的、高素质技术研发人员,组建专门的研发团队,开展持续性的创新活动。为了提高创新研发人员的积极性,企业制定了比较完善的创新激励制度,创造了具有一定容错机制的相对宽容的创新环境,这些措施为企业主导的协同创新活动的开展奠定了良好的基础。而且这类企业具有坚实的经济基础和资金实力,能够为协同创新活动的展开提供强有力的支持。但因为这一阶段的市场需求不明确,技术创新面临较大的风险,所以技术扩散的速度相对较慢。

(2)技术创新的反应阶段。在这一阶段创新技术日趋成熟,并开始在实际应用中得到推广,同时新产品获得较高的市场认可度并带来可观的利润，吸引了周边的中小企业开始模仿。由于集群中的企业在空间距离上非常接近，企业间很容易基于业务上的联系而互相学习合作形成技术溢出，这使得从创新主导企业、高校及科研院所溢出的知识将被集群中的同类企业模仿吸收并改良，从而转化成模仿者的专有技术并用于指导生产。经过这一系列转化之后，新技术所开拓的市场空间就在最早进行模仿的企业和原始创新企业之间得到共享。

产业集群内人才的频繁流动强化了技术网络的密度，同时也加快了创新技术的扩散速度。集群成员之间的学习，可以通过主导企业与高校及科研院所的联合研发与生产、同行企业之间的交流、上下游关联企业之间的相互协调等活动得以实现。参与协同创新的各主体根据契约合同的约定，完成创新成果的转移及产业化转换，实现创新经济利益的分享。在技术共享机制的推动下，集群创新主体之间展开双向式学习和反思式学习，创新技术中所包含的隐性知识比较方便地被各创新主体共享，这可以有效提高其对技术创新成果的吸收转化能力。隐性知识的扩散可以促进集群创新系统内渐进性创新的积累，提高根本性创新形成的可能性，从而使集群创新与集群内外部环境实现协调发展。

集群企业为实现共同的利益，通过"干中学""用中学"加快对创新技术的吸收和转化，引导产业链上的关联企业开展技术创新活动，实现了集群企业对新技术标准和工艺标准的认同并推动关联创新效应的出现；同行业企业在模仿创新过程中，为获得创新技术中所包含的显性和隐性知识，需要不断对创新企业的产品生产过程进行观察、学习，必要时对新产品进行拆分、剖析、组合并进行复制，这可以推动技术扩散并产生辐射效应。企业模仿创新的成功得力于集群内的技术人员不断地信息沟通和信息交流，群内同行企业在自己原有的生产系统或者资源配置中加入模仿的技术，并通过整合完成新产品的生产。模仿创新是群内成员借助区域优势模仿学习的结果，是集群技术扩散的重要体现，它使得集群整体创新成本明显下降，创新效率大大提高。在相互学习过程中，各创新主体获得了技术创新成果中的显性知识和隐性知识，并将其与原有的知识和技术基础进行整合，形成个体企业或者产业集群特有的知识基础和专有技术。在各创新主体进行集体学习的过程中，企业面临的现有技术问题得到及时解决，渐进性的创新成果不断出现，这为更高层次的根本性创新成果的形成奠定了坚实的基础。

（3）技术创新成果的掌握阶段。在这一阶段，新产品中的技术已经被行业中大部分企业掌握，甚至已经在企业间变得非常普遍。由于技术创新本身具有外部经济性，一部分模仿企业可以无成本使用集群内相互传播的技术知识。技术模仿会缩短主导企业原始技术创新成果所形成的超额利润的持续时间，所以主导企业都会采取严密的技术保护策略。当然，主导企业也会通过技术转让的方式，为集群内同类企业提供技术帮助。集群内企业通过交流、学习、信息互换，进一步拆分、消化并模仿技术创新成果，将新技术与企业原有的旧技术充分融合。一般来说，创新技术的所有者会对技术进行保密处理，通过简化创新成果的技术特征、融入难以编码的隐性知识及非核心知识片段的方式，对自己的知识产权进行保护。模仿企业能否从经过先期简化处理的不完全信息中，抽取出核心技术，并搜寻整合与之相匹配的关联知识，决定了企业模仿创新的成败。

在对关联知识的搜寻、整合及学习过程中，企业的核心任务就是"还原"非核心的技术信息，也就是根据对核心技术的理解，想方设法探寻新的技术机会和市场需求，实现对技术创新成果的二次开发，努力开发出满足某种特定需求的新技术，实现对企业已有的创新技术的改善和提升。一般情况下，即使模仿者能够成功解密核心技术，完成对核心技术的学习吸收和非核心技术的还原，短时间内新技术也难以立即投入使用并产生经济效益。毕竟模仿企业原有的资源配置、技术水平和管理模式与模仿创新技术需要经过较长时间的磨合才能实现融合，而且短时间内企业生产技术人员的培训、设备的改进难以满足新技术推广使用的条件。于是，模仿企业需要在新技术产业化应用之前进行对新技术的技术测试、产品生产的中试等，试验能否成功很大程度上取决于企业对新技术中隐性知识的学习和消化吸收能力，也取决于企业为适应新技术推广而在组织机构、人员配置、管理制度等方面进行的调整。企业为模仿创新成果而进行的中试环节，也是检验企业对新技术中的核心知识的掌握水平和对非核心知识"还原"效果的过程。在试生产阶段，企业原有的技术知识储备、资源配置方式和管理制度在不断调整的过程中，越来越适应新生产技术推广应用的需求，这使得企业模仿创新的技术逐渐复活，成为模仿者所拥有的专业技术，为其在企业中的大规模生产与推广奠定了基础。

技术创新成果的扩散是一项复杂的系统工程，各子系统以及系统和环境的相互作用模式决定了技术创新扩散的范围和速度。主导企业的技术创新产品以其优良的性能和特征赢得了更大的市场空间，取得了超额利润。在主导企业超额收益的吸引下，同行业的其他企业和关联企业纷纷围绕此项新技术开展模仿创新或延伸创新，这会加快技术创新扩散速度，提高产业集群整体创新水平。

在沟通、学习和搜寻机制的共同推动下，技术创新会引起相关领域的共振，即若有一个领域出现创新，则在技术联系紧密的相邻区域也会引发关联技术的创新，技术创新成果可以实现在相邻领域间的相互转移。创新链条上的各企业为适应新技术标准的变化，不断调整优化原有的技术结构，实现技术升级和技术匹配的重新组合；各创新主体间分工协作，并不断进行技术沟通，这使得相似的技术功能被推广应用到不同企业的创新活动中，从而减少了各主体独立创新所产生的重复投入、重复研发情况，提高了创新资源的利用率；创新链条中的各个层次都希望通过局部优化保持自己的创新优势，并促成集群创新成果的升级，在为集群创新做出贡献的同时又能确保自身创新的灵活性。

二 资源供给机制

产业集群协同创新的资源供给机制主要包括人力资源供给机制、金融资本供给机制和技术资本供给机制。创新系统内的知识、技术、资金等会沿着供应链方向流动，并与设备、工艺、信息及人力等其他要素有机融合，共同促进集群协同创新活动的开展。

（一）人力资本供给机制

在协同创新系统中，人力资本作为企业各种生产经营活动的执行者和实施者，能够将协同创新过程中的技术、知识、资金和设备仪器等有机整合，提高系统协同创新效率。高校及科研院所可为集群内企业提供高素质的技术和管理人才，有效降低企业的人力资源培训成本；集群内的合作与学习机制有利于提高人力资源的综合素质，提高集群的创新研发效率；集群中专业人才的合理流动，能够加快技术传播和扩散的速度；企业技术研发人员高频率的交流、沟通，能够激发创新思维、产生新的创意，促进集群技术创新的持续进行与升级。

在互联网技术发展、智能制造技术升级、新型材料不断出现的背景下，家具行业的设计、材料选择、制造技术等发生了较大变化，对产品设计、技术加工、生产管理人才的综合素质的要求越来越高。但是目前大多数家具企业缺乏高端设计人才，现有的设计人员多出身于生产技术岗位，设计技术、美学工艺、软件应用能力不足，产品设计缺乏品牌管理意识，模仿、抄袭现象严重；家具生产中对新材料的功能、用途的研究不够，生产仍以木材等传统材料为主。从家具生产的视角来看，数字化、智能化技术和装备将贯穿产品的全生命周期，推动产品生产过程的重大变革，因此，企业对同时掌握家具生产软、硬件技术的人员的需求越来越大，需要加大技术培训力度，提高技术工人的技术掌握能力；同时，基于产品全生命周期管理的需要，企业应加大对生产管理人员的系统化管理能力的培养，使其在家具设计、研发、生产、营销、售后几方面的管理更加科学合理，从而最大限度地降低协调成本，提高管理效率。

（二）金融资本供给机制

科技创新是推动产业集群创新系统发展的主要动力。因为新技术、新产品的研发过程需要充足的资金支持，所以产业集群协同创新活动的开展，需要健全的资本市场、完善的金融政策的支持，需要多层次、多功能的融资体系的支持。在产业集群协同创新的不同阶段，创新主导企业对资金的需求量有不同的要求。针对企业在创新构思、研发及中试、产业化批量生产、开拓销售市场、技术衰退老化等不同阶段的资金需求，企业需要采取不同的融资方式、从不同的渠道筹集资金来化解研发资金不足的困境（见表4-1）。

表4-1 产业集群协同创新各阶段运行特点及资金需求

创新阶段	创新构思	研发及中试	产业化批量生产	开拓销售市场	技术衰退老化
创新活动特点	产品尚处于构想阶段，对创意构思进行评估，对其技术可行性和前景进行预测	研制新产品、新工艺，申请专利或刊发论文，完成产品中试。产品生产工艺和市场前景不确定，存在极大技术、市场、管理风险	新产品符合市场需求，开始批量生产出新产品或实现新工艺，技术趋于成熟，尚无销售渠道和品牌	技术、生产、市场紧密结合，逐步达到规模经济，市场前景明朗，处于稳定经营状态	创新技术的生命周期即将结束，更新技术或替代品出现，创新技术收益降低，风险增大
创新活动运行	强化企业与政府、高校及科研院所的联系，探索协同创新模式；关注用户需求	完善相关新产品、新技术的规范；向市场推出新产品，并进一步修改产品市场标准	购进设备、原材料，引进人才，解决批量生产在组织管理、技术工艺方面的难题，降低产品成本	完成技术创新过程中质的飞跃；加强技术和管理的不断更新，保持市场竞争优势	探索创新技术的新用途、进入新市场，技术积累、营销网络、品牌优势具有较强的并购价值

续表

创新阶段	创新构思	研发及中试	产业化批量生产	开拓销售市场	技术衰退老化
资金需求及用途	资金需求量少，调研、科技人员培训等	资金需求量较大，完善工艺、采购设备、保障库存、中试研发	资金需求量很大，购买先进设备、原材料、扩充规模	资金需求量大，开拓市场营销渠道，保持创新产品的市场占有率	资金需求降低，不再投入研发，进入投资回收期
资金投入来源	自有资金、政府投资和风险投资等	风险投资和企业自筹资金为主，政府政策性资金为辅	自有资金、银行贷款、发行股票、债券、风险投资等	银行贷款、发行股票、债券	自有资金、资产清算变卖

（三）技术资本供给机制

技术资本主要包括技术成果所有者的创新能力以及技术研发人员的智力资本。企业实际技术创新能力的高低可以通过新材料的选用、新设备的运转能力、新工艺的使用和产品新功能的开发等因素得到综合反映。家具产业链上的零部件配套企业往往会在主导企业的引领下，根据主导企业技术创新的要求，积极开展零部件的配套创新活动，以便顺利承接新研发产品的零部件供应业务，提高最终产品的技术水平和质量。木工机械设备的供应企业也会适应新产品加工工艺水平提高的要求，进行设备功能的改良和创新，为生产企业提供自动化、智能化加工设备。在这一过程中，家具供应链上的关联企业，都在围绕主导家具企业新产品的生产提供配套服务，从而形成集群协同创新的共同体，实现技术资本的数量和质量提升。

家具产业集群的各创新主体在分工协作过程中，将人力资本、金融资本和技术资本等互补性资源作用于系统，并通过系统实现对各类资本需求信息的反馈。系统内的各创新主体既是创新资源的提供者，也是各类共享资源的受益者。各类资源要素在系统非线性自组织作用的推动下,形成家具产业集群协同创新系统的资源供给机制,如图4-7所示。

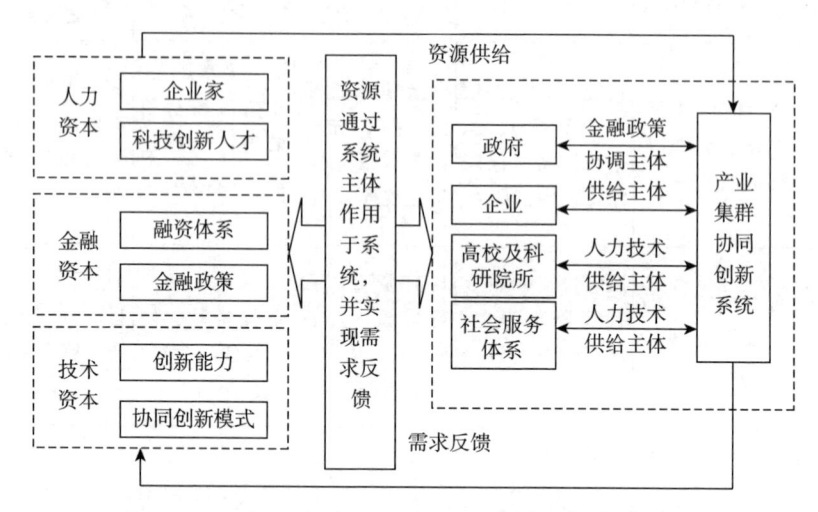

图4-7 产业集群协同创新系统的资源供给机制

集群内其他资源的协同包括公共产品和无形资源的共享。公共产品不但包括道路交通、网络通信、水电供应、污水处理等基础设施,还包括地方政府对集群企业的人才引进、技术创新和市场渠道开拓等方面的支持。其他无形资源主要包括外部经济性导致的集体经济效率的提高,集群品牌效应对群内企业的市场开拓的支持,这为降低企业综合成本、提高最终的经济利润提供了条件。

三 合作信任机制

产业集群协同创新系统的构建,缘于系统内各主体迫切的创新愿望与自身创新资源不足的压力,而影响协同创新成败的关键因素是各主体彼此之间的信任程度。信任是一个隐藏的变量。有了信任就会有收益,从而获得"信任红利";失去了信任不仅要缴纳"信任税",还会为此付出其他额外代价。集群内各主体间协作关系的建立,需要企业家树立"信任红利"的观念,为集群协同创新活动的开展提供强有力的信任支持。

(一) 互惠共生、创新合作的理念

产业集群协同创新主体间的协作，除了受正式的合同契约的约束之外，还受彼此之间以信任为基础的柔性合作关系的影响。柔性合作关系的建立依赖于合作双方在长期的交往中所形成的信任关系，这种信任关系有助于克服契约制的教条，降低创新过程的不确定性，有效避免协同创新过程突然中断的风险。创新过程的突然中断，不但会给合作各方造成严重的经济损失，还会导致前期工作成果的浪费。所以，集群企业在选择合作对象时，会基于信任关系选择那些与自己有长期稳定合作关系的对象。合作形成信任，信任推动合作。信任关系可以成为集群协同创新系统得以发展的固化剂，长期稳定的合作关系又可以降低创新过程中的搜寻成本、协调成本和交易成本，加强创新过程的协同性。同时，在具有长期稳定合作关系的创新主体之间，信息和知识的交流更加频繁，隐性知识的扩散传播更加顺畅，集群的技术扩散速度更快。

当然，为防范在合作过程中技术以及人力资本等方面的流失，家具产业集群协同创新系统的各主体在合作期间并不是相互无限信任，而是会建立系统内部信任边界。虽然有限的信任在一定程度上会造成彼此在沟通过程中的障碍，但是从自我保护的视角来看，各创新主体要想持续保持在技术、资本和管理方面的优势，必须建立有效的信任边界。通过建立产业集群内部的信任评价体系，对合作对象的信用等级、风险偏好特征等进行评价，企业可以选择符合要求的合作对象开展协同创新，从而最大限度地规避风险、提高创新成功率。

家具产业集群协同创新要想取得双赢及多赢的结果，就要建立持续稳定的互惠共生关系，强化各主体间的相互信任关系。在协同创新系统形成初期，系统内各主体间信息不对称，缺乏相互了解，信任关系难以建立，协同合作的信任风险较高，这不利于调动各创新主体的积极性,会降低协同创新的效率。因此,系统内各创新主体之间只有通过长期的合作取得充分信任后,才能扫除协同创新过程中的沟通障碍,实现技术、资源的完全共享。当协同创新成果给协作各方带来的收益超过独立创新的收益时,协作各方的信任关系会更加稳定,并发展成更紧密的协同合作关系。

(二)制度、规范约束创新主体行为

集群创新合作信任机制的建立需要道德规范与集群制度的约束。道德规范有助于引导创新主体间建立信任关系。信任关系对创新主体间的合作存在显著的正面影响,各主体间的信任度越高,依赖程度就越高,资源共享程度就越高,这能有效推动协同创新管理效率的提高。但是合作信任机制的建立仅靠道德约束是不够的,必须通过一定的制度规范来约束各创新主体的行为,对于违规、违约的行为给以严厉惩罚,使其行为规范化。而各主体行为规范化需要以创新失败沉没成本的提高来约束,以主体间合作收益的增加来激励。集群协同创新需要各创新主体共同投入优势资源,比如研发人员、前期技术、研发资金或者相应的研发设备和仪器等,一旦某一合作方退出或违约,就可能导致另一方不能继续原有的项目开发或者是延缓技术开发的进程。因此,让少数违规或失信企业承担违约所造成的损失,并将其列入诚信黑名单,可大大提高其违约成本,影响其市场口碑和形象。所以,提高创新失败的沉没成本相当于提高彼此欺骗的代价,这在一定程度上会促进各创新主体间的合作信任机制的实现。

家具产业集群各创新主体间的合作具有动态性和开放性,协同创新对象的选择是一个优胜劣汰的过程,系统协同创新的实现离不开良好的信任关系,同时良好的企业诚信也有利于降低合作风险和成本。基于企业诚信的信任机制,在潜在合作利益与潜在惩罚损失的共同影响下,能够在一定程度上保证产业集群协同创新进入良性发展轨道。良好的诚信机制可有效维护协同创新过程中的合作信任关系，形成家具产业集群协同创新系统的合作信任机制，如图 4-8 所示。

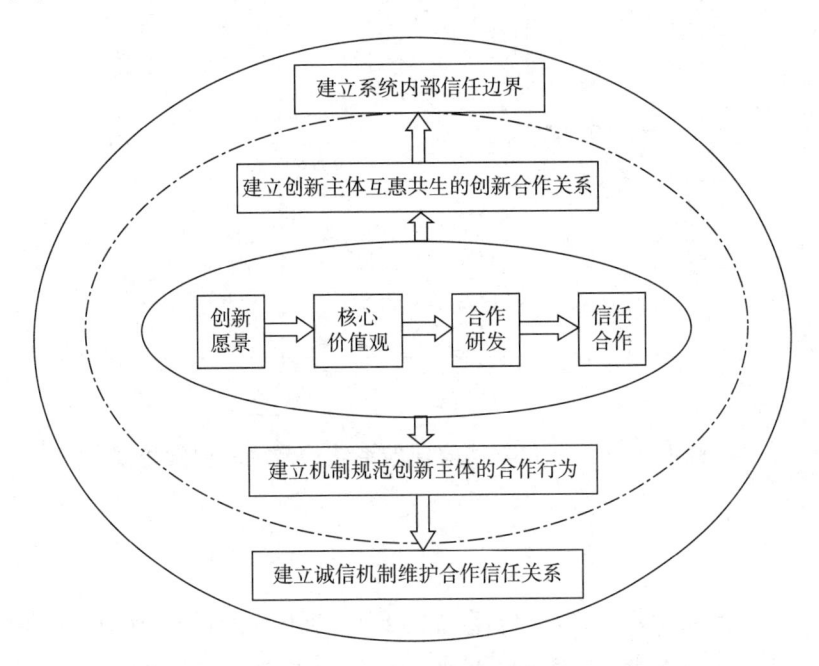

图 4-8　产业集群协同创新系统的合作信任机制

总之，家具产业集群的地理集中性特征决定了集群各主体间具有共同的文化背景，同时以共同的集群文化为基础的行为规则、专业术语和集群内的隐性知识等，有助于培育家具产业集群成员间的信任关系。彼此信任会减少协同创新的不确定性，促进主导家具企业与合作者之间在人力资源、物质资源及技术资源方面的交流，扫除协同创新的合作障碍，提高集群协同创新的整体效率。

四　激励和保障机制

家具产业集群协同创新的激励和保障机制主要表现为在法律法规约束下、在政府政策引导下的各种激励和保障措施。其主要手段是政策激励、知识产权激励、制度保障，如图 4-9 所示。

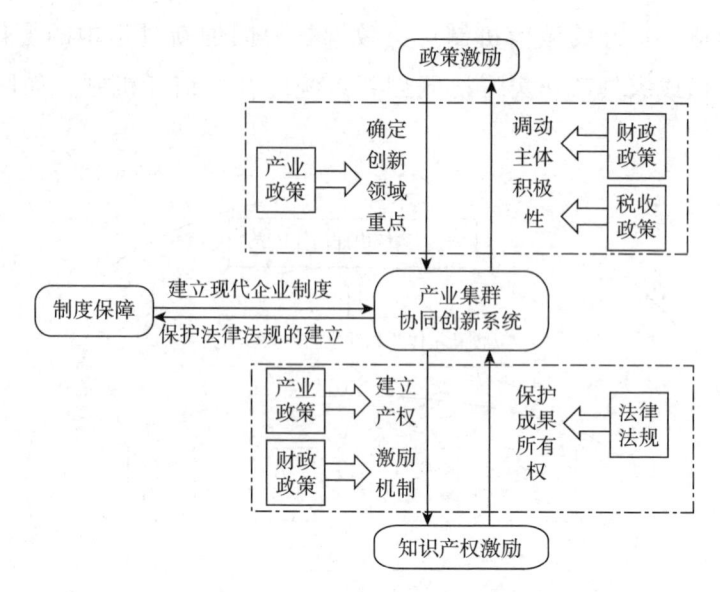

图 4-9 产业集群协同创新系统的激励和保障机制

（一）政策激励

政府的政策引导和财税激励主要是利用政府的产业政策、财政政策及税收政策来反映政府政策的信号和意图，充分发挥政府在统筹规划、协调指导和组织实施方面的主动性，引领家具产业的发展方向，为家具产业创新方向的选择提供政策依据。政府相关部门根据产业政策以及家具产业发展规划，确定产业发展的空间布局及各具体行业的创新重点，为各创新主体的协同创新活动提供行动框架和相关准备。对家具行业创新活动的财政支持和税收优惠政策，可以调动集群创新主体参与协同创新的积极性，间接为集群协同创新活动的开展提供资金支持。

（二）知识产权激励

科斯定理指出，产权的明晰是资源有效利用的前提，产权激励是对人力资本最有效的激励。在产业集群协同创新的过程中，各创新主体根据自身的优势，投入相应的创新资源，共同完成协同创新项目的研发。企业投入资金、设备、仪器及部分科研人员，高校与科研院所主要投入科研人员，政府、家具协会及中介机构为产学研的协作提供政策支持和各种服务。其中，产学研之间的协作是集群协同创新的核心。为了确保集群各主体协同创新的顺利开展，在协同创新项目开始之前，产学研各方应该签订协同创新协议，明确协同创新成果产权的分配方式，明确经济利益的分配比例。把协同创新过程中的各类投入（包括科研人员的智力投入）和科技创新成果的收益直接挂钩，可有效激发科研人员创新的积极性。在协同创新过程中，投入知识的科研人员、投入资金和物质资源的企业，都应该按一定的比例分享共同投入所形成的协同创新成果产权。

按照分配确权在先的原则，事先确定科研人员的职务科技成果的产权分配原则，有利于降低制度成本。在产权明晰的前提下，科研人员可以获得部分科技成果所有权或长期使用权，从而在科研成果产业化成功后，享有相应利益的分配权，这样可以有效激励科研人员并极大地调动他们的创新积极性，使得协同创新成功的可能性大大提高。同时，企业和科研人员同时拥有科研成果的部分产权，有利于推动科研成果的产业化，实现创新成果的经济效益。

（三）制度保障

政府通过制定产业集群协同创新的政策、法律法规，对集群的协同创新行为实施宏观调控。一方面，引导集群企业建立现代企业制度，明晰集群创新系统内企业产权，明确企业的权利和责任，推动建立公平合理的市场竞争机制。另一方面，结合知识产权制度及相关知识产权保护的法律、法规，对集群协同创新过程中的产权和创新成果分享权予以保护，减少侵权行为的发生，以法律形式来维护创新主体创新成果的合法性及不可侵犯性，为协同创新活动的开展保驾护航。

第三节　产业集群协同创新系统有效运行的要点

从前文可以看出，家具产业集群协同创新系统的高效运行不仅需要内部动力系统的引导，而且需要外部动力系统的支持以及技术扩散系统的辅助，才能在系统自组织机制的作用下，完成产业集群的协同创新任务。只有在内部动力、外部动力及技术扩散动力的共同配合下形成相对完善的运行机制，才能理顺各创新主体的协作关系，保证集群协同创新活动健康、有序地发展，提升家具产业集群协同创新绩效；沟通与学习机制可以使技术知识在相邻的领域间转移，并引导创新链条上的其他成员，通过协作分工积极参与到协同创新过程中，提高创新的效率；资源供给机制可以利用人力资本有效整合金融资本、社会资本和技术资本，从而实现人才、资金、技术和社会资本等资源的高效供给和有效运行，保障协同创新活动的顺利进行；合作信任机制是在协同创新各主体对"信任红利"追求的基础上形成的，可以最大限度地降低协同创新过程中的协调和沟通成本，一方面可以在制度和规范的约束下，各创新主体间形成良好的协作创新氛围，另一方面通过在协同创新过程中建立系统内部信任边界，保护各企业自身的创新利益，维护集群协同创新系统的持续健康发展；激励保障机制是通过政策、法律及法规的制定，为协同创新系统发展提供基础性保障。在集群协同创新的实践过程中，要提高产业集群协同创新的效率，还需要注意以下几点。

第一，注意不同运行机制间的协同。前述五种运行机制只是从不同的侧面阐述产业集群协同创新系统的运行要求，而在实际运行中各种机制的影响是非线性、交互叠加的，需要借助于复杂自适应理论、协同学理论等来解释。

第二，整合创新系统动力要素。产业集群协同创新系统的运行是集群内外部多种动力非线性作用的结果，是技术创新扩散力和自组织作用力共同推动的结果，某一方面的动力不足以使协同创新系统进入良性运转的轨道。因此，只有关注各动力要素的相互影响，使其共同推动产业集群协同创新系统良性发展，才能提高协同创新绩效。

第三，保证资源供给渠道畅通。家具产业集群协同创新的主要优势之一是可以有效整合利用系统内的各种优势资源，促进人才、资金、技术等资源在集群协同创新系统内的有效流动，提高创新资源的利用效率，缩短创新周期，降低创新风险。因此，应进一步拓宽创新资源的供给渠道，保障资源在各创新主体间的有效流动和利用。

第四，重视创新主体间信任机制的建设。政、产、学、研之间的信任机制可以提高沟通频率，加强交流深度，这既可以避免重复投入资源所产生的资源浪费，也可以提高科技成果转化率，使创新成果有效满足市场需求，获得经济利益，激励协同创新活动的持续进行。

第五，重视政府作用，完善激励和保障机制。在我国知识产权法规不健全，协同创新各方的权益保障机制尚不完善，创新环境还不理想的情况下，政府部门的引导、保障作用就显得尤其重要。政府应当重点从政策制定、法律法规保护、知识产权和所有权激励、制度保障等方面完善激励和保障机制，促进集群协同创新活动的发展。

第五章 家具产业集群协同创新绩效的影响因素实证研究

家具产业集群协同创新绩效是一个复杂而宽泛的概念，目前理论界尚未形成一致的看法。产业集群的协同创新是一个典型的投入产出过程，各创新主体根据创新项目的需求和自身的优势，在契约合同等约束下，投入相应的研究人员、技术资料、设备仪器、资金等，研发出新知识、新产品、工艺方法、专利技术等。集群创新的最终目的是保证各创新主体获取创新收益，并带动整个集群甚至产业的技术进步和发展。其创新绩效的衡量，侧重考察集群整体的创新效果，既包括对协同创新产出成果的新颖性、经济性、社会性的考察，也包括对协同创新过程的协同程度的考察。根据第三章、第四章的理论研究，可以发现产业集群协同创新绩效的高低会受到协同创新主体、协同创新治理机制、协同创新环境、协同创新网络等因素的影响，而这些关键因素属于不可观测变量，无法从统计年鉴等公开资料中获取，因此本研究决定采用问卷调查法获取原始数据，采用多元回归分析及结构方程模型分析确定影响产业集群协同创新绩效的因素。

第一节 影响因素的研究假设

一 协同创新主体

家具产业集群协同创新主要由龙头生产企业、高校及科研院所主导，不同主导者的协同创新模式各不相同，主导者通常根据创新任务及目标的要求，考虑创新资源的互补性、战略目标的协同性、企业文化的兼容性、外部关系的支持力度等因素，合理选择协同创新的协作主体。在选择协同创新伙伴的过程中，为了避免由于协同创新伙伴选择不当给系统带来问题和风险，应根据研究目标的需求设计适当的选择标准和方法。选择协同创新对象时要衡量彼此的资源匹配水平，从而达到最大限度地降低创新成本和风险并提高协同创新绩效的目标。

假设1：协同创新主体间的关系与家具产业集群协同创新绩效存在相关关系。

（1）创新资源互补性

在协同创新过程中，各创新主体提供自身的优势资源并共享协作伙伴互补性资源是协同创新的前提，也是其参与协同创新的主要动机。选择与企业协同创新时，主要关注对方互补性的研发能力、科技成果的转化能力；选择与高校及科研院所协同创新时，主要关注他们所拥有的知识资源、科研成果、创新团队、学科优势等。产业链上企业间协同创新主要关注技术资源的差异性、关联性和互补性。差异性体现在各创新主体拥有稀缺的、独特的、难以复制的技术成果或创新条件；关联性和互补性体现在各创新主体拥有技术之间存在较高的相互依赖性或者补充关系，这为协同创新活动的开展提供了技术条件和基础。因此，在选择创新合作对象时应重点考虑彼此技术资源的差异性、关联性和互补性等特性。

假设1a：协同创新主体的创新资源互补性与家具产业集群协同创新绩效存在正相关关系。

（2）战略目标协同性

家具产业集群协同创新主体选择合作对象时，需要重点考察战略目标协同性，这一方面有利于避免创新主体在战略上发生潜在冲突，另一方面也有利于消除合作创新主体技术资源投入的顾虑。随着创新合作关系不断深入和创新技术资源不断投入，系统创新主体之间的技术依赖性不断增强，从而使得机会主义行为得到有效抑制，合作关系更加密切；合作关系的加深，又反过来促进创新资源的投入，使协同创新形成良性循环。

假设1b：协同创新主体的战略目标协同性与家具产业集群协同创新绩效存在正相关关系。

（3）组织文化兼容性

组织文化对技术创新主体的作用主要是通过组织价值观、组织创新精神的培养，激发组织员工参与技术创新的积极性，从而形成良好的技术创新氛围。在家具产业集群协同创新过程中，组织文化的兼容性至关重要。由于协同创新主体的单位属性和社会功能、经济功能不同，各自的发展历程和技术背景不同，因此其在协同创新目标、协作理念、思维模式等方面可能有明显的差异，在协同创新的信息沟通和技术交流方面可能会产生较大的障碍；又因为各创新主体之间相互独立，无行政隶属关系，因此其在协同创新过程中的人力、物力、资金的管理上可能会存在分歧，这会对协同创新活动的开展产生阻碍作用。但是，相同或兼容的企业文化有利于协同创新主体间的沟通或交流，有利于协同创新过程的管理。因此，家具产业集群内企业在选择创新协作伙伴的过程中，要关注组织的创新文化，尽量选择组织文化兼容或相似的对象。

假设1c：协同创新主体的文化兼容性与家具产业集群协同创新绩效存在正相关关系。

（4）社会网络

家具产业集群协同创新活动只有在创新主体的社会网络支持下才能顺利开展。产业集群纵向网络的紧密程度、横向网络的广泛程度、关系网络的异质性与互补性，都会对协同创新活动的开展产生重要影响。因此，参与协同创新的企业间要有较强的产业关联度，高校及科研院所要紧紧围绕企业的创新需求进行研究与开发活动，政府、家具协会、中介机构等沟通协调机构要为协同创新活动提供全过程的政策支持、行业标准及信息、技术服务。社会网络的支持会对集群协同创新活动产生正向推进。

假设1d：协同创新主体的社会网络与家具产业集群协同创新绩效存在正相关关系。

二 协同创新治理机制

在家具产业集群协同创新的过程中，各创新主体通过投入互补性的创新资源，共同创造创新价值，共享创新收益。作为"经济人"的创新主体存在一定的机会主义思想，试图以尽量少的投入获取较大的收益，这些机会主义行为可能影响集群的协同创新优势的发挥，降低协同创新的绩效水平。治理主体根据各创新主体的利益诉求建立风险分担机制、激励机制、约束机制，对产业集群协同创新活动进行治理，以有效抑制短期行为的冲动，促使各协同主体主动放弃道德风险和逆向选择等投机行为，提高集群的协同创新绩效。

假设2：协同创新治理机制与家具产业集群协同创新绩效存在相关关系。

（1）风险分担机制

家具产业集群协同创新与其他创新活动一样，在追求高收益的同时也面临较高风险。特别是对参与创新的企业来讲，需要配备结构合理的研发团队、投入专项资金、购置专用设备仪器等，一旦研发失败，可能会影响现有产品的市场竞争力。在家具产业集群协同创新过程中，创新主体间的依赖性风险、专用性资产投资风险、信息不对称风险、资源流失风险等合作风险，会对协同创新活动的开展产生阻碍。根据协同创新参与主体的风险承担能力、风险管理能力以及风险偏好等因素，确定合理的风险分担机制，有利于分散各创新主体的风险，提高创新合作效率。

假设2a：风险分担机制与家具产业集群协同创新绩效存在正相

关关系。

(2) 利益分配机制

在家具产品生命周期不断缩短，创新需求不断升级的背景下，家具企业靠自身的力量独立创新难以获得最终成功，必须善于平衡、利用关联组织的资源和网络关系开展协同创新活动。参与协同创新的各主体，应按照共同投入、共同受益原则，按照一定的规则共享协同创新带来的经济利益，否则，利益不均衡将导致协同创新的进程受阻，或者遭受合作伙伴"用脚投票"的报复。因此，影响协同创新活动顺利进行的关键是创新成果的利益分配问题，合理的利益分配机制有利于保障各创新主体的创新利益，能够调动各创新主体的积极性。此外，在家具产业集群协同创新过程中，高校及科研院所、家具企业创新目标不一致，对具体利益的追求各有侧重。家具企业追求经济利益，创新成果以专有技术的方式占有对其比较有利；高校及科研院所更看重创新成果的学术影响力和时效性，希望尽快地通过专利申请、论文公开发表的方式将研究成果公开。因此，在各创新主体合作过程中，合理的利益分配机制对家具产业集群协同创新具有直接影响。

假设2b：利益分配机制与家具产业集群协同创新绩效存在正相关关系。

(3) 激励机制

激励机制主要是通过设计科学合理的激励机制，挖掘研究人员的科研潜能，以提高集群协同创新的效率，促进创新成果的产业化转换，最终实现创新成果的经济价值和社会价值。协同创新的萌芽阶段主要是各创新主体的接洽和沟通阶段，需要关注用户的真实需求和各创新主体的创新实力，需要通过创新奖励和补贴的方式，吸引用户的广泛参与，征集创新构思和创意。在这一阶段还需要评价各创新主体的创新能力，确定创新主导单位。协同创新团队的组建磨合阶段，主要激励创新主体的投资积极性。在这一阶段，创新主导单位通过制定合理的要素投入及利益分配比例，使所有投资者能从协同创新活动中获得超额收益，从而激发其参与协同创新的积极性。在协同创新成果的市场化推广阶段，主要是保护协同创新主体的经济利益，防范"搭便车"和技术泄露的风险，需要规制创新主导者的知识共享行为，制定技术泄露的风险防范机制。可见，恰当合理的激励机制能够调动各参与主体的积极性，保障集群协同创新活动的顺利开展并提高创新绩效。

假设2c：激励机制与家具产业集群协同创新绩效存在正相关关系。

（4）约束机制

约束机制是对产业集群协同创新过程中违约行为的惩罚制度，包括限制性进入机制、第三方仲裁机制、制裁机制、司法和集群内部的行业规范等。约束机制可以对创新主体的违约行为进行限制，防止某些创新主体单方面撤出研究人员、中途撤资、私自转让技术成果等行为对集群创新进程的干扰。约束机制通过提高违规成本和制定严厉的惩处机制，引导协同创新主体主动遵循契约合同规定，保障集群协同创新的顺利进行，促进集群协同创新绩效的提高。

假设2d：约束机制与家具产业集群协同创新绩效存在正相关关系。

三 协同创新环境

家具产业集群协同创新的顺利进行不仅需要各创新主体间的资源协同、过程协同，而且需要一个良好的集群外部环境。家具产业集群外部环境主要包括市场基础、中介服务、政府政策以及家具协会服务。完善的创新外部环境可以为集群协同创新活动的开展奠定良好的基础。

假设3：协同创新环境与家具产业集群协同创新绩效存在相关关系。

（1）市场基础条件

市场是商品经济运行的载体或现实表现，家具流通市场对家具产业集群协同创新的影响主要表现为以下三个方面：第一，协同创新主体通过家具流通市场与最终用户建立联系，获取家具市场需求变化的信息，从而诱发创新思想，激发创新灵感，形成协同创新项目的雏形；第二，市场竞争对协同创新团队的优化具有正向激励作用，可能促使部分优秀的创新主体发展壮大，但也有可能将部分落后的创新主体淘汰出局；第三，创新产品的市场占有率的高低和使用反馈信息是对协同创新绩效最直接、最有效的检验。因此，完善有序的家具流通市场环境，可以保证家具产业集群协同创新活动的持续进行。

假设3a：市场基础条件与家具产业集群协同创新绩效存在正相关关系。

（2）政府科技政策

产业发展政策可以引领家具产业集群协同创新的方向。政府通过制定鼓励协同创新的政策、法律、法规，扫除协同创新活动开展的障碍，弥补市场机制的不足；通过完善区域基础设施建设，保障协同创新项目顺畅而有效地运行。因此，在集群协同创新过程中，处理好政府与企业、政府与高校及科研院所、政府与中介机构的关系显得至关重要。政府科技政策主要包括科技投入政策、税收政策、知识产权政策等，这些政策贯穿协同创新的全过程，不仅有利于促进家具产业集群的合作攻关，也有利于保护协同创新参与主体的知识产权和相应的经济利益，进而能够提高家具产业集群创新成果转化率，推动集群协同创新活动的持续进行。因此，政府科技政策对家具产业集群协同创新具有重要的影响，政府在家具产业集群协同创新中发挥重要的导向作用。

假设3b：政府科技政策与家具产业集群协同创新绩效存在正相关关系。

（3）中介机构服务

中介机构主要包括公共服务机构和集群代理机构，在家具产业集群协同创新中起着桥梁纽带的作用，为各创新主体间的人才、技术、资金等资源的获取和创新成果的转移牵线搭桥。各类金融中介机构、信息服务机构、技术成果交易平台、技术转移中心、科技咨询公司等，可为协同创新项目的构思、筛选、实施运营提供必要的信息支持和服务；为各创新主体间的创新成果转移和市场化推广提供专业化的有偿服务，从而提高技术成果转移的效率和成功率。因此，家具产业集群协同创新所需要的各种信息和资源能否有效共享，创新成果能否顺利完成产业化，进而实现其经济价值和社会价值，很大程度上取决于中介机构的服务是否完善与规范。由此可见，中介机构的服务质量是影响产业集群协同创新绩效的重要因素。

假设3c：中介机构服务与家具产业集群协同创新绩效存在正相关关系。

（4）金融机构服务

由于家具产业集群协同创新过程中需要投入大量的人才、物资和专用设备，即在创新发展的不同阶段，存在着不同规模的资金需求，需要不同类别金融机构的大力支持。金融机构的支持能够促进家具企业充分利用新技术、劳动力等要素，解决企业技术研发、设备更新、产能扩张及运营资金不足的问题，促进企业生产专业化、自动化、规模化。同时，金融机构还能协助政府相关部门完善集群的基础设施和服务网络，以吸引更多的企业追加投资，从而提升集群创新能力和创新效率。

金融机构的投资谨慎性和逐利性能够协助市场机制发挥自动调节作用，尽量将资金投放到预期创新收益高、风险相对较小的项目。因此，金融机构会对创新项目进行可行性分析，主动地识别和筛选优质创新项目并给予支持，这能够保证产业集群创新沿着正确的方向进行，从而有效地避免集群内低水平重复创新所造成的浪费，促进集群整体创新绩效的提高。

假设3d：金融机构服务与家具产业集群协同创新绩效存在正相

关关系。

（5）高校及科研院所参与

在家具产业协同创新过程中，高校及科研院所作为知识、人才、核心技术的供方，其优势体现在人才资源聚集、基础研究成果丰富、具备优良的基础研究和前瞻性技术开发的科学研究环境，这与企业在市场、资金方面的优势形成互补。从交易成本角度出发，如果在协同创新过程中企业获取技术创新成果的成本低于内部开发的成本，同时高校及科研院所能够获得超出独立研究或成果转化的额外利益，那么协同创新活动就能顺利进行。只有协同创新的各主体间形成共同的利益基础，充分体现优势互补、风险分担、利益共享的原则，才能打破协同创新各主体间的组织界限，实现协同创新任务的组织协同。

假设3e：高校及科研院所的参与与家具产业集群协同创新绩效存在正相关关系。

（6）家具协会服务

家具协会是产业集群协同创新系统中的重要协调者和促进者，是产业集群协同创新系统中主要的治理主体。家具协会在集群协同创新中的主要作用表现为以下两点。第一，维护家具行业秩序，治理创新失灵。因为家具产业集群中许多中小企业缺乏独立创新能力，所以模仿创新现象非常普遍，这会侵害创新主导企业的经济利益，严重影响创新主导企业的创新积极性。家具协会可以在国家政策允许的范围内，制定一些自律性的行业规则，加强集群企业的自律，从而在一定程度上实现对创新失灵的治理。第二，家具协会以企业代表的身份参政议政，影响行业发展政策和创新政策的制定。地方政府在制定集群产业发展政策和发展规划的过程中，会事先委托家具协会进行市场调研，征求各会员企业的意见和建议。家具协会在进一步磋商的基础上，将企业的最终意见反馈给地方政府，以便政府出台的促进集群发展的相关政策能够更具针对性，解决集群发展中存在的关键问题。家具协会通过搭建集群协同创新平台，为集群内各创新主体间的信息交流与共享提供服务。在家具协会协助下各创新主体间的良性互动,能有效促进集群协同创新绩效的提高。

假设3f:家具协会服务与家具产业集群协同创新绩效存在正相关关系。

四 协同创新网络

家具产业集群协同创新绩效是企业盈利能力的一种体现,受到资源异质性、协同关系异质性、合作关系紧密性、网络结构异质性、协作方式异质性诸多因素的影响。资源异质性是指各创新主体拥有的创新资源是不可替代的,是其他企业难以模仿的,因此可以通过互补性资源的有机融合减少资源的重复投入,提高资源的利用效率,从而提高协同创新绩效;协同关系异质性是指各创新主体间的合作深度和广度是有差异的,合作深度和广度的变化能够影响集群协同创新绩效的变化;合作关系紧密性指创新主体之间基于共同目标形成一种积极的、长期的非正式协作关系,这对集群协同创新绩效的提高有正向促进作用;网络结构异质性是指各创新主体内部的组织结构或者创新主体之间的协作结构存在差异,会影响集群协同创新绩效的发挥;协作方式异质性是指各创新主体间协作模式存在差别,即不同协作模式中起主导作用的主体不同,创新成果的分享模式也不同,这会对协同创新绩效产生不同影响。

假设4:协同创新网络与家具产业集群协同创新绩效存在相关关系。

(1)资源异质性

依照资源观理论,在家具产业集群协同创新的过程中,应该更多地吸引具有异质性资源的创新主体加入,通过各创新主体间异质性资源的整合,在创新系统中可以形成难以复制的独特资源体系。这种资源体系能够将创新政策、创新技术、创新人员、设备仪器、创新资金等关键创新要素有机整合,从而极大地提高协同创新的效率。在家具产业集群协同创新过程中，创新主体从单一家具企业变成有机整合的多主体资源网络，各主体间的异质性资源整合在一起，产生互补效应，形成难以模仿的资源体系，从而为产业集群进行协同创新提供强有力的保障，直接影响着整个集群的技术创新绩效的提高。

假设4a：协同创新网络资源异质性与家具产业集群协同创新绩效存在正相关关系。

（2）协同关系异质性

协同关系异质性主要指家具产业集群的创新主体在合作层次、合作深度及合作广度上不同，而且家具产业集群创新主体间的合作时间越长、合作频率越高，相互信任、相互依赖就会越强。可见，家具产业集群各主体间协作关系的建立，不仅依赖各主体间的资源互补能力，更依赖持续合作关系的维护。从关系的承载要素来看，关系上流动的信息、知识、市场、技术等要素是集群外企业难以获取的，而这些资源的共享正是家具产业集群中的隐性知识得以传播的关键，对集群协同创新绩效的提高有重要影响。家具产业集群协作关系的异质性，使得家具产业集群各主体间合作更为融洽、默契，信息的交流与沟通更为顺畅，集群协同创新绩效得到提高。

假设4b：协同创新网络协同关系异质性与家具产业集群协同创新绩效存在正相关关系。

（3）合作关系紧密性

交易成本理论认为，企业间达成协同创新合作需要付出各项成本，而且合作关系越稳定，企业的资源搜寻成本、信息交换成本和决策成本等交易成本就越低。各主体间稳定的合作关系可以减少协同创新过程中冲突产生的概率，有利于建立良好的沟通、交流与学习机制；改善集群中各主体间的合作关系，可缩短协同创新成果产出时间、降低创新成本，在家具产业集群中各创新主体间形成超越契约关系的优势，提高科技成果的产业化水平，提高集群协同创新绩效。

假设 4c：协同创新网络合作关系紧密性与家具产业集群协同创新绩效存在正相关关系。

（4）网络结构异质性

家具产业集群是一个系统的整体，每个创新主体在家具产业集群内的结构定位是其在长期的竞争与合作关系的基础上自适应选择的结果，处于不同网络结构节点的主体获取资源的能力和机会不同，良好有序的协同创新网络结构是难以模仿的。各创新主体所掌握资源的丰富程度也会影响其在家具产业集群中的结构定位，各个主体的结构定位是在系统内外影响因素的综合作用下形成的，其他企业或者组织不太容易效仿。从动态视角看，为了适应外界环境的变化，家具产业集群创新系统的结构需要不断地调整，每个创新主体的结构定位也随之发生改变，因此，创新网络的动态性是模仿创新的主要瓶颈。技术创新网络作为在创新过程中围绕企业形成的正式与非正式协作关系的总体结构，其结构特征会影响企业创新绩效。不同网络结构的功能和所传递知识特征不同，从而产生有差异的创新绩效。

假设 4d：协同创新网络结构异质性与家具产业集群协同创新绩效存在正相关关系。

（5）协作方式异质性

家具产业集群协同创新网络是由家具企业、高校及科研院所和其他创新服务机构形成的协同创新共同体。各创新主体以不同的角色共同参与创新的开发与扩散和新产品的形成、开发、生产和销售过程，彼此之间通过直接或间接的方式形成灵活多样的协作关系。主要的协作模式有：产业链整合模式、科技成果产业化模式、产业联盟合作模式。产业链整合模式是以龙头骨干企业为核心，在分工合作的基础上带动产业链上的中小企业协同创新，基于产业链、供应链、资金链、创新链等的融通发展，提升产业集群整体创新竞争力。科技成果产业化模式是以高校及科研院所为主体完成技术创新，在生产企业或技术孵化中心进行技术创新成果的中试、孵化和产业化,最终提升集群整体的协同创新能力。产业联盟合作模式是以产学研合作为主导,集群各主体间分工协作、协同创新,共同完成协同创新任务。不同协作方式的选择是各创新主体根据自身的优势和具体需求反复沟通磋商的结果。具体协作方式的不同直接影响各创新主体在创新过程中的投入、风险承担及利益分配状况,对集群的创新绩效产生不同影响。

假设4e:家具产业集群创新协作方式异质性与协同创新绩效存在正相关关系。

五 协同创新绩效

协同论认为,协同创新活动的多主体参与特征决定了创新成果的不确定性,因此需要以契约合同的形式明确各参与主体的基本责任、权利和义务等,以保证协同创新的顺利进行,达到提高协同创新绩效的目的。家具产业集群的协同创新需要以市场需求为牵引,实行企业主导、高校及科研院所参与、政府推进联合共建的创新模式,充分整合政府、企业、高校及科研院所、非政府组织等各种协同力量,共同推进协同创新活动的开展。企业在主导协同创新的过程中,应加强与高校及科研院所的合作,在政府、家具协会、中介机构、金融机构等的引导与协助下,完成新技术、新工艺、新材料、新功能等方面的协同创新任务,形成协同创新的科技成果,并采取合理的方式消除创新成果扩散与转移中的壁垒,完成科技创新成果的转化和应用,提高产业集群协同创新绩效。

(1)技术创新成果流动壁垒

技术创新成果流动壁垒反映技术创新成果在不同主体间流动、共享的障碍。家具产业集群协同创新的过程就是不同创新主体共同投入创新资源,在一系列创新机制的约束下完成创新任务,并进行创新成果共享和收益分配的过程。但因为家具产业集群协同创新建立在各主体专业化分工基础之上,所以各企业的技术背景和技术应用环境存在明显差异，不同企业间技术知识的共享存在明显的流动壁垒。一方面各创新主体出于自身利益保护的考虑，只专注自身具有竞争力的环节，在技术、知识共享方面有一定的保留；另一方面技术知识专属性、路径依赖等也给集群内企业间知识共享带来困难。技术创新成果流动壁垒的存在，虽然保护了不同创新主体的利益，但是却影响了产业集群整体创新绩效的提高。

（2）技术创新成果扩散与转移

在家具产业集群协同创新的技术扩散过程中，高校及科研院所主要从事家具设计工学理论、家具生产材料科学、家具材料回收利用、家具产业绿色环保发展等方面的原创性研究，家具企业作为技术应用和成果转化的主体，完成科研成果产业化工作。家具企业对技术创新成果收益的预期是影响技术扩散速度的关键因素，对技术创新的预期收益越高，对技术的需求越强，技术扩散发生率就越高，扩散速度就越快。在家具产业集群协同创新过程中，政府通过合理的制度安排，为技术创新扩散创造良好的制度环境，一方面保护技术原创者的知识产权，另一方面鼓励原始创新企业通过技术转让等行为，带动潜在的技术创新成果使用者通过模仿创新提升产品的技术含量；中介机构通过为高校及科研院所、家具企业牵线搭桥，促成技术创新成果在行业内同类企业间的顺利转让，从而带动整个行业技术创新的升级，提高集群协同创新的社会绩效。

（3）技术创新成果转化与应用

家具生产企业是家具产业集群协同创新项目的知识、技术的需求方，是协同创新成果转化任务的主要承担者。作为协同创新系统运行的主导者，家具生产企业拥有良好的市场开发能力、渠道拓展能力，拥有创新成果转化所必需的资金、劳动力、设备设施等要素，这意味着家具生产企业在获得了创新成果的所有权或使用权，培养了高端技术人才，掌握了引领未来家具市场的前瞻性技术之后，可以顺利地完成技术成果的产业化过程，为协同创新的各参与主体带来超额的经济利益和社会利益。包括风险投资机构在内的各类金融机构可为家具企业技术创新成果的产业化和市场化推广提供有效的资本供给,解决科技成果产业化过程中的资金缺乏问题,并从创新成果的超额经济利益的实现过程中获得相应的经济回报。技术创新成果的产业化和市场化推广,可以带动家具产业集群整体创新能力的提高,推动消费市场的不断升级,有效提高产业集群协同创新绩效。

通过前面的假设分析,我们阐释了协同创新主体、协同创新治理机制、协同创新环境、协同创新网络四个方面对协同创新绩效都有一定的影响。因此,本研究构建家具产业集群协同创新绩效影响因素的理论框架,如图5-1所示。

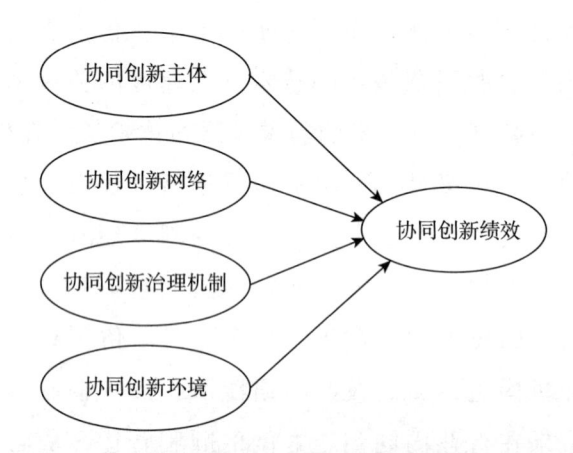

图5-1 家具产业集群协同创新绩效影响因素的理论框架

第二节 问卷设计与实证方法

一 问卷设计

本研究的问卷设计主要围绕家具产业集群协同创新主体、协同创新网络、协同创新治理机制、协同创新环境与协同创新绩效展开,根据概念模型和研究假设,确定问卷量表中需要测量的变量,要求问卷能够为协同创新绩效影响因素的研究提供所需要的有效数据。在问卷调查数据的基础上，运用因子分析、相关分析、回归分析、结构方程模型对各因素对协同创新绩效的影响进行实证分析。本研究所设计的调查问卷主要包括两大部分内容（详见附录1）。

（1）单位基本情况：单位名称、单位类型、所在地区，若所在单位是家具生产企业还需提供企业发展阶段、企业规模等信息；

（2）家具产业集群协同创新情况：协同创新主体、协同创新网络、协同创新治理机制、协同创新环境与协同创新绩效。

问卷采用利克特量表对每一题项逐一地加以度量，根据被调查者对每一题项的打分来判断其对某一指标表述的认同程度，分数越高，说明被调查者对这一表述越认同。各题项具体分数设计，见附录1。

二 数据收集

本研究根据山东省家具产业集群分布的情况，选取家具产业链上不同环节的企业相关人员、高校及科研院所的专家、金融机构、中介机构、政府部门负责人员、家具协会会员等作为调查对象，并在山东省家具协会的协助下，通过纸质问卷与电子问卷两种形式，邀请调查对象填写问卷。同时，对青岛、潍坊、淄博、菏泽、聊城的部分家具企业进行实地访谈，了解各企业对产业集群协同创新的具体看法和要求。调查共发放问卷380份，收回问卷285份，剔除无效问卷后共计228份。结构方程模型要求样本数量达到指标个数的10倍以上为最佳，本研究共选择产业集群协同创新五个侧面的指标22个，样本数量228个，达到结构方程模型分析的要求。被调查者的基本情况见表5-1、表5-2。

从表5-1可知，样本单位包含参与集群协同创新活动的不同类别的主体，其中产业链上相关企业的样本单位138个，占样本单位比重较大，生产企业、供应商、经销商占比之和超过60%；从地区分布来看，家具产业集群较多的聊城、菏泽、淄博、潍坊、德州、青

表 5-1 样本单位地区及单位类型分布情况

单位：人，%

所在地区	人数	占比	单位类型	人数	占比
济南	10	4.39	生产企业	72	31.58
青岛	24	10.53	供应商	36	15.79
聊城	32	14.04	经销商	30	13.16
淄博	29	12.72	高校	26	11.40
潍坊	24	10.53	科研院所	16	7.02
德州	20	8.77	政府部门	10	4.39
菏泽	30	13.16	家具协会	12	5.26
滨州	13	5.70	金融机构	11	4.82
临沂	15	6.58	中介机构	15	6.58
济宁	8	3.51			
枣庄	8	3.51			
其他	15	6.58			
合计	228	100	合计	228	100

岛等地的样本单位占比相对较高，属于家具产业发展水平较高的地区。

表 5-2 样本单位所在企业的基本状况

单位：家，%

家具材质	数量	占比	发展阶段	数量	占比	企业规模	数量	占比
实木家具	20	27.78	初创期	20	27.78	大型企业	10	13.89
板式家具	28	38.89	成长期	30	41.67	中型企业	28	38.89
软体家具	15	20.83	成熟期	12	16.67	小型企业	34	47.22
其他	9	12.50	衰退期	10	13.89			

从表5-2可知，板式家具企业占比最高达38.59%，实木家具企业占比27.78%，软体家具企业占比20.83%，样本企业生产的家具产品以板式家具、实木家具、软体家具为主体，这与山东省家具行业的产品结构基本一致。从企业生产规模来看，所调查企业以中

小企业为主，合计占比 86.11%；从企业所处的发展阶段来看，处于成长期的占比高达 41.67%，处于初创期的占比 27.78%，处于成熟期和衰退期的占比较小，分别为 16.67% 和 13.89%。

根据对青岛、潍坊、淄博、菏泽、聊城部分家具企业的实地访谈可知，不同类型、不同规模、处于不同发展阶段的企业自主创新能力和对创新需求的迫切性存在比较大的差异。因此，本研究收集到的样本数据，能从不同视角提供影响协同创新的相关因素的信息，满足后续研究的需要。

三 描述性统计

根据 228 个样本调查问卷的统计数据，从最大值、最小值、均值以及标准差等方面对 22 个指标进行描述性统计。自变量用 X1、X2、X3…X19 表示，因变量用 Y1、Y2、Y3 表示。统计结果如表 5－3 所示。

表 5－3　描述性统计结果

变量	N	最小值	最大值	均值	标准差
X1	228	1	5	4.03	1.12
X2	228	1	5	3.86	1.09
X3	228	1	4	3.34	0.77
X4	228	1	5	4.16	1.17
X5	228	1	4	3.43	0.83
X6	228	1	5	3.26	0.77
X7	228	1	5	3.46	0.83
X8	228	1	5	3.26	0.78
X9	228	1	4	3.34	0.77
X10	228	1	5	3.25	0.78
X11	228	1	4	3.32	0.78
X12	228	1	5	3.25	0.78
X13	228	1	5	3.81	1.05

续表

变量	N	最小值	最大值	均值	标准差
X14	228	1	4	3.25	0.78
X15	228	1	5	3.25	0.78
X16	228	1	5	3.87	0.96
X17	228	1	5	3.43	0.87
X18	228	1	5	3.14	0.76
X19	228	1	5	3.16	0.77
Y1	228	1	5	4.02	1.17
Y2	228	1	4	3.32	0.84
Y3	228	1	5	4.21	1.12

四 信度分析

信度检验是衡量问卷调查数据一致性或稳定性的工具。问卷调查结果的分析中，信度系数越大，表明调查数据的可信程度越高。协同创新绩效影响因素研究的问卷共五个测度量表，在回归分析及结构方程分析之前，需要对五个量表及总量表分别进行信度分析。

在判定量表的信度时，Cronbach's Alpha 系数值越接近 1，表明量表信度越高。不同的研究领域对信度系数的看法不完全相同：基础研究对信度的要求较高，Cronbach's Alpha 系数至少达到 0.8 才能被接受；社会经济调查对信度的要求相对宽松，一般而言 Cronbach's Alpha 大于或等于 0.7 时，就说明信度比较高。

本研究运用 SPSS19.0 软件，分别对五个量表以及总量表的信度进行检验，检验结果见表 5-4。结果显示，五个分量表中协同创新主体、协同创新环境、协同创新网络的 Cronbach's Alpha 值均高于 0.80，协同创新治理机制和协同创新绩效的 Cronbach's Alpha 值在 0.76 到 0.80 之间，而总量表的的信度系数在 0.95 以上，这说明所有量表的信度水平较高，可以用于后续研究。

表 5-4 信度检验结果

变量	指标	项已删除的 Cronbach's Alpha 值	Cronbach's Alpha 值	项已删除的 Cronbach's Alpha 值
协同创新主体	X1	0.726	0.819	0.828
	X2	0.754		
	X3	0.795		
	X4	0.807		
协同创新治理机制	X5	0.750	0.797	0.798
	X6	0.702		
	X7	0.757		
	X8	0.775		
协同创新环境	X9	0.865	0.887	0.896
	X10	0.855		
	X11	0.857		
	X12	0.856		
	X13	0.906		
	X14	0.862		
协同创新网络	X15	0.824	0.830	0.830
	X16	0.775		
	X17	0.780		
	X18	0.801		
	X19	0.793		
协同创新绩效	Y1	0.692	0.768	0.781
	Y2	0.683		
	Y3	0.693		
总量表			0.955	0.957

五 效度检验

效度检验是检验调查问卷测量结果的有效性，其检验的结果越好，说明采用的测量工具越能反映出测量内容的真实特征。效度检验一般包括内容效度的检验和结构效度的检验。

内容效度是为了检验问卷调查所设计的题项能否反映研究主题的内容。本研究问卷是在对国内外学者研究成果进行梳理的基础上，根据相关理论假设设计的。问卷内容是在与企业家、企业科研人员、高校及科研院所的专家、家具协会的相关负责人进行咨询探讨的基础上初步设定，并召开小型座谈会请专家进行指导修改，最终定稿。因此，调查问卷的内容效度可以保证。

结构效度是为了检验调查问卷中数据相同理论范畴的项目能否通过同一因子反映出来。一般情况下，可采用因子分析的方法进行检验。首先通过 KMO 检验和 Bartlett 球形度检验，来分析各指标数据是否适合做因子分析。Kaiser 给出了常用的 KMO 度量标准：KMO 值≥0.9 表示非常适合，0.8≤KMO 值<0.9 表示适合，0.7≤KMO 值<0.8 表示一般，0.6≤KMO 值<0.7 表示不太适合，0.5≤KMO 值<0.6 表示不适合，KMO 值<0.5 表示极不适合。

在实际应用中不同领域对 KMO 值的要求有差别。一般而言，社会经济领域相关问题研究中面临的影响因素众多，影响方向不确定，问卷中设计的题项很难包括对研究对象产生影响的全部因素，因此，调查数据分析中 KMO 值大于 0.7，就可以通过因子分析进行相关研究。在样本数据的 KMO 值大于 0.7，各测量变量的成分系数大于 0.6 的情况下，调查问卷的结构效度就可以满足研究的要求。

(1) 协同创新主体分量表效度分析

使用 SPSS19.0 软件进行分析，对协同创新主体分量表进行 KMO 检验和 Bartlett 球形度检验，KMO 值为 0.747，Bartlett 球形度检验 χ^2 值为 384.491，显著性水平为 0.000<0.01，因此，调查数据可以做因子分析。结果如表 5-5 所示。

表 5-6 与表 5-7 分别反映了协同创新主体分量表的主成分提取结果和成分矩阵。从表中的数据可以看出，各测量变量的成分系数均大于 0.76，因此，可以确定协同创新主体分量表的结构效度较好。

表 5 – 5　协同创新主体 KMO 与 Bartlett 球形度检验结果

检验方法		检验结果
取样足够度的 Kaiser-Meyer-Olkin 度量		0.747
Bartlett 的球形度检验	近似卡方	362.422
	df	6
	Sig.	0.000

表 5 – 6　协同创新主体主成分提取

成分	初始特征值		
	总计	方差贡献率（%）	累积方差贡献率（%）
1	2.641	66.925	66.037
2	0.648	16.204	82.242
3	0.453	11.332	93.574
4	0.257	6.426	100.000

表 5 – 7　协同创新主体因子成分矩阵

变量	成分系数
X1	0.867
X2	0.834
X3	0.784
X4	0.762

（2）协同创新治理机制分量表效度分析

对协同创新治理机制分量表进行 KMO 检验和 Bartlett 球形度检验，KMO 值为 0.768，Bartlett 球形度检验 χ^2 值为 278.087，显著性水平为 $0.000 < 0.01$，调查数据可以做因子分析，见表 5 – 8。

表 5 – 9 与表 5 – 10 分别反映了协同创新治理机制分量表的主成分提取结果和成分矩阵。从表中数据可以看出，各测量变量的成分系数均大于 0.74，因此，可以确定协同创新治理机制分量表的结构效度较好。

表 5-8 协同创新治理机制 KMO 与 Bartlett 球形度检验结果

检验方法		检验结果
取样足够度的 Kaiser-Meyer-Olkin 度量		0.768
Bartlett 的球形度检验	近似卡方	278.087
	df	6
	Sig.	0.000

表 5-9 协同创新治理机制主成分提取

成分	初始特征值		
	总计	方差贡献率（%）	累积方差贡献率（%）
1	2.498	62.456	62.456
2	0.616	15.399	77.855
3	0.530	13.239	91.094
4	0.356	8.907	100.000

表 5-10 协同创新治理机制因子成分矩阵

变量	成分系数
X5	0.788
X6	0.855
X7	0.772
X8	0.742

（3）协同创新环境分量表效度分析

对协同创新环境分量表进行 KMO 检验和巴特利特球形度检验，KMO 值为 0.817，Bartlett 球形度检验 χ^2 值为 946.098，显著性水平为 0.000 < 0.01，调查数据可以做因子分析，如表 5-11 所示。

表 5-12 与表 5-13 分别反映了协同创新环境分量表的主成分提取结果和成分矩阵。从表中的数据可以看出，除 X13 测量变量的成分系数为 0.713，其余各测量变量的因子载荷数值均大于 0.81。因此，可以确定协同创新环境分量表的结构效度较好。

表 5-11 协同创新环境 KMO 与 Bartlett 球形度检验结果

检验方法		检验结果
取样足够度的 Kaiser-Meyer-Olkin 度量		0.817
Bartlett 的球形度检验	近似卡方	946.098
	df	15
	Sig.	0.000

表 5-12 协同创新环境主成分提取

成分	初始特征值		
	总计	方差贡献率（%）	累积方差贡献率（%）
1	3.979	66.313	66.313
2	0.760	12.662	78.975
3	0.627	10.454	89.428
4	0.316	5.266	94.695
5	0.189	3.148	97.843
6	0.129	2.157	100.000

表 5-13 协同创新环境因子成分矩阵

变量	成分系数
X9	0.812
X10	0.866
X11	0.847
X12	0.865
X13	0.713
X14	0.832

（4）协同创新网络分量表效度分析

对协同创新网络分量表进行 KMO 检验和 Bartlett 球形度检验，KMO 值为 0.830，Bartlett 球形度检验 χ^2 值为 399.090，显著性水平为 $0.000<0.01$，调查数据可以做因子分析，见表 5-14。

表 5-14　协同创新网络 KMO 与 Bartlett 球形度检验结果

检验方法		检验结果
取样足够度的 Kaiser-Meyer-Olkin 度量		0.830
Bartlett 的球形度检验	近似卡方	399.090
	df	10
	Sig.	0.000

表 5-15 与表 5-16 分别反映了协同创新网络特征分量表的主成分提取结果和成分矩阵。从表中的数据可以看出，除测量变量 X15 的成分系数为 0.706，其余各测量变量的成分系数均大于 0.75，符合因子分析的条件。因此，可以确定协同创新网络分量表的结构效度较好。

表 5-15　协同创新网络主成分提取

成分	初始特征值		
	总计	方差贡献率（%）	累积方差贡献率（%）
1	2.986	59.717	59.717
2	0.696	13.913	73.630
3	0.528	10.570	84.200
4	0.440	8.804	93.004
5	0.350	6.996	100.000

表 5-16　协同创新网络因子成分矩阵

变量	成分系数
X15	0.706
X16	0.829
X17	0.809
X18	0.759
X19	0.781

（5）协同创新绩效分量表效度分析

对协同创新绩效分量表进行 KMO 检验和 Bartlett 球形度检验，KMO 值为 0.702，大于 0.7，Bartlett 球形度检验 χ^2 值为 188.163，显著性水平为 $0.000<0.01$，调查数据可以做因子分析，见表 5-17。

表 5-17 协同创新绩效 KMO 与 Bartlett 球形度检验结果

检验方法		检验结果
取样足够度的 Kaiser-Meyer-Olkin 度量		0.702
Bartlett 的球形度检验	近似卡方	188.163
	df	3
	Sig.	0.000

表 5-18 与表 5-19 分别反映了协同创新绩效分量表的主成分提取结果和成分矩阵。从表中的数据可以看出，各测量变量的成分系数均大于 0.82，符合因子分析的条件。因此，可以确定协同创新绩效分量表的结构效度较好。

表 5-18 协同创新绩效主成分提取

成分	初始特征值		
	总计	方差贡献率（%）	累积方差贡献率（%）
1	2.087	69.566	69.766
2	0.482	16.063	85.629
3	0.431	14.1371	100.000

表 5-19 协同创新绩效因子成分矩阵

变量	成分系数
Y1	0.830
Y2	0.846
Y3	0.825

综上所述，五个调查量表的 KMO 值均大于 0.7，适合进行因子分析，且各测量变量的成分系数都大于 0.7 且均达到显著，说明该调查问卷的结构效度良好。

第三节　回归模型的拟合与检验

研究中，利用主成分分析方程将衡量协同创新绩效的三个变量技术创新的流动壁垒、技术创新扩散与转移、技术创新成果转化与应用综合成一个主成分，计算协同创新绩效的主成分值，将其作为被解释变量，将协同创新主体、协同创新治理机制、协同创新环境、协同创新网络的各个子变量作为解释变量，运用多元回归来检验假设是否成立。根据判定系数 R^2 来检验拟合优度，R^2 越大，表示模型中能够被影响因素解释的部分的比例越大；根据 F 检验结果，对整个回归方程线性关系的显著性进行检验；根据 t 检验结果，考察每个自变量对因变量线性影响是否显著，如果检验的 P 值小于给定的显著性水平（一般为 0.05），则可判定相关因素的影响在统计上是显著的。

一　协同创新主体各子变量与协同创新绩效关系检验

（1）实证分析过程

本研究采用多元线性回归分析法研究协同创新主体各子变量与协同创新绩效的关系，选用逐步回归法进行变量的筛选，直到最后方程内所有变量的显著性均小于 0.05，得到有效的线性回归方程。

将协同创新绩效的主成分值作为被解释变量 Y，创新资源互补性 X1、战略目标协同性 X2、企业文化兼容性 X3、外部关系特征 X4 为解释变量。逐步回归分析的结果显示，四个自变量对因变量的影响均显著。最终具体分析结果如表 5-20、表 5-21、表 5-22 所示。

表 5-20　模型汇总

模型	R	R²	调整的 R²	估计标准误差
1	0.796ª	0.634	.627	1.32997

a. 解释变量：（常量），X4，X2，X3，X1。

表 5-21　方差分析

模型	变差来源	平方和	df	均方	F	Sig.
1	回归	682.464	4	170.616	96.458	.000ª
	残差	394.445	223	1.769		
	总计	1076.909	227			

a. 解释变量：（常量），X4，X2，X3，X1。
b. 被解释变量：Y。

表 5-22　回归系数

模型		非标准化系数		标准化系数	t	Sig.
		B	标准误差	Beta		
1	常量	1.748	.431		4.059	.000
	X1	.599	.124	.309	4.832	.000
	X2	.375	.123	.187	3.062	.002
	X3	.507	.148	.178	3.422	.001
	X4	.556	.095	.300	5.852	.000

a. 被解释变量：Y。

（2）实证结果分析

表 5-20 显示，回归方程的复合相关系数为 0.796，调整的判定系数 R^2 为 0.627，说明家具产业集群协同创新绩效变动的 62.7% 可以用创新资源互补性、战略目标协同性、企业文化兼容性、外部关系特征 4 个因素的变化来解释。表 5-21 显示，方差分析的 F 值为 96.458，显著性水平为 0.000，满足线性关系假设前提要求。由表 5-22 可得，最终的回归方程为：

$$\hat{Y} = 1.748 + 0.599X1 + 0.375X2 + 0.507X3 + 0.556X4$$

X1、X2、X3、X4 各变量的偏回归系数的 P 值均小于给定的显著性水平 0.05。因此，集群协同创新资源互补性、战略目标协同性、企业文化兼容性、外部关系特征对家具产业集群协同创新绩效均有显著正影响，假设 1a、假设 1b、假设 1c 和假设 1d 均得到验证。

二 协同创新治理机制各子变量与协同创新绩效关系检验

(1) 实证分析过程

协同创新治理机制各子变量与协同创新绩效关系的研究，将协同创新绩效的主成分值作为被解释变量 Y，将风险分担机制 X5、创新利益分配机制 X6、激励机制 X7、约束机制 X8 定为解释变量。逐步回归的筛选结果显示，四个变量对集群协同创新绩效的影响均显著。最终分析结果如表 5-23、表 5-24、表 5-25 所示。

表 5-23 模型汇总

模型	R	R^2	调整的 R^2	估计标准误差
1	0.740[a]	0.547	.539	1.47848

a. 解释变量：(常量)，X8、X5、X7、X6。

表 5-24 方差分析

模型	变差来源	平方和	df	均方	F	Sig.
1	回归	589.451	4	147.363	67.415	.000[a]
	残差	487.458	223	2.186		
	总计	1076.909	227			

a. 解释变量：(常量)，X8、X5、X7、X6。
b. 被解释变量：Y。

(2) 实证结果分析

表 5-23 显示，回归方程的复合相关系数为 0.740，调整的判定

表 5-25　回归系数

模型		非标准化系数		标准化系数	t	Sig.
		B	标准误差	Beta		
1	常量	1.190	0.529		2.250	0.025
	X5	0.614	0.153	0.235	4.011	0.000
	X6	0.621	0.181	0.219	3.430	0.001
	X7	0.321	0.146	0.123	2.198	0.029
	X8	0.980	0.152	0.353	6.423	0.000

a. 被解释变量：Y。

系数 R^2 为 0.539，说明家具产业集群协同创新绩效变动的 53.9% 可以用风险分担机制、创新利益分配机制、激励机制、约束机制 4 个因素的变化来解释。表 5-24 显示，方差分析的 F 值为 67.415，显著性水平为 0.000，满足线性关系假设前提要求。由表 5-25 可得，最终的回归方程为：

$$\hat{Y} = 1.190 + 0.614X5 + 0.621X6 + 0.321X7 + 0.980X8$$

X5、X6、X7、X8 各变量的偏回归系数的 P 值均小于给定的显著性水平 0.05。因此，集群协同创新的风险分担机制、创新利益分配机制、激励机制、约束机制对家具产业集群协同创新绩效均有显著正影响，假设 2a、假设 2b、假设 2c 和假设 2d 均得到验证。

三　协同创新环境各子变量与协同创新绩效关系检验

（1）实证分析过程

协同创新环境各子变量与协同创新绩效关系的研究，将协同创新绩效的主成分值作为被解释变量 Y，将市场基础条件 X9、政府科技政策 X10、中介机构服务 X11、金融机构服务 X12、家具协会服务 X13、高校及科研院所 X14 定为解释变量。逐步回归分析的结果显示，市场基础条件、政府科技政策、高校及科研院所、家具协会服务四个变量对协同创新绩效的影响均显著，而中介机构服务、金融机构服务两个变量对协同创新绩效有显著正影响的假设未能得到证实。分析结果如表5-26、表5-27、表5-28所示。

表5-26　模型汇总

模型	R	R^2	调整的R^2	估计标准误差
1	0.773[a]	0.598	.591	1.39315

a. 解释变量：(常量)，X13，X14，X9，X10。

表5-27　方差分析

模型	变差来源	平方和	df	均方	F	Sig.
1	回归	644.095	4	161.024	92.965	.000[a]
	残差	432.813	223	1.941		
	总计	1076.909	227			

a. 解释变量：(常量)，X13，X14，X9，X10。
b. 被解释变量：Y。

表5-28　回归系数

模型		非标准化系数		标准化系数	t	Sig.
		B	标准误差	Beta		
1	常量	1.266	0.477		2.656	0.008
	X9	0.687	0.154	0.242	4.468	0.000
	X10	0.488	0.226	0.175	2.158	0.032
	X13	0.412	0.208	0.148	1.980	0.048
	X14	0.822	0.103	0.395	7.973	0.000

a. 被解释变量：Y。

(2) 实证结果分析

表5-26显示，回归方程的复合相关系数为0.773，调整的判定系数R^2为0.591，说明家具产业集群协同创新绩效变动的59.1%可以用市场基础条件、政府科技政策、高校及科研院所、家具协会服

务等 4 个因素的变化来解释。表 5-27 显示，方差分析的 F 值为 92.965，显著性水平为 0.000，满足线性关系假设前提要求。由表 5-28 可得，最终的回归方程为：

$$\hat{Y} = 1.266 + 0.687X9 + 0.488X10 + 0.412X13 + 0.822X14$$

X9、X10、X13、X14 各变量的偏回归系数的 P 值均小于给定的显著性水平 0.05。因此，市场基础条件、政府科技政策、高校及科研院所、家具协会服务对家具产业集群协同创新绩效均有显著正影响，假设 3a、假设 3b、假设 3e 和假设 3f 均得到验证。

四 协同创新网络各子变量与协同创新绩效关系检验

（1）实证分析过程

协同创新网络各子变量与协同创新绩效关系的研究，将协同创新绩效的主成分值作为被解释变量 Y，解释变量定为资源异质性 X15、协同关系异质性 X16、合作关系紧密性 X17、网络结构异质性 X18、协作方式异质性 X19。逐步回归分析的结果显示，资源异质性、协同关系异质性、网络结构异质性、协作方式异质性 4 个变量对集群协同创新绩效的影响均显著。具体分析结果如表 5-29、表 5-30、表 5-31 所示。

表 5-29 模型汇总

模型	R	R^2	调整的 R^2	估计标准误差
1	0.711[a]	0.506	.495	1.54844

a. 解释变量：(常量)，X16，X19，X15，X18。

表 5-30 方差分析

模型	变差来源	平方和	df	均方	F	Sig.
1	回归	534.469	4	133.617	54.931	.000[a]
	残差	542.439	222	2.432		

续表

模型	变差来源	平方和	df	均方	F	Sig.
	总计	1076.909	227			

a. 解释变量：（常量），X16，X19，X15，X18。
b. 被解释变量：Y。

表 5-31 回归系数

模型		非标准化系数		标准化系数	t	Sig.
		B	标准误差	Beta		
1	常量	1.525	0.561		2.718	0.007
	X15	0.611	0.155	0.219	3.930	0.000
	X16	0.549	0.141	0.242	3.889	0.000
	X18	0.629	0.172	0.218	3.663	0.000
	X19	0.636	0.176	0.224	3.607	0.000

a. 被解释变量：Y。

（2）实证分析结果

表 5-29 显示，回归方程的复合相关系数为 0.711，调整的判定系数 R^2 为 0.495，说明家具产业集群协同创新绩效变动的 49.5% 可以用资源异质性、协同关系异质性、网络结构异质性、协作方式异质性 4 个因素的变化来解释。表 5-30 显示，方差分析的 F 值为 54.931，显著性水平为 0.000，满足线性关系假设前提要求。由表 5-31 可得，最终的回归方程为：

$$\hat{Y} = 1.525 + 0.611X15 + 0.549X16 + 0.629X18 + 0.636X19$$

X15、X16、X18、X19 各变量的偏回归系数的 P 值均小于给定的显著性水平 0.05。因此，资源异质性、协同关系异质性、网络结构异质性、协作方式异质性对家具产业集群协同创新绩效均有显著正影响，假设 4a、假设 4b、假设 4d 和假设 4e 均得到验证。

第四节 结构方程模型的拟合与检验

本研究涉及家具产业集群协同创新主体、协同创新网络、协同治理机制、协同创新环境四个一级自变量，以及协同创新绩效一个因变量，属于多变量分析范畴，且需要分析各变量之间的相互影响模式，适合使用结构方程进行分析。各一级变量均属于不可观测的潜变量，运用结构方程模型可以同时对显变量、潜变量及误差之间的关系进行分析，探讨各变量之间的相互影响。

一般情况下，在对潜变量之间的关系进行假设检验之前，需要对结构方程模型中的测量方程进行评价，分析潜在变量与可观测指标之间的关系。具体的评价方法就是验证性因子分析，前一节回归分析发现，变量 X11、X12、X17 未通过显著性检验。

一 初始模型的构建

在前文分析的基础上，初步构建家具产业集群协同创新的协同创新主体、协同创新网络、协同创新治理机制、协同创新环境与协同创新绩效的结构方程模型，如图 5-2 所示。

二 结构方程模型初步估计与分析

使用 AMOS 20.0 对结构方程模型的拟合度和研究假设的路径进行检验，初始假设模型拟合度指标和路径系数如表 5-32、表 5-33、图 5-3 所示。

根据表 5-32 可以看出，此模型中的 RMSEA 为 $0.108 > 0.1$，AGFI 为 $0.709 < 0.9$，χ^2/df 为 $7.814 > 5$，这三个指标不符合判定标准，说明初始结构方程模型的设定并不理想，需进一步修正。

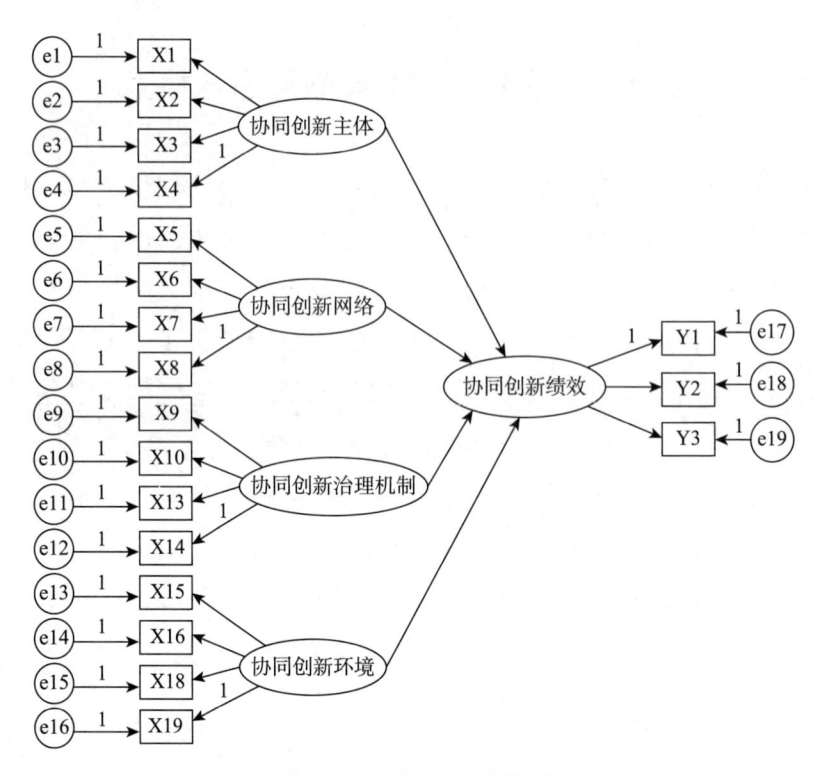

图 5-2 初始假设模型

表 5-32 初始假设模型拟合度指标

衡量指标	研究结果		评价标准	评价结果
绝对拟合度指标	GFI	0.907	>0.9，越接近1越好	是
	RMR	0.034	<0.05，越接近0越好	是
	RMSEA	0.108	<0.1，越接近0越好	否
	AGFI	0.709	>0.9，越接近1越好	否
增值拟合度指标	NFI	0.510	越接近1越好	是
	CFI	0.531	越接近1越好	是
	IFI	0.534	越接近1越好	是
精简拟合度指标	PNFI	0.544	>0.5，越大越好	是
	PCFI	0.502	>0.5，越大越好	是
	χ^2/df	7.814	<5，越小越好	否

表5-33 初始假设模型非标准化路径系数

路径			Estimate	S.E.	C.R.	P
协同创新绩效	←	协同创新主体	.639	.107	5.980	***
协同创新绩效	←	协同创新网络	.649	.153	4.245	***
协同创新绩效	←	协同创新治理机制	.337	.104	3.233	.001
协同创新绩效	←	协同创新环境	-.046	.145	1.315	.053
X4	←	协同创新主体	1.000			
X3	←	协同创新主体	.667	.078	8.538	***
X2	←	协同创新主体	1.190	.126	9.415	***
X1	←	协同创新主体	1.312	.135	9.707	***
X8	←	协同创新网络	1.000			
X7	←	协同创新网络	1.052	.134	7.855	***
X6	←	协同创新网络	1.264	.139	9.085	***
X5	←	协同创新网络	1.222	.147	8.313	***
X14	←	协同创新治理机制	1.000			
X13	←	协同创新治理机制	.892	.111	8.002	***
X10	←	协同创新治理机制	1.056	.079	13.370	***
X9	←	协同创新治理机制	.794	.078	10.175	***
X19	←	协同创新环境	1.000			
X18	←	协同创新环境	.883	.105	8.422	***
X16	←	协同创新环境	1.256	.146	8.600	***
X15	←	协同创新环境	.784	.102	7.709	***
Y1	←	协同创新绩效	1.000			
Y2	←	协同创新绩效	.732	.064	11.351	***
Y3	←	协同创新绩效	.897	.086	10.393	***

注：***代表P值<显著性水平0.001，**代表P值<显著性水平0.01。

表5-33的模型拟合结果显示，除协同创新绩效←协同创新环境的P值0.053>0.05之外，其余的路径系数均在P<0.05水平上具有显著性，并且绝大多数变量的路径系数在0.001显著水平上，具有统计上的显著性。

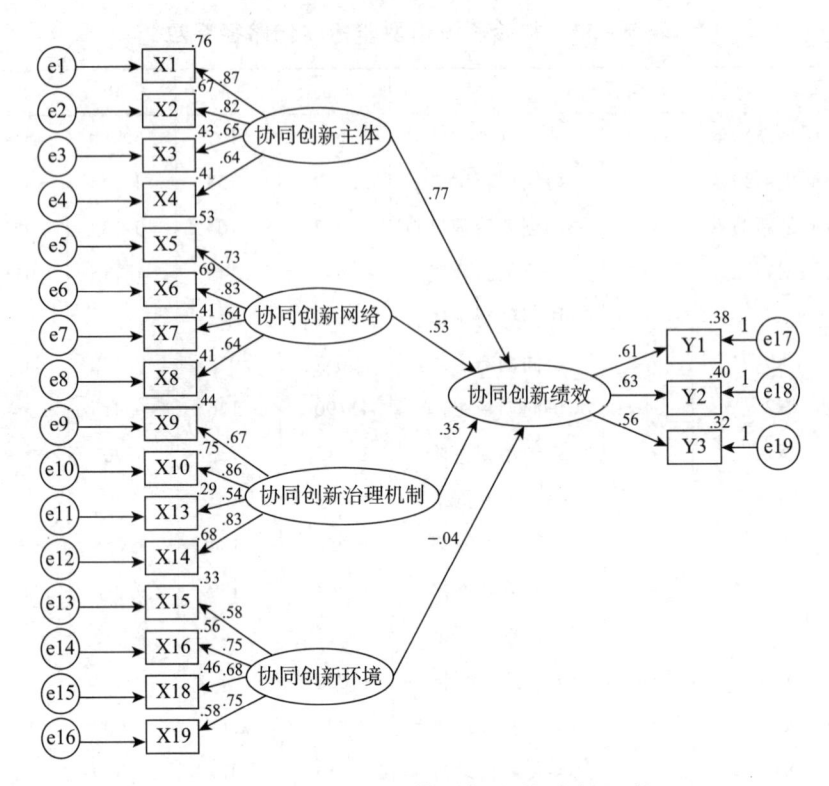

图 5-3 初始假设模型标准化路径系数

三 模型修正与检验

一般情况下如果模型拟合效果不理想，需要根据初始模型的显著性检验结果，运用结构方程模型提供的修正指标（MI）进行模型扩展，或使用临界比率（CR）进行模型限制。模型扩展是指通过释放部分限制路径或添加新路径，使模型结构更加合理；模型限制是指剔除初始模型中统计上不显著的路径，使模型结构更加清晰。

根据初始假设模型修正指标结果，路径"e1—e2""e3—e9""e8—e10""e12—e10""e12—e14"的修正指标值 MI 较大，原先的初始模型假定指标相互之间没有关系，现在重新设定指标相互之间有共变关系，模型修正后如图 5-4 所示。

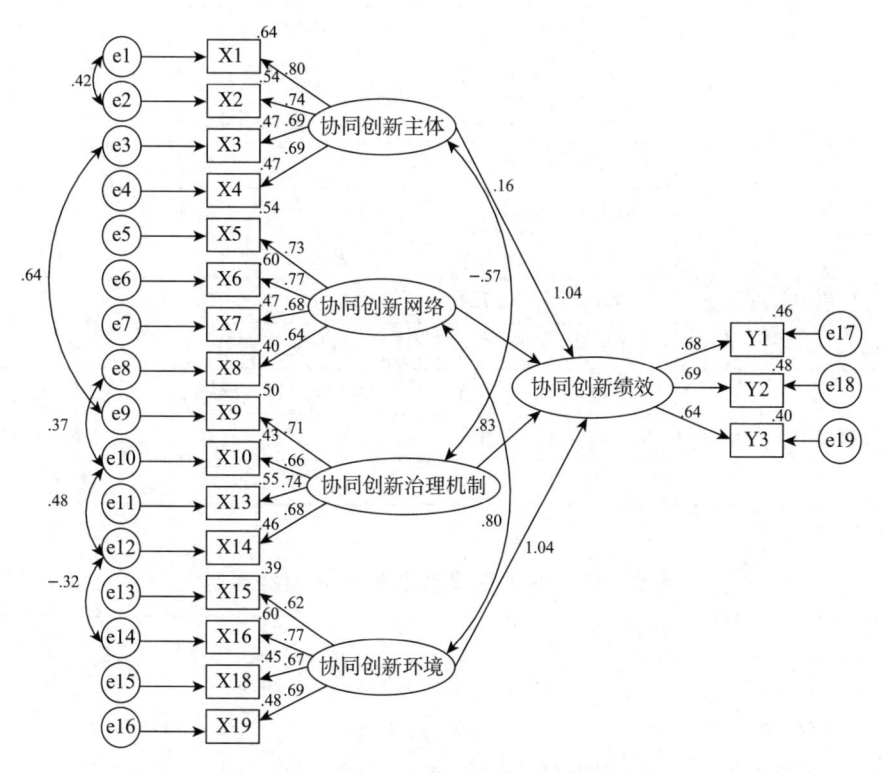

图 5-4 修正后模型标准化路径系数

对修正模型的拟合度和路径系数分析的结果如表 5-34、表 5-35 所示。从表 5-34 中可以看出，修正模型绝大多数评价指标均已优化，达到较好的评价标准，GFI 和 χ^2/df 也有较大改变，基本接近临界值。可见，修正后的模型拟合效果良好，路径系数没有明显的恶化，检验结果表现良好。因此，确定修正后的模型为最终模型。最终的结构方程模型中，各一级变量的路径系数中，除了"协同创新绩效←协同创新网络"变量之间路径不显著，其他路径关系均显著。分别是"协同创新绩效←协同创新主体""协同创新绩效←协同治理机制""协同创新绩效←协同创新环境"。

表 5-34　修正后模型拟合度指标

衡量指标	研究结果		评价标准	评价结果
绝对拟合度指标	GFI	0.899	>0.9，越接近 1 越好	接近
	RMR	0.047	<0.05，越接近 0 越好	是
	RMSEA	0.049	<0.1，越接近 0 越好	是
	AGFI	0.908	>0.9，越接近 1 越好	是
增值拟合度指标	NFI	0.740	越接近 1 越好	是
	CFI	0.722	越接近 1 越好	是
	IFI	0.774	越接近 1 越好	是
精简拟合度指标	PNFI	0.615	>0.5，越大越好	是
	PCFI	0.641	>0.5，越大越好	是
	χ^2/df	5.012	<5，越小越好	接近

表 5-35　修正后模型非标准化路径系数

路径			Estimate	S.E.	C.R.	P
协同创新绩效	←	协同创新主体	.146	0.07	2.015	.045
协同创新绩效	←	协同创新网络	-.851	.413	-1.660	.097
协同创新绩效	←	协同创新治理机制	1.142	.370	3.087	.002
协同创新绩效	←	协同创新环境	1.111	.444	2.504	.012
X4	←	协同创新主体	1.000			
X3	←	协同创新主体	.650	.067	9.708	***
X2	←	协同创新主体	.997	.097	10.276	***
X1	←	协同创新主体	1.122	.101	11.088	***
X8	←	协同创新网络	1.000			
X7	←	协同创新网络	1.148	.128	8.970	***
X6	←	协同创新网络	1.197	.121	9.882	***
X5	←	协同创新网络	1.254	.134	9.367	***
X14	←	协同创新治理机制	1.000			
X13	←	协同创新治理机制	1.448	.142	10.195	***
X10	←	协同创新治理机制	.931	.072	12.861	***
X9	←	协同创新治理机制	1.006	.102	9.825	***

续表

路径			Estimate	S. E.	C. R.	P
X19	←	协同创新环境	1.000			
X18	←	协同创新环境	.945	.099	9.501	***
X16	←	协同创新环境	1.414	.131	10.823	***
X15	←	协同创新环境	.914	.104	8.757	***
Y1	←	协同创新绩效	1.000			
Y2	←	协同创新绩效	.731	.065	11.236	***
Y3	←	协同创新绩效	.901	.087	10.361	***

注：***代表P值<显著性水平0.001，**代表P值<显著性水平0.01。

四 实证分析结果

在对家具产业集群协同创新绩效影响因素进行回归分析的基础上，建立结构方程模型分析各变量间的相互关系，并对提出的初始模型进行验证和修正。从分析结果可以看出，研究假设大部分得到证实。实证检验结果汇总如表5-36所示。

表5-36 家具产业集群协同创新绩效影响因素假设检验结果

假设	假设内容	验证结果
假设1	协同创新主体间的关系与家具产业集群协同创新绩效存在相关关系	通过
假设1a	协同创新主体的创新资源互补性与家具产业集群协同创新绩效存在正相关关系	通过
假设1b	协同创新主体的战略目标协同性与家具产业集群协同创新绩效存在正相关关系	通过
假设1c	协同创新主体的文化兼容性与家具产业集群协同创新绩效存在正相关关系	通过
假设1d	协同创新主体的社会网络与家具产业集群协同创新绩效存在正相关关系	通过
假设2	协同创新治理机制与家具产业集群协同创新绩效存在相关关系	通过

续表

假设	假设内容	验证结果
假设 2a	风险分担机制与家具产业集群协同创新绩效存在正相关关系	通过
假设 2b	利益分配机制与家具产业集群协同创新绩效存在正相关关系	通过
假设 2c	激励机制与家具产业集群协同创新绩效存在正相关关系	通过
假设 2d	约束机制与家具产业集群协同创新绩效存在正相关关系	通过
假设 3	协同创新环境与家具产业集群协同创新绩效存在相关关系	通过
假设 3a	市场基础条件与家具产业集群协同创新绩效存在正相关关系	通过
假设 3b	政府科技政策与家具产业集群协同创新绩效存在正相关关系	通过
假设 3c	中介机构服务与家具产业集群协同创新绩效存在正相关关系	未通过
假设 3d	金融机构服务与家具产业集群协同创新绩效存在正相关关系	未通过
假设 3e	高校及科研院所的参与与家具产业集群协同创新绩效存在正相关关系	通过
假设 3f	家具协会服务与家具产业集群协同创新绩效存在正相关关系	通过
假设 4	协同创新网络与家具产业集群协同创新绩效存在相关关系	未通过
假设 4a	协同创新网络资源异质性与家具产业集群协同创新绩效存在正相关关系	通过
假设 4b	协同创新网络协同关系异质性与家具产业集群协同创新绩效存在正相关关系	通过
假设 4c	协同创新网络合作关系紧密性与家具产业集群协同创新绩效存在正相关关系	未通过
假设 4d	协同创新网络结构异质性与家具产业集群协同创新绩效存在正相关关系	通过
假设 4e	家具产业集群创新协作方式异质性与协同创新绩效存在正相关关系	通过

综上，本研究首先单独运用多元回归分析验证了家具产业集群协同创新主体、协同创新网络、协同创新治理机制、协同创新环境四个变量的二级观察指标对于协同创新绩效的影响，发现中介机构服务、金融机构服务、协同创新网络合作关系紧密性对协同创新绩效的影响不显著。其次，运用结构方程模型验证四个自变量对协同创新绩效的作用机制，发现除了协同创新网络之外，协同创新主体、协同创新治理机制、协同创新环境对协同创新绩效的作用显著。

第六章　山东省家具产业集群发展状况及协同创新绩效评价

山东家具产业经过多年的发展，拥有 28 个特色产业集群，产业集聚水平较高，但产业集群内中小企业居多，高端设计人才缺乏，技术研发力量薄弱，产品品牌影响力较弱，集群协同创新能力较低。在对家具产业集群协同创新状况进行实地调研的基础上，评价其协同创新绩效，找出影响创新绩效的关键因素，可为制定提高家具产业集群协同创新绩效的策略提供依据。

第一节　山东省家具产业集群发展概况

"十二五"期间，山东省家具行业投资不断扩大，民营企业迅速崛起，行业生产总规模快速扩张，形成了多层次、多渠道的家具流通体系，家具出口额持续增长。龙头企业在行业发展中的引领作用不断加强，实木家具、软体家具、人造板加工及木工机械设备的品牌影响力持续扩大。2017 年山东省拥有家具企业 4500 余家，实现主营业务收入 1713 亿元，同比增长 8.2%，其中规模以上企业主营业务收入排名全国第二位；家具出口额 27.75 亿美元，同比增长 5.37%，居全国第五位。

2016 年 1 月发布的《山东省 136 个特产经济区域和特色产业集群名单》显示，山东省家具行业共有 28 个特产经济区域和特色产集群，分布在山东省的 12 个地市，其中，聊城市（5 个）、淄博市（4 个）、菏泽市（4 个）、潍坊市（3 个）等地市中小家具企业集群较多，宁津、阳信、胶西、周村的产业集群影响力较大。2018 年全国 50 个国家级家具产业集群，山东拥有 4 个：中国实木家具之乡——宁津、中国古典家具文化产业基地——阳信、中国北方家具产业出口基地——胶西、中国软体家具产业基地——周村。同时，拥有中国板材之都——临沂及中国木工机械名城——青岛。

一 中国实木家具之乡——宁津

宁津的实木餐桌椅业发展始于 20 世纪 90 年代初，在政府的规划引导下，由小到大、由弱及强逐步发展成为全县的富民产业和支柱产业。目前，宁津已经发展成为海内外知名的实木家具研发制造基地。2004 年至 2017 年间先后被评为"中国桌椅之乡""中国家具十佳产业转移基地""山东实木家具产业基地""中国实木家具之乡"，获得"中国家具行业优秀产业集群""中国轻工业特色区域和产业集群创新升级示范区"等称号，从"中国桌椅之乡"到"中国实木家具之乡"，几个字的差别是对宁津家具产业在转型升级中做出努力的认可和鼓励，也是宁津家具行业影响力进一步提升的表现。"中国轻工业特色区域和产业集群创新升级示范区"的称号为宁津实木家具在国内外的市场推广和品牌宣传奠定了更坚实的基础。

宁津全县拥有劳动力 20 余万人，其中家具产业从业人员达 4.7 万人，这些人员大多数具备成熟的家具生产技术和经验。县内建有多所职业技术学校，拥有国家重点职业培训学校，并开设家具设计、雕刻等五个相关专业，每年可培训各类专业技术人才 1 万余人，为家具产业的发展奠定了人才基础。

宁津家具产业的主导产品已从单纯的餐桌餐椅，扩展到餐厅家具、卧房家具、客房家具、办公家具、酒店家具六大系列上千个品种。既有现代化的高档家具，又有大众化产品。宁津实木家具的用材也趋向多元化，橡木、榉木、楸木、榆木、桦木等各种材质的家具一应俱全。各种风格独特的实木家具也开始不断涌现，英式乡村、经典中式、中式后现代、中式古典、明清家具、欧式经典等从无到有、从小到大逐渐发展起来。在全国近千个大中小城市都可见到"宁津家具"的踪影，其中餐桌餐椅畅销国内20多个省市，在北方地区的市场占有率达到50%以上。同时，宁津的家具产品还远销欧美、韩国、澳大利亚、日本等30余个国家和地区。

宁津县家具龙头企业优势逐步凸显，县政府通过招商引资及培植本土企业，涌现出华日、美善、三江、宏发、德克、鸿源、汇丰、大亨等20余家龙头骨干企业。其中，大亨木业、宏发木业、名岳家具、三江木业被授予"山东省实木家具产业基地骨干企业"称号。该类企业均拥有强烈的发展欲望、清晰的发展思路及强劲的发展势头，且凭借着坚实的发展基础、优良的产品质量、稳定的客户资源，在日益激烈的市场中占有领先优势，走在家具市场的前列。

经过多年的发展，宁津家具产业已经形成了包括木材加工与经营、各种材质的"白茬"加工、金属塑料等家具配套零部件、涂料及油漆购销、成品烘干到产品销售等在内的产、供、销一体化的产业链。在这条完备的产业链中，有集设计、研发、生产、销售于一体的企业600多家，还有只生产一件产品甚至某件产品零部件的小企业、小加工业户2400多家。同时，围绕家具生产又衍生出一系列家具原辅料供应商，形成了规模庞大的木（板）材供应市场，仅张大庄镇就有100多家木材板材经销户，年经销量超百万立方米。宁津县政府出资建立家具行业技术服务中心、省级木制家具检验中心，为集群企业提供技术指导和检测服务，有效解决了家具企业外出送检难、费用高、耗时长等问题。县财政每年拨付一定量的专项资金（超200万元）用于企业重大科研项目研发、科技成果转化及新产品研发、试制，有效推动了集群技术创新活动的开展。在政府政策的扶持下，部分龙头企业建立了企业技术研发中心，积极开展技术创新活动，并将获得的科研成果积极申报专利技术，取得了可观的经济利润。

宁津县委、县政府结合全县产业发展规划建成集家具展销、设计研发、检测、创新创业于一体的"五中心一平台"，即实木家具博览中心、省级木质家具检测中心（宁津分中心）、省级家具行业技术服务中心（宁津分中心）、宁津县家具产业创新创业中心、宁津家具产业电子商务中心、宁津县家具产业信息化服务平台（与国家知识产权局联合建设）。总建筑面积约14万平方米，总投资约2.6亿元，计划分三期建设。

目前宁津县家具产业创新创业中心——宁津县家具梦工场，已经全面建设完成。梦工场围绕家具产业转型升级，积极引进研发设计、私人订制、电子商务等方面的机构、企业和人才，在产品设计、营销方式、营销渠道等方面进行创新，使其成为集创新创业、研发设计、精品展示、高端营销于一体的创新龙头，有效地整合了家具行业技术资源，建立以企业为中心的行业技术创新体系，进一步提高了宁津县家具产业的创新能力。

2015年宁津新规划家具产业园区及五大专业镇家具产业园，凭借优越的地理位置和政府的支持，开始全方位承接京津冀家具产业转移和辐射，成为德州对接京津冀家具产业转移的"桥头堡"，在推进传统特色产业转型升级、实现新旧动能转换的过程中，走出了一条特色优势发展、科技创新发展、绿色生态发展、协同共享发展、政府主导发展的道路，以其自身的综合发展力、资源集聚力和行业影响力，在各个轻工行业中扮演着日益重要的角色。

二 中国古典家具文化产业基地——阳信

阳信县水落坡镇有125个行政村，其中37个村庄从事古典家具产业，形成了民间收藏以及古典家具收购、加工等村庄集群。阳信县水落坡镇收购、加工古典家具萌发于20世纪60年代，特别是改革开放初期，随着经济社会的不断发展，水落坡镇民间文化品收藏者走出家门、县域，收集具有地域风情的民间文化藏品，并对收购的古典家具进行修缮、加工，足迹遍布全国各地，古典家具研究的视野不断拓宽，产业发展能力进一步增强。近年来，古家具、仿古家具产品占据了北京、上海仿古家具的"半壁江山"。阳信县的古家具市场已形成购买→修复→仿制→销售联动模式，成为全国最大的古家具加工、存储、销售集散地。产品已销往北京、上海、广州等大城市，以及欧美、韩国、日本、新加坡等国家。2010年2月，在政府积极引导下，成立了山东阳信古典家具协会，通过企业的市场化运作，建立了阳信县民俗文化产业园，有力推动了该地区民俗文化产业的快速健康发展。产业园以鼎龙、意象、盘古、桃源、克莱斯克、昊天、中国印象等8家规模较大的龙头企业为中心，入驻商户385家，已基本上形成了以鼎龙红木、盘古古玩收藏、意象欧美家具、昊天日韩家具为一体的生产经营体系，通过协会和产业园可以实现古家具行业统购、统销、共享信息，提高产业发展的科技含量，带动阳信县经济的快速发展。

目前，阳信县民俗产业园在8家龙头企业的带动下，吸引了鲁木匠、克復轩、阳信大唐等其他实力企业竞相发展，形成了仓储、物流、加工、运输等一系列较为完善的产业链条，由主要生产仿古家具，发展为包括木雕、石刻、古玩、字画等民间收藏在内的规模较大的家具产业集群。其中，山东鼎龙民俗文化传播有限公司由美国麦瑞公司与北京鲁艺文君古家具有限公司共同出资组建，注册资金2000万元人民币，总投资2亿元人民币，该公司被确定为2010年全省100家重点拉动内需发展企业之一，是国内较大的集产品设计、研发、生产、收集、鉴赏、展销于一体的集散地。业务推广至美、法、德、英、西班牙等30多个国家和地区，并在国外设有10

多个办事处和销售网点。

阳信县水落坡镇古典家具产业生产基地，规划建设成为以中国传统家具的设计、生产、展览、交易、旅游为主体，具有国际影响力的中国传统家具产业生产基地，是中国传统家具的生产和展示中心，传统家具文化的形象中心，同时也是综合性低碳型的现代产业生产基地。古典家具这一带有浓厚中国文化特色的产品，将家具业与旅游业紧密结合，不仅带动当地人致富，也让水落坡成了声名远扬的文化旅游重镇。

三　中国北方家具出口基地——胶西

中国北方家具出口基地——胶西，毗邻胶州市西侧，与城区紧密相连，处青岛半小时经济圈，是胶州市城市总体规划的组团镇之一，行政区域面积176.7平方公里，辖114个行政村庄，人口8.79万人，人口数、村庄数均居胶州市首位，面积居第二，也是胶州市唯一一个城郊镇。胶西先后获得了国家级环境优美城镇、中国现代农业示范镇、山东省一村一品示范镇、青岛市"一镇一业"示范镇称号，并且多次跻身于青岛市郊区经济二十强镇行列。

胶西镇工业园区基本按照路域带状发展，北至胶州路，沿西外环向南接朱诸路至赵家城献村，全长13公里，经过近十几年的打造提升，已形成钢结构生产、食品加工、木器家具生产、机械装备制造四个产业，点状分布在以西外环、朱诸路为轴线的五个工业聚集区内。为规范和支持园区内家具产业的发展，胶西镇与青岛商检局联合成立了"山东省家具出口安全监管示范区"，并设立了木制品检测中心（实验室），与东北林业大学设立全国第一家"家具职业培训学院"，并于2010年获得"青岛名牌家具产业园""山东家具（出口）产业基地"等称号。

目前，胶西镇共落户家具及配套企业170余家，其中规模以上生产企业26家，从业人员达到1.2万人，龙头企业主要有青岛一木、亦家、润篷、星宇、绿可、鸿运星等。未来的发展是在龙头企业的带领下，进一步整合木材物流、木制品贸易、家居用品生产等资源优势，不断延伸产业链条。主要发展方向有以下三方面。第一，基础配套做"实"。加大基础设施投入，建设集家居生产、家居研发、家居文化于一体的全业态高水平家居产业精品园区。第二，产业链条做"长"。5年内新增家具研发、生产、木工机械、油漆、包装、运输等相关配套企业30家，并形成低、中、高端家居梯次发展的新格局，使产业链条更加完善和优化，从业人数达到3万人。第三，发展空间做"广"。与俄罗斯贝加尔木材交易所合作设立"中俄木材市场"，与省、市家具协会合作开设"家具展销一条街"，与青岛木工机械协会合作设立"青岛木工机械展销市场"，与东北林业大学合作设立全国第一家"家具职业培训学院"。突出"精工细坊、传承匠心"的产业文化内涵，打造国家级特色"家居小镇"，以点带面实现经济社会发展新突破。

四　中国软体家具产业基地——周村

周村家具产业经过30多年的发展，形成了以金周沙发材料市场、木材市场为源头，以周村家具市场为龙头，以周村、邹平的4000余家原材料加工、沙发家具制造业户为主体，产、供、销一条龙的完整产业链条，成为周村重要的就业渠道、富民产业和支柱产业，2008年被山东省轻工业办公室授予"山东省家具产业基地"称号，2010年被山东省质量强省及名牌战略推进工作领导小组评为"山东省优质软体家具产品生产基地"。

周村家具市场属于典型的"生产基地+市场"类型，以本地产品批发为主，具有一定的价格优势。近年来，周村不断加大品牌建设力度，先后培育了凤阳、蓝天、福王、仇潍、升霞5个中国驰名商标，久久、腾飞、舒愿等8个山东省著名商标，涌现出了一批龙头骨干企业。周村软体家具流通市场在全国同行业中名列前茅，软体企业代表主要有凤阳、福王、蓝天、艺隆、康林、傲丽居、鑫尼斯、盛娜、布神、西夏公主、亨泰、枚萱、正泰等，原辅材料企业主要有恒富金属、豪艺椰棕、华达布艺等。凤阳、福王、蓝天三家企业获评"创建山东省优质产品生产基地龙头骨干企业"，被山东省经信委授予"山东沙发家具行业品牌建设示范企业十强"。蓝天沙发于2010年在全国同行业中首批通过中国环境标志认证。

随着红星美凯龙国际家居博览中心项目、山东五洲国际家居博览中心项目投入使用，市场面积和年交易额实现大幅提升。随着市场面积的逐年扩大，市场格局、产业布局日趋合理，产业分工越发细致，围绕周村家具业的材料、生产、检测、展销、培训、物流六大链条不断完善。2016年周村区家具产业已发展成全区的技术支柱产业，形成了集原材料供应、教育培训、物流配送于一体的产业集群，成为江北最大的软体家具生产基地，不断探索独具特色的家具产业集群发展之路。

五 中国板材之都——临沂

临沂市是我国四大人造板聚集区之一，被认定为国家林业工业园区。2015年临沂市被中国林产工业协会确认为"中国板材之都"，其木业产业历经了30多年发展，形成了较为完整的产业链条，现已成为全国最大的板材生产、出口和交易地。临沂市有板材加工企业1.8万多家，产品结构从单一的刨花板、纤维板、胶合板等逐渐变为建筑模板、高档家具板、多层胶合板等高中档系列，远销欧、美等25个国家和地区。2016年全市年加工木材4500万立方米，生产人造板3700万立方米，占全省人造板产量的50.6%，占全国人造板产量的12.3%，人造板出口占全国人造板出口量的40%，以人造板为主的林产工业总产值达到1301亿元，为全国人造板产业转型升级做出了示范。

但是，临沂市木业产业在发展中仍存在技术装备水平落后、骨干龙头企业匮乏、木业品牌影响力偏低、资源要素约束趋紧等短板，在新一轮产业新旧动能转换中受到较大的冲击。根据国家环保政策和山东省新旧动能转换的要求，临沂市坚持木业产业园区化、集群化、高端化、绿色化的发展方向，坚持因企施策，培优汰劣，推进木业产业转型升级；引导企业强化品牌塑造意识，强化以产招商，补链育群，提升企业品牌和区域品牌的影响力。

六 中国木工机械名城——青岛

青岛木工机械经过 30 多年的发展，在中国木工机械制造行业中，形成了特有的区域产业优势，在国内木工机械行业中处于举足轻重的地位。青岛是与长三角、广东顺德齐名的三大木工机械生产基地之一，2008 年获得首个"中国木工机械名城"称号。作为产业链的上游供应商，依托家具行业的快速发展，青岛市木工机械产业的产品类别和企业规模不断扩大，行业实力不断增强。截至 2018 年底，青岛木工机械产业集群有从事木工机械生产、销售和研发的单位 350 余家，从业人员约 2 万人，产业集群的年工业总产值约 50 亿元，年出口额 2 亿多美元，是名副其实的中国木工机械名城。产品覆盖了人造板机械、板式家具、实木家具、油漆涂装、除尘机械，能为用户提供整厂的自动化制造方案和设备。特别是砂光机领域，始终处于国内领先地位。

木工机械作为家具产业链上的重要一环，承载着家具产业技术升级的使命，家具企业工艺水平的提高、生产效率的提升、管理的优化都离不开木工机械设备及信息系统的支撑。木工机械与家具产业，互相引领、促进，共同发展。2016 年以来，山东省家具行业处于环保改造和转型升级的关键时期，家具行业对油改水和柔性化生产设备的要求也越来越高。青岛木工机械行业也随之加大研发力度，在环保节能和技术创新上提出了更高的要求，加大了油漆涂装设备和定制家居柔性化生产领域的研发力度，与山东省家具企业进行了紧密的交流和合作，努力满足家具企业的生产要求。

为了适应未来家具生产向自动化、柔性化和智能化的方向转型发展的需求，木工机械行业应适时地进行自动化、柔性化和智能化木工机械设备的研发，从而实现家具企业上下游之间的协同高质量发展。青岛木工机械产业集群中部分实力较强的企业，如青岛建诚伟业、青岛千川、青岛威特动力、青岛永强、青岛华顺昌等企业，适时调整发展战略，在高品质、精细化、差异化战略的指导下，不断加大自主创新的人才和资金投入，加强与家具龙头生产企业的联系，及时了解企业对设备性能和加工技术的需求，研发出自动化、数控家具生产线，通过软件控制生产设备，通过平台实现不同设备间的对接传递，让家具企业实现智能化、自动化生产，从而节省人工成本、提高木材利用率、提高加工效率、提升家具产品品质。目前这些企业已走上品牌化发展的轨道，以特色化产品和技术含量高的设备赢得市场主导地位，引领青岛市木工机械产业集群的创新发展之路。

第二节　山东家具产业集群发展的 SWOT 分析

一　山东家具产业集群发展的优势

山东省家具产业总体规模较大，产业集聚水平较高，龙头企业经营状况良好，有效带动了周围中小家具企业的发展。产业链的配套服务相对齐全，家具协会的优质服务推动了集群整体的发展进程。

（一）产业集聚优势

1988 年山东家具行业规模以上企业年总产值还不到 4 亿元，2018 年总产值已经突破了 1000 亿元。截至 2018 年底，山东省拥有 28 个特色家具类产业集群，拥有完善的家具产业链资源，形成了强大的产业配套优势，各区域产业结构向完善化、合理化方向发展。各地家具产业集群的发展对当地经济的发展起到重要的带动和促进作用，已成为部分地区经济的主导产业。

（二）龙头企业带动与辐射作用明显

山东省家具产业在长期的发展过程中，形成了大型龙头企业主导下的中小企业集群化发展的模式，青岛、济南、淄博、临沂、潍坊的龙头企业相对较多，对本地家具产业的发展有较强的带动与辐射作用。其中，青岛一木集团、烟台吉斯家具集团被评为中国家具行业领军企业，山东凤阳集团、淄博宝恩家私、青岛裕丰汉唐木业、青岛良木等12家企业被评为中国家具优秀企业，在全国有较大的影响力，拥有"中国驰名商标""山东省著名品牌家具""山东省林业产业龙头企业"等称号。许多处于成长期的家具企业成为山东家具产业发展的重要生力军，如山东木立信家具、济南喜来盈家具、恒久家具、金富通家具、大立华家具、青岛春诺家具等。

从整体来看，山东家具行业已经拥有一批具有较高知名度和影响力的品牌企业，产业规模较大，产品功能齐全，质量稳定可靠，企业整体创新能力较强，技术工艺水平相对先进，对周边的中小企业和配套企业具有较强的带动作用，形成了明显的产业集聚效应。此外，滕州的木门、临清市的老榆木家具、邹平的实木家具、蒙阴县的根雕、临朐县的钢制家具等产业也初具规模，形成了明显的产业集聚特征，在当地龙头企业的主导下，在地方政府的政策引导和扶持下，借助金融机构、资本市场等的大力支持，有望发展成新的产业集群，成为区域家具产业发展的经济增长点。

（三）配套产业体系相对完善

山东家具产品以实木家具和软体家具为主，从产业链视角分析，家具产品的种类不同，所对应的上游产业也不同。木制家具制造业的上游主要为木材加工业，所选木材的产地、品种会对家具的成本产生不同影响。床垫制造业的上游为钢材、新型材料、海绵和纺织等制造业，这些原材料市场化程度高，新材料、新技术的使用为床垫产品的创新奠定了良好基础。

山东家具生产的配套服务体系已初步建立，包括主要材料及辅料供应、木工机械供应、家具销售和仓储物流服务等。原材料市场主要供应各类木材、人造板材，临沂市是全国最大的板材生产、交易和出口基地，位居全国四大人造板生产基地之首，被誉为"中国板材之都"，也是全国第一批国家级出口木制品示范区，人造板出口货值占全国出口总值的40%以上，居全国第一位，产品畅销美洲、欧洲、非洲、东南亚等100多个国家和地区，木材和人造板专业市场为实木家具和板式家具的生产创造了有利条件。山东省家具原辅材料企业发展迅速，可以为家具生产提供涂料、油漆、金属及塑料配件、玻璃、不锈钢、贴面纸等，家具生产配套能力在全国处于领先水平。青岛的木工机械产业集群的发展为家具企业的自动化、智能化、环保化产品的生产提供了良好支撑，可以提供砂光机、封边机、拼板机、雕刻机、包覆机、油漆全自动喷涂线等系列产品，促进了家具企业的工艺改进和生产效率的提高。

家具制造行业的下游为各类销售终端，主要包括家具专卖市场、超市、实体店、展会等。以青岛为例，海博、富尔玛、青岛一木、百安居、美乐乐、高科园装饰城等，汇集高中低档产品，最大限度满足不同消费者需求。电商销售与线下体验店可以完美结合，青岛、济南、临沂的家具展汇集了来自国内外的优质产品和厂家，既为消费者提供了优质产品，也为定制家具行业的发展搭建了更广阔的市场平台，更大程度地满足了消费者的个性化、多元化需求。以日日顺家居服务有限公司为代表的物流服务公司，为家具的生产、销售提供全方位的服务（主要包括物流运输、仓储管理、配送安装、售后维修、代收货款等），搭好生产企业与消费者的沟通桥梁，为家具行业的最后一公里提供服务。

(四) 实木家具独具特色

山东省家具门类齐全，市场覆盖面广阔。实木家具、板式家具、软体家具、藤编家具、竹编家具、金属家具、钢木家具、玉石家具等一应俱全，其中尤以木质家具、软体家具更具特色，实木家具综合实力全国领先。2018年山东省家具总产量1463.7万件，其中木质家具1290.4万件，占家具总产量的88.16%，是名副其实的实木家具大省。

山东实木家具的崛起不是偶然的，与其悠久的历史文化和得天独厚的自然环境紧密相关。在文化内涵方面，山东历史文化悠久，是儒家文化的发源地和鲁班故里，有着深厚的文化沉淀和技术人才大军；在自然环境方面，山东气候适宜，是实木家具的优选产区，产品的稳定性好。山东实木家具经过市场检验，稳定性居全国之首，可北上，辐射华北、西北；可南下，辐射华中、华东。此外，山东地大物博，有着木材资源优势，尤其是榆木资源较为丰富；而在交通物流方面，山东拥有全国最发达的公路交通网络，物流极其便利。正是得益于以上因素，山东实木家具和其他区域实木家具相比，才有着极强的竞争力。

青岛地区的家具产业总产值几乎占山东省家具产业产值的一半，主要的销售去向是出口，其中实木卧房家具系列、书房家具系列、餐桌椅系列等均有较高知名度。这其中有多个大型家具集团，如青岛一木、良木家具、北苑英徽、华谊家具、泽润家私等，是青岛家具行业的领军企业。青岛一木为"中华老字号"企业，通过实施大品牌多系列战略，找准了各阶层老百姓的需求点，拥有11个产品系列，涉足中式实木、软体、儿童、红木、橱柜、欧式实木等领域，打造出具有竞争力的细分市场的产品定位。

（五）家具协会服务平台

山东省家具协会（SDFA）成立于1988年，以"服务于政府、服务于行业"为宗旨，并始终坚持企业化运作、市场化服务的运营模式，为全省家具企业及产业链上下游的相关单位提供产品设计、技术创新、人才培训、产品供求信息发布、展览贸易组织、品牌宣传推广等专业服务。

为了推动山东省产业集群建设，家具协会协助政府部门进行规划设计，根据不同产业集群的特点开展行业调研、品牌推广、专业培训、展会筹备等专业服务工作。第一，根据不同产业集群的产业特点举办不同类型的活动，邀请行业专家进行调研，整合全国资源为省内不同产业集群的发展助力，如推动周村成为中国软体家具产业基地，推动临沂成为世界人造板大会的长久举办地等。第二，推动产业集群品牌建设，举办宁津家具文化采购节、周村软体家居采购节暨原辅材料展、临沂兰华全国家具采购节等，整合销售力量，推动品牌发展。第三，根据经济新常态下家具行业发展趋势和特点，举办专业性、系统性的研讨和培训，如家具行业创新发展论坛、新时代家具产业可持续发展峰会等。第四，带领专家走进集群，调研标杆企业，为品牌企业做好服务，提高其品牌带动作用，如山东凤阳集团在带动周村软体产业的发展方面起到了关键性作用。第五，集中全国设计力量服务山东企业，成立山东德艺源家具产业设计研发中心，集中高校资源与社会力量，服务于山东家具设计创新；在广东东莞成立山东省家具协会设计工作站，整合深圳的优秀设计力量为山东服务。第六，举办家具展会，搭建行业专家交流和新产品展示平台。家具展览会是企业开拓渠道、提升知名度、增加交流与订货的行之有效的方式。

家具展览会是家具协会服务企业的重要举措，展会聚集了来自世界各国、国内各地的参展商相互交流学习、合作，展会平台成为产业集群内大企业的品牌展示窗口,通过展会平台的辐射效应,各企业的品牌影响力进一步提升,销售渠道进一步拓展,业务范围进一步扩大,产业集群竞争力及国内、国际知名度不断提升。2004年山东家具协会与深圳家具协会合作成立济南德瑞嘉展览有限公司,并于2005年在济南主办第一届家具展会,2008年将展会举办地搬迁至青岛国际会展中心,至此青岛国际家具展逐渐发展为北方规模最大的品牌展会。展会的举办促进了厂商、家具出口企业的交流,为山东家具企业的发展提供了优质的贸易平台。

二 山东家具产业集群发展的劣势

山东省家具产业虽然规模总量处于全国领先地位,但企业单体规模不大,行业集中度较低,与广东、浙江、江西、福建、四川等省份相比,在政府支持、研发投入、品牌建设、管理方式、市场开拓等方面还存在不小的差距。

(1) 行业集中度低,龙头企业和高端品牌少

2017年全国家具行业市场规模近万亿元,却没有一家企业营业收入超过100亿元,前十大家具企业的市场份额不足3%,行业处于高度分散状态。在山东省4500多家家具企业中,拥有现代制造设备和技术力量的规模以上企业仅占企业总数的11%。家具企业以中小企业为主,企业市场竞争能力较弱。部分家具龙头企业主导产品优势不明显,辐射力、带动力不强,2017年赖氏家具的年营业收入不超过10亿元,青岛一木、青岛良木等企业的年营业收入在4亿~亿元。虽然山东省拥有青岛一木、青岛良木、喜之林、恒久、赖氏、金富凯、凤阳、福王、吉斯、德鲁奥、华谊、金诺、华荷、欧美尔、巧夺天工、迪凯威等国家级或省市品牌20多个,拥有富尔玛、红星百瑞特、大立华、梦千年、麒诺、联手新天地、鲁星等山东省著名商标,但真正意义上的全国范围内家喻户晓的品牌还很少。由于缺乏强有力的区域品牌,单一品牌的市场影响力不够高,抵御市场风

险的能力较差，难以在激烈的市场竞争中形成整体的、可持续的合力，产业集聚效应和整体竞争力有待提高。

总体而言，山东省家具产业在企业单体规模、品牌知名度等方面，与广东、浙江、福建等省份相比差距较大，国家级的著名品牌数量较少，在中高端家具市场中的市场份额比较低。家具企业要想在激烈的市场竞争中占有一席之地，必须着重考虑在产品设计、技术创新、品牌建设等方面加大投入力度，全面提升产品档次和品牌影响力。

（2）同质化弊病凸显，自主创新能力弱

山东省家具龙头企业比较重视技术研发和品牌建设，有些企业成立了专门的研发中心，或与高校及科研院所建立良好的合作关系，投入大量人力、物力、资金进行技术研发和设计创新。以青岛一木为例，近年来为响应国家的淘汰落后产能设备、推动企业转型升级的号召，公司以企业技术中心为平台，每年的科技研发投入占销售收入的比例均维持在8%左右，用于产品研发、软硬件设备购置等。但是龙头企业"高成本"的产品研发投入难以获得销售"高收益"，很多新的实木家具产品一经推出，就被众多中小企业直接模仿抄袭。这不仅体现在产品的模仿上，而且体现在管理、经营模式甚至品牌宣传上。众多中小家具企业常常模仿跟风，以致市场上家具产品风格款式、材质工艺、功能等基本类同，市场竞争中的价格战比较普遍，严重压缩了企业的利润空间，导致企业的可持续发展能力不足。

同时，许多中小家具企业几乎没有专项的研发投入，产品生产以模仿为主。部分规模较大的企业在实际经营过程中，更重视短期效益，对投资期限长、收益不确定的创新项目的投入严重不足，受市场竞争压力的影响，企业在产品成本控制上花费较多的精力，甚至出现原辅材料以次充好的现象，产品质量和档次不高，市场认可度低。据统计，山东家具产业研发费用平均占比仅为1%左右，与广东、浙江1.8%的比例相比有较大差距。企业技术研发中心和设计公司的发展严重滞后，广东和浙江分别有12家和5家省级企业技术中心，山东还没有；专业设计公司广东有300多家，山东仅有20家。

(3) 以家族式管理为主，经营方式粗放

目前山东省家具产业集群内企业以家族企业为主，存在观念落后、管理缺失、制度不规范、经营方式粗放等问题，迫切需要转变企业家的管理理念，优化企业管理制度。多数家具企业是在家庭作坊的基础上发展而来的，在企业创立时期家族成员间的亲缘关系及其延伸的社会网络，为企业的发展提供了最初的资金和劳动力支持，家族企业家的决策和管理弹性使企业能够迅速抓住市场机会，家庭成员对企业的忠诚度和凝聚力帮助企业完成了最初的资本积累。此阶段企业管理依靠的主要是亲情关系、伦理道德，没有建立起相应的管理制度。但在企业进入成长期，经营规模不断扩大、员工不断增多的情况下，原有的管理模式越来越难以适应现代企业管理的需要，一些家族企业陷入管理瓶颈。中小家具企业主木工出身较多，对家具工艺流程非常熟悉，但专业基础薄弱，创新能力不足。管理者习惯于凭自己的经验做出判断和决策，难以用科学的方法和现代管理理论去指导企业未来发展。

许多家具企业缺乏专业的管理、设计、技术研发人员，企业在低水平加工上重复，难以有更大的发展空间；部分企业意识到专业技术和管理人才在企业管理中的重要性，能够花重金引进人才但是却因管理制度不合理、不健全，对引进人才的制约牵制过多、激励机制不完善等，引进人才无法或不愿意施展自己的才能，人才流失现象比较严重；有些企业过分重视设备的投资与改造，却忽视对设备使用所需专业技术人才的引进与培养，导致先进的设备和生产流水线无法正常运转，产品质量难以提高；许多规模较小的企业，生产设备更新改造能力不足，仍然以半机械化加工和手工辅助为主要生产方式，产品生产效率不高，在市场竞争中处于劣势。

(4) 优秀传统家具文化资源保护开发力度不够

山东历史文化悠久，是儒家文化的发源地和鲁班故里，有着深厚的文化沉淀。鲁派家具的风骨与鲁班精神一脉相传，每一道工艺都渗透着工匠们的思想，山东人的稳重内敛的风格往往凝聚于产品之中，但由于制作工艺不一致、不规范、不系统，目前的传承和开发力度不够，市场影响力远低于苏作、京作、广作家具。在主流家具产品之外，潍坊嵌银家具、菏泽鲁锦屏风椅、滨州和临沂的草柳编等传统家具产品虽已列入国家和省级非物质文化遗产目录，但政府相关部门对这些优秀文化资源传承、推广与发扬的扶持、支持力度不够，传承人的工艺技术水平需要进一步提高。这些特色家具仍然停留在家庭作坊式的小规模生产阶段，没有形成较大的产业规模，无法发挥其在特色文化宣传推广中的价值。

(5) 市场体系不完善，综合销售渠道有待拓宽

在山东省高档家具商城中，国外、省外家具品牌约占80%，而山东家具产品仍集中于省内中档商城、家具大卖场。红星美凯龙、银座家居等全国及省内连锁家居卖场的数量和销售面积每年均保持一定数量的扩张，家具经销商所面临的市场竞争愈加激烈。其他形式如品牌家具独立店、线下家具体验馆等高端专业的家具市场与广东、浙江、上海、江苏等省份相比较少。以青岛华谊家具为代表的部分龙头企业也在尝试"电子商务＋直营＋区域代理"的销售模式，但总体上看，推广力度不够。

山东省的出口家具多为贴牌生产，处于价值链增值较低的代加工环节，利润率普遍不高。出口家具缺乏原创性的自主品牌，缺乏自主的质量标准体系，没有独立的销售网络，在国际市场竞争中处于劣势。近年来，受国际市场对中国家具的反倾销，绿色贸易壁垒提高，以及社会责任认证要求一再提高的影响，家具产品出口门槛越来越高，家具出口形势非常严峻。

三 山东家具产业集群发展的机会

随着国家全面建成小康社会的深化,城镇化的发展进程不断加快,人们对居室生活质量的要求日益提高,未来家居消费仍然有很大的空间。家具作为传统行业,面临新兴产业模式和新技术发展带来的重要机遇。

(一)"一带一路"倡议带来机遇

"一带一路"的建设不仅有利于提高中国自身的发展质量,而且惠及沿线的亚洲、欧洲、非洲的共建国家甚至全世界,对提升全球经济的发展质量,建立繁荣、和平的全球经济体具有深远意义,也给家具业的发展提供了重要机会。随着中国国际地位的不断提升,中国在国际贸易中拥有一定的话语权,与沿线国家贸易的关税壁垒逐渐降低甚至消失,家具产品的国际竞争力不断提升,"一带一路"沿线国家的新兴市场需求,给山东家具产业的持续发展带来了机遇。2017 年山东省家具产品出口 182.5 亿元,全国排名第六,增长 5.6%,市场空间广阔。

目前,山东家具企业在各级政府的指导下,正在开展与"一带一路"沿线国家的各种合作,不断优化的外商投资环境,吸引更多的沿线国家来山东投资。家具龙头企业在"一带一路"倡议的指导下,积极参与国际交流合作,培育产业发展新模式,充分利用山东家具大省的优势,通过特色产品生产和品牌建设与推广,提升家具产品的国际市场竞争力。为满足实木家具生产自动化、智能化的要求,部分实木家具龙头企业(如青岛一木、山东欧克等)从德国、意大利、美国等发达国家购进先进的木工机械设备,运用先进的加工技术,融入儒家传统文化特色,使得山东实木家具在现代家具业中独具一格。

（二）积极承接环渤海家具产业转移

受国家产业政策影响，北京、天津的家具企业陆续搬迁，山东省家具协会及时牵线搭桥，组织临沂市木业产业园、潍坊安丘市国林家居科技园、淄博朱台镇艺居产业特色小镇、济宁唐口镇高端环保家居产业小镇和商河县智慧家居产业园等五家产业园区负责人赴京进行推介，主动承接京津地区家具产业转移，建设绿色家居产业集群。此后，北京荣麟世佳家具公司、天津星佑家具公司搬迁至临沂，北京华日家具公司搬迁至宁津，北京欧嘉璐尼家具公司搬迁至郓城家具产业园，北京易红堂家具、富力轩家具、盛达环保设备搬至德州庆云等。在承接产业转移的过程中，相关企业充分利用北京和天津企业的家居品牌、设计优势，山东强大的产品生产、制造能力以及政策支持优势，继续优化产业集群布局，加速新兴家具产业园区的建设。行业区域主动淘汰了部分低端且技术水平落后的设备，新购进除尘打磨设备，围绕家具产业链开展招商引资，完善家具产业的生产环境，培养相关管理和技术人才。

（三）互联网、大数据、智能制造助力家具行业发展

"互联网+家具"综合服务平台的建立，加快了线上线下融合的速度，逐步改变传统家具产业的研发设计、生产、营销模式，让传统产业搭上互联网快车，成为家具行业发展的新动力。一些大型家具企业以及大型卖场，开始尝试电商销售模式，越来越多的企业逐渐探索线上推广宣传与线下实体店体验相结合的销售模式，家具销售模式向多元化方向发展。部分家具大型卖场将设计公司、装饰公司、物流公司引进了商场，加快了家具产业链各环节的融合速度。新的商业模式在不断涌现，包括大家居、智能家居概念的不断涌现，企业间的联合，公共平台的建设等，在这种情况下，以核心企业为主的智能家具产业园将是家具产业集群下一步发展的重要目标。

互联网和大数据的飞速发展催生了定制家居的兴起，欧派、尚品宅配、皮阿诺、金牌、志邦、我乐等定制家居企业的扎堆上市反映了行业的快速发展。定制家具能够最大化利用空间并匹配消费者自身审美需求及功能偏好，既能满足消费者的个性化需求又能实现批量化生产，可在专业化的设计软件及拆单软件的支持下，依赖配套的柔性化生产工艺和加工设备来完成。定制家具与智能制造结合的行业商业模式优于传统家具制造模式，规模扩张更快，业绩增长迅速，这将是山东家具业发展的主要趋势。

（四）新型城镇化提供市场空间

新型城镇化建设的发展战略为二、三线城市的发展注入了活力，为低迷的房地产业提供了新的动力，并为其下游家具产业的发展提供了更大的市场空间，家具行业发展面临更好的市场前景。面对良好的发展机遇，家具企业应当认真研究消费者行为和市场需求的新特征，转变经营策略，以专业的服务和精准的市场定位满足新一代消费者的需求。新型城镇化是大中小城市、小城镇、新型农村社区协调发展、互促共进的城镇化，将促进城乡居民消费理念和消费水平的提升，在带动家具行业扩张发展的同时，也将在政府采购领域大有作为。数据显示，如果中国的城镇化水平每年提高1%，市场的需求就相当可观（2017年中国人口13.90亿人，1%就是1390万人），这对家具行业是绝对的利好消息。同时，与新型城镇化配套的酒店、旅游、餐饮等行业逐步发展的要求，也都为家具产业的发展提供了新的增长点。随着城镇化率的提升，家具行业发展的刚性需求依然存在，家具的更换频次与渗透率也在逐步提升，这些因素共同支撑着家具市场容量的持续增长。

（五）消费观念升级引发家具更新换代

随着国内经济的发展，人民生活发生了根本性的变化，消费理念正在由对数量的追求转向对质量的重视，消费者更加注重消费过程中的质量特性，对家具的实用性、功能性、美观性及文化含量的要求也越来越高，家具产品需求正朝着健康、环保、品牌方向发展，家具消费的品牌时代正在来临。在消费升级的背景下，家具企业需要适应消费转变的节奏，立足家具质量提升，积极开展技术创新，紧跟市场需求转变的步伐，满足市场需求。

当下，人们对家具的要求越来越高，既有实用性要求，又有美观性需要，还希望彰显消费者个性。家具消费更加注重家具功能的多元化、注重家具消费的高品质及服务享受，同时还要追求家具的审美与艺术性。政府采购中心对办公家具人类工效学、绿色环保、现代简约的要求，将引导办公家具生产企业的产品设计改进与创新方向，推动新型环保材料应用及人体工学设计方面的技术进步，并通过政府采购的社会示范效应，不断引导全社会形成简约、绿色、健康的消费理念。

随着新产品、新技术、新材料的更新替代速度不断加快，家具产业面临更大的升级转型空间。新产品的设计已经成为家具行业发展的最大引擎，能够避开产品同质化，生产更多个性化、多样性产品，创造出更多的增加值；新技术可以提高生产工艺水平和效率，降低制造成本，实现产业转型升级；新材料可以从家具产品功能性、色彩、舒适度等方面提升产品质量。

四　山东家具产业集群发展面临的威胁

（一）原材料对外依赖程度高，综合成本居高不下

实木家具、板式家具是山东省家具产业的主要特色产品，木材是木质家具的主要材料。木材紧缺会导致原材料价格大幅上涨，从而导致木质家具的生产成本升高，影响木质家具的市场竞争力。山东省实木家具用木材本地供给不足，主要依靠从俄罗斯、新西兰、

加拿大、美国、澳大利亚等地进口，省内主要的进口口岸是青岛港，但从这一口岸进口的木材数量占比较低，相当部分通过绥芬河、上海港、张家港等口岸进口，运输和存储成本较高；省内原辅材料市场供应结构不尽合理，多数辅助材料为非本地生产，油漆、五金、胶黏剂、沙发面料等均产自广东、浙江等地，辅助材料采购成本也相对较高。资源不足、运输成本高等因素导致木材价格居高不下，给家具产品的生产成本控制带来巨大的压力。

在家具产品质量标准不断提高的情况下，产品生产所需原辅材料的价格不断上升，给以生产实木家具为主的家具企业带来巨大冲击。如，2017年木材、钢材、海绵、皮革、胶黏剂、五金等原料、辅料和包装材料价格全面上涨，其中海绵价格最大涨幅达到70%，家用皮革最大涨幅为30%，同时交通运输成本上升10%~30%。材料成本、环保成本、物流成本的上升导致家具制造成本居高不下。

家具行业属劳动密集型产业，近年来家具业的从业人数呈逐年递减趋势。目前人口红利消退，全国劳动力锐减，低成本产业工人无限供应的时代一去不复返，企业用工面临极大挑战，人工成本不断上升。同时，由于家具企业普遍规模不大，在机器设备方面投入不足，融资过程中可抵押物不足，导致全行业的融资难问题突出，融资成本相对较高。

综上所述，家具生产的材料成本、环保成本、物流成本、人工成本、融资成本等有明显的上涨态势，化解成本压力，家具企业需要从多维度、多角度重新定位，通过产品质量提升、服务增值、品牌溢价提升利润空间，促进利润增长。

（二）房地产市场调控影响

近五年来，国家出台了住房限购政策，对住房套数、面积进行限制，主要目的是遏制投机性投资，但也确实导致房地产行业的增长速度明显放缓，一定程度上影响了下游家具行业的发展。但房地产行业对家具行业的影响有滞后性，一般来说新房从购买到装修入住会有一到两年的滞后期。家具行业的发展与交房时间相关性更高，而目前房地产企业交房的速度相对平稳，因此家具产品的市场需求基本稳定。

目前，刚需买房群体不是在缩小而是在扩大，交房后一定会装修和购买家具，所以家具市场需求依然巨大。短期内的限制政策可能会把部分投资者拒之门外，但从长期来看，如果房价稳定下来，购房者的积极性会提高。事实上，从近年的情况来看，新的楼市调控政策对家具行业确实没有造成实质性影响，但可以肯定的是，未来可能会对家具消费产生影响。另外，随着人们生活质量的不断提高，家具消费不断升级，存量房装修翻新比例也在持续上升，尤其是在一线、二线重点城市，二手房和存量房装修翻新比例已经占30%以上，并呈逐年上升的趋势。因此，房产调控政策的收紧，对于家具行业影响不大。

（三）家具行业迎来新的竞争对手

网络销售一定程度上冲击了家具销售实体店在耐用消费品中的王者地位，地产公司、家装公司更是利用自身的优势不断转化自身的客户资源，给家具销售公司带来了不小的市场竞争压力。总体上看，地产公司对家具企业的影响主要集中在两方面：一是实力雄厚的地产企业直接投资建立家具产业园，投资购进最先进的生产线，家具产能巨大，但毕竟是跨行业运作，许多方面的经验不足，需要高端设计人才、生产人才的支持；二是地产公司推出精装房，赠送全屋家具，真正实现家居服务一体化，减少客户麻烦；家具公司为地产公司提供定制服务，既可以发挥规模和生产的优势，又可以减少中间运营环节，可有效控制生产成本，让消费者感到非常实惠。但是，这种标准化的家具配置，忽视了消费者的个性化需求，容易让消费者产生雷同感；同时，地产项目周期长，对一些资金实力有限的家具公司来说，风险较大。

家装公司具有强大的供应链整合能力，它们利用自身的区位优势，开源节流，通过半包服务模式构建客户黏性，建立客户信任；利用设计师的整体设计方案使产品的销售前置，将3D与VR结合在一起建立一对一的服务机制，最大限度满足用户个性化需求；同时，提供半包服务，利用主材、家具、家电等产品的相关度进行穿插销售，让消费者对家装公司形成依赖，从而将家装公司打造成销售平台，这也会对传统家具销售市场形成较大冲击。

（四）环保政策愈加严格

家具行业、特别是木制家具行业的污染问题一直是社会舆论关心的问题。国家安监总局就木制家具企业的调查显示，在所抽查的企业中，89%的企业苯超标，76.9%的企业甲醛超标，70%的企业苯胺超标，最高的超标100多倍。污染物超标的家具对消费者的健康存在严重的危害。但随着消费者对家具环保重视程度的提高，以及质检、环保部门对木质家具企业的污染问题、甲醛问题等进行的整治，部分不达标的中小家具企业将陆续倒闭，可以说，家具企业的发展将面临越来越严峻的局面。

家具的环保性要求较高，因此家具企业必须重视家具产品的质量检测，从源头上解决污染物超标问题，在原材料、辅助材料的选择上严格把关，杜绝不合格原材料进入生产流程。同时，在家具政府采购环节，提高对家具产品质量检测方面的要求，优先购进具有环保认证和检测证书的家具产品，从而引导家具企业的环保化生产。可见，注重环保、优化生产环境是企业生存的必经之路，环保标准不合格的中小家具企业将面临被淘汰的风险，家具市场面临重新洗牌。一些核心品牌企业开始跑马圈地，中小家具企业必须及时调整经营理念，迅速调整自己的生态位，找准产业链上的合理位置，为核心企业提供配套服务，避免走破产倒闭之路。

（五）其他省份家具行业的快速发展带来竞争压力

中商产业研究院大数据库数据显示，2018 年中国木质家具产量为 24182.05 万件。其中，2018 年广东省木质家具产量 5739.21 万件，占全国总产量的 23.73%，位居第一；山东省木质家具产量只有 1290.40 万件，占全国总产量的 5.34%，位居第六。山东实木家具产量份额已从 2010 年的 27% 左右下降至 2018 的 5.34%，已被江西、浙江、福建、四川等省份赶超，主要在于近 5 年这四个省份政府主导的家具产业园区的建设取得了显著成效。全国木质家具生产中心从山东、广东双中心发展到以广东为中心向周边地区扩散，山东木质家具在全国的优势地位受到极大冲击。主要原因：一是广东家具产业集群密集，龙头企业实力较强，品牌优势明显，吸引了更多的外来劳动力；二是广东的家具制造起步较早，木材加工产业发展基础好，产业供应链完整，家具设计、原材料供应、家具销售市场发达，凭借完善的基础配套设施和强大的物流优势，原料、劳动力、技术等生产要素的成本降低，在国内家具市场上拥有无可比拟的产业优势。另外，湖北、河南的木质家具产业也后来居上，这些都使山东木制家具产业发展面临的竞争压力越来越大。

第三节　山东家具产业集群发展的战略关键点

一　SWOT 矩阵分析

SWOT 矩阵是制定战略匹配阶段的分析工具，下文在分析山东省家具产业集群发展的优、劣势的基础上，抓住外部机会，应对发展中的威胁，提出战略实施中的相应解决方法和预防方法。SWOT 组合矩阵如表 6-1 所示。

表6-1　山东省家具产业集群发展的SWOT矩阵

内部因素 外部因素	优势（Strength） 1. 产业集聚度高 2. 龙头企业带动辐射力强 3. 配套产业体系完备 4. 实木家具特色鲜明 5. 行业协会服务优良	劣势（Weakness） 1. 龙头企业和高端品牌少 2. 同质化严重、创新能力低 3. 家族管理、经营粗放 4. 家具文化资源开发不足 5. 市场销售体系不完善
机会（Opportunities） 1. "一带一路"倡议机遇 2. 承接京津家具产业转移 3. 互联网、大数据、智能制造助力家具产业创新 4. 新型城镇化政策扩大家具市场空间 5. 消费升级引导家具材料、技术、产品创新	SO战略 1. 发挥集群优势，优化配套产业体系，加快产业链融合 2. 利用互联网、大数据、智能制造，创新生产经营模式 3. 龙头企业带动，配套企业辅助，家具协会引导，集群协同创新 4. 适应消费理念升级，推动家具产品创新	WO战略 1. 承接产业转移，培育龙头企业和高端品牌 2. 适应消费升级、创新观念，利用互联网拓展销售渠道 3. 利用互联网、大数据、智能制造进行管理创新和技术创新、产品创新 4. 利用展会平台，拓展销售渠道，提升品牌影响力
威胁（Threats） 1. 原材料对外依赖性强、综合成本高 2. 房地产市场调控影响 3. 家具市场的新竞争对手 4. 国家环保政策严格 5. 其他省份的快速发展	ST战略 1. 龙头企业主导，加强原材料基地建设 2. 建设家具产业园区，实现产业链一体化发展，降低综合成本 3. 加强与地产、家装公司联系，延长集群企业产业链 4. 加大绿色环保产品研发投入，开展集群协同创新	WT战略 1. 观念、管理、制度创新，提高企业效益 2. 加强区域文化资源开发，培训专业人才，开发新产品 3. 加强与新竞争对手的联系，拓展销售渠道 4. 制定产品环保标准，鼓励创新，淘汰落后产能

二　战略关键点分析

就山东省家具产业集群发展现状来看，产业集群内中小企业居多，龙头企业占比相对较低，缺乏高端设计人才，产品品牌影响力较弱，各企业产品同质化现象严重，区域文化资源的开发不足，协同创新能力较低，多数企业管理理念和管理方式落后，整个集群的发展还处在初级阶段，其面临的机遇和威胁是当前应关注的重点。

但是，山东省在家具产业规模、特色产品、产业集聚、配套体系、家具协会服务等方面又具有明显优势。只有充分利用现有的规模效益和产业集聚、配套产业等优势，抓住"一带一路"、京津家具产业转移、互联网、大数据和智能制造等技术创新带来的新机遇，通过家具协会（联系高校及科研院所的专家团队）和企业的努力，共同应对威胁，扭转不利局面，才能最终促使山东省家具产业集群转型升级和可持续发展。

在 SO、WO、ST、WT 战略的实施过程中，集群中不同主体的协同创新是最关键的因素。产业集群协同创新要求集群中的所有创新主体在创新驱动、质量为先、人才为本、绿色发展理念的指导下，有效调动各种创新资源，通力合作，降低创新成本，提高创新成功率，推动山东省家具产业的可持续发展。所以，研究山东省家具产业集群协同创新的现状、评价集群协同创新绩效是创新驱动政策实施的基本前提和当务之急。

第四节　山东省家具产业集群协同创新绩效评价体系构建

家具产业集群协同创新绩效是在一定的地域范围和时间内，家具产业集群的各创新主体在不同利益目标的引导下，根据资源互补、利益共享、风险共担的原则，通过合理分工与合作协同完成创新活动的全过程绩效。产业集群协同创新的最终目的是提高集群产品的市场竞争力和集群整体的社会影响力，促进区域经济发展和社会进步。因此，对产业集群协同创新绩效的评价，要兼顾协同创新的过程和协同创新成果的影响力两大方面。协同创新绩效评价指标体系应该在一定原则的指导下，从创新成果的先进性及社会性、创新活动的经济性、创新过程的协调性的视角构建。

一 评价体系的构建原则和流程

家具产业集群协同创新绩效评价体系是由具有一定递进关系及内在支配关系的指标形成的体系,需要在对产业集群协同创新绩效进行文献研究的基础上,结合家具产业的特点选择具体指标。绩效评价体系的构建需要经历一个由具体到抽象,再由抽象到具体的逻辑思维过程,在评价对象和评价目的相同的情况下,不同评价者构建绩效评价指标体系可能会有所不同,因此,构建的评价体系具有一定的主观性。所以,为了保证集群协同创新绩效评价指标体系的客观性、合理性,在指标体系构建的过程中,需要遵循以下五条原则。

(一) 目的性原则

目的性原则是指绩效评价体系的构建是为衡量家具产业集群各创新主体的协同创新绩效,找出影响家具产业集群协同创新的关键因素,提出改进家具产业集群协同创新绩效的具体措施,最终提升山东家具产业创新发展能力,促进家具产业的转型升级。所以,指标体系的构建要围绕这个目的展开。

(二) 系统性原则

系统性原则是指构建的绩效评价体系应能够全面、系统地反映家具产业集群协同创新绩效的状况。家具产业集群协同创新涉及企业、高校、科研院所、中介机构、家具协会及政府相关部门,不能从单方面衡量创新成果,要尽量涵盖协同创新成果各个方面的特征。所以其绩效评价体系应包含多个维度,每个维度再按照研究内容的层次性展开,形成一个分层递阶的体系。通过设计指标体系,厘清评价体系内部各要素之间的逻辑关系,同时,在分析评价过程中要考虑整体性要求,遵循系统性的原则。

(三) 全面性原则

全面性原则是指绩效评价指标的设计应该从家具产业集群协同创新绩效的概念特征出发，充分反映协同创新各个方面的绩效，不存在遗漏或者缺陷。虽然指标体系包含的指标越多，反映的信息量就越大，但是如果指标冗余，相关信息可能会出现重叠，造成不必要的重复工作。因此，指标体系的设计既要遵循全面性原则，又要考虑指标的代表性，需要研究者根据具体研究任务的需要进行权衡。

(四) 可比性原则

可比性原则是指绩效评价体系的构建既要考虑家具产业集群协同创新系统与其他系统绩效的横向可比性，也要考虑家具产业集群协同创新系统自身绩效在不同时期的纵向比较的要求。要能够通过绩效评价的纵向或横向比较，发现家具产业集群协同创新过程中存在的缺陷和不足，不断完善产业集群协同创新机制。

(五) 行业特色原则

产业集群协同创新绩效是一个比较抽象、不可直接观察的潜在变量，具体的绩效评价过程要考虑协同创新的技术先进性、成本节约性、过程协调性、效益社会性等，很多评价项目难以用量化指标衡量，再加上家具产业统计制度尚不健全，缺少对创新成果进行衡量的专项指标，许多统计数据无法从公开渠道获取。因此，在构建家具产业集群协同创新绩效评价体系时应以定性分析为主，准确界定定性指标的含义，并按照某种标准赋值，使其能够恰当地反映各主体协同创新的实际状况。

二 评价体系内容的设计

绩效评价体系的构建是绩效评价的前提和基础，评价体系作为评价目标和内容的载体,为评价工作的开展指明了方向。评价体系的构建除了应该遵循上述原则外,还要遵循一定的步骤和方法,使评价体系更为科学与客观。

(一) 评价体系的设计方法

在深入研究家具产业集群协同创新绩效评价内涵的基础上,采用文献研究法与德尔菲法相结合的手段,设计和选择用于绩效评价的具体指标,并进行评价指标体系结构优化,确定最终的绩效评价指标体系。

首先,运用计算机文献检索、人工文献检索和参考文献查找等方法,搜集和分析产业集群协同创新绩效评价的国内外资料,整理出符合本研究需要的、有价值的资料,为家具产业集群协同创新绩效评价指标的构建提供借鉴。其次,通过德尔菲法进行指标筛选与设计,借鉴文献研究中关于协同创新绩效评价体系设计的相关内容,结合家具行业的特点,初步设计家具产业集群协同创新绩效评价指标。邀请10位关注和研究家具产业集群协同创新的相关专家,对初步设计的指标体系进行优化。包括专注于研究林业经济与管理问题并参与过协同创新研究项目的高校专家2人,山东家具协会负责人3人,山东家具企业相关负责人5人。

(二) 评价体系的主要内容

基于层次递进的分析方法,将家具产业集群协同创新绩效评价指标体系分为一级指标、二级指标两个层次,主要从创新成果的先进性、创新成本的经济性、创新过程的协调性和创新效益的社会性4个维度,设置16个二级指标,每个指标设置5个不同的评价等级,综合反映家具产业集群协同创新绩效状况,如表6-2所示。

表 6-2 家具产业集群协同创新绩效评价体系

一级指标	二级指标	评价等级
先进性 A1	新颖性 A11	A 协同创新成果与现有成果有本质差异，性能/功效显著提升 B 协同创新成果与现有成果有显著差异，具有一定优越性 C 协同创新成果与现有成果有一定差异，并有若干改进 D 协同创新成果与现有成果无实质改进，无专利性 E 协同创新成果与现有成果根本无改进
	创造性 A12	A 协同创新成果属于突破性创新，竞争对手无法超越 B 协同创新成果拥有特殊的技术诀窍，竞争对手规避成本较大 C 协同创新成果为改进型替代方案，竞争对手易分解改良 D 协同创新成果无实质改进，但有有益效果产生 E 协同创新成果无实质改进，也无有益效果产生
	技术成熟度 A13	A 协同创新成果已成功应用于量产的产品 B 协同创新成果已在样机中验证可行 C 协同创新成果正在开发中，待验证 D 协同创新成果尚未形成可实现的创新解决方案 E 协同创新成果不可能形成可实现的创新解决方案
	与标准关联度 A14	A 协同创新成果与创新主体主持制定的国家/行业标准紧密相关，是标准中的必要实现方案 B 协同创新成果与创新主体主持制定的国家/行业标准较为相关，是标准中的关键实现技术之一 C 基于协同创新成果，创新主体进行了国家/行业标准的跟踪和参与制定 D 基于协同创新成果，创新主体尚未制定标准的方案 E 基于协同创新成果，创新主体不可能制定标准的方案
经济性 A2	创新成本 A21	A 创新主体完成协同创新的成本远低于行业平均 B 创新主体完成协同创新的成本低于行业平均 C 创新主体完成协同创新的成本等于行业平均 D 创新主体完成协同创新的成本高于行业平均 E 创新主体完成协同创新的成本远高于行业平均
	市场应用前景 A22	A 协同创新成果能适用于不同产业领域，具有十分有益的应用效果 B 协同创新成果能适用于功能相近的产品领域，市场应用前景较好 C 协同创新成果仅可以在本产品领域应用，拓展效果有限

续表

一级指标	二级指标	评价等级
经济性 A2	市场应用前景 A22	D 协同创新成果应用价值很低 E 协同创新成果根本无市场应用价值
	供应链承接性 A23	A 吸纳若干战略供应商参与早期技术创新，且有多个一流供应商能承接产学研协同创新技术模块供应 B 有战略供应商参与早期技术创新，且产学研协同创新技术模块供应有保障 C 基本能寻源供应商承接技术模块供应计划 D 无供应商参与协同创新 E 无供应商参与协同创新，更无技术创新成果供应可能
	政策适用性 A24	A 协同创新项目属国家相关产业政策的战略性支持重点 B 协同创新项目能得到国家相关产业政策的积极支持 C 协同创新项目能得到一定的国家产业政策支持 D 协同创新项目无任何政策支持 E 协同创新项目存在政策约束
协调性 A3	有效沟通度 A31	A 各创新主体在协同创新过程中一直能够保持有效沟通 B 各创新主体在协同创新过程中基本能够保持有效沟通 C 各创新主体在协同创新过程中的有效沟通有时有困难 D 各创新主体在协同创新过程中的有效沟通一直有困难 E 各创新主体在协同创新过程中的有效沟通一直很困难
	理解信任度 A32	A 各创新主体在协同创新过程中一直能够相互理解信任 B 各创新主体在协同创新过程中基本能够相互理解信任 C 各创新主体在协同创新过程中相互理解信任程度一般 D 各创新主体在协同创新过程中相互理解信任程度较低 E 各创新主体在协同创新过程中不能做到相互理解信任
	团队合作度 A33	A 各创新主体在协同创新过程中一直保持很好的合作 B 各创新主体在协同创新过程中基本保持很好的合作 C 各创新主体在协同创新过程中合作有时有困难 D 各创新主体在协同创新过程中合作一直有困难 E 各创新主体在协同创新过程中合作一直很困难
	知识共享度 A34	A 各创新主体在协同创新过程中知识共享程度很高 B 各创新主体在协同创新过程中知识共享程度较高 C 各创新主体在协同创新过程中知识共享程度一般 D 各创新主体在协同创新过程中知识共享程度较差 E 各创新主体在协同创新过程中知识共享程度很差

续表

一级指标	二级指标	评价等级
社会性 A4	技术进步 A41	A 协同创新对集群技术发展水平的提升作用十分显著 B 协同创新对集群技术发展水平的提升作用较为明显 C 协同创新对集群技术发展水平的提升作用一般 D 协同创新对集群技术发展水平的提升作用不明显 E 协同创新对集群技术发展水平没有提升作用
	行业发展或产业带动 A42	A 协同创新对集群行业发展的促进作用很大 B 协同创新对集群行业发展的促进作用较大 C 协同创新对集群行业发展的促进作用一般 D 协同创新对集群行业发展的促进作用不明显 E 协同创新对集群行业发展没有促进作用
	资源利用 A43	A 协同创新对集群提高资源利用效率作用显著 B 协同创新对集群提高资源利用效率作用较大 C 协同创新对集群提高资源利用效率作用一般 D 协同创新对集群提高资源利用效率作用不明显 E 协同创新对集群提高资源利用效率没有作用
	环境保护 A44	A 协同创新对家具行业环保效果的提升作用很大 B 协同创新对家具行业环保效果的提升作用较大 C 协同创新对家具行业环保效果的提升作用一般 D 协同创新对家具行业环保效果的提升作用不明显 E 协同创新对家具行业环保效果没有提升作用

资料来源：王海军等（2017）。

1. 创新成果的先进性

集群协同创新成果的先进性体现在新颖性、创造性、技术成熟度和与标准的关联度四个方面。其中，新颖性通过协同创新技术与现有技术有本质差异、优越性以及是否形成专利来反映；创造性主要评价协同创新技术是否属于突破性创新、竞争对手是否易于模仿以及有无经济效益产生；技术成熟度通过协同创新技术是否成功应用于量产的产品、协同创新技术是否已在样机中验证可行、协同创新项目是否正在开发中待验证、协同创新项目有没有形成可实现的创新解决方案来反映；与标准的关联度主要通过协同创新技术与创新主体主持制定的国家/行业标准是否紧密相关、是不是标准中的关键实现技术之一、是否进行了国家/行业标准的跟踪和参与制定等来反映。

2. 创新成果的经济性

集群协同创新的经济性体现在创新成本高低、市场应用前景、供应链承接性、政策适用性四个方面。其中，创新成本的高低主要关注创新主体完成协同创新的成本与行业平均成本的比较情况；市场应用前景主要看协同创新成果能否适用于不同产业领域，是否具有十分有益的应用效果；供应链承接性主要看上下游关联组织参与技术创新的情况和创新成果在产业链中的应用状况；政策适用性主要看协同创新项目是否属于国家相关产业政策的战略性支持对象。

3. 创新过程的协调性

集群协同创新的协调性体现在有效沟通度、理解信任度、团队合作度和知识共享度四个方面。其中，有效沟通度、理解信任度、团队合作度主要反映家具产业集群协同创新过程中各创新主体间能否做到保持有效沟通、相互理解信任，保持高度的团队合作意识，共同完成创新任务，提高创新效率；知识共享度主要反映产业集群协同创新成果能否在各创新主体间按一定的机制共享，能否吸引创新主体主动参与协同创新。

4. 创新效益的社会性

集群协同创新的社会性体现在技术进步、行业带动、资源利用、环境保护四个方面。其中，技术进步反映协同创新对家具产业集群技术发展水平的提升作用；行业带动反映协同创新对家具行业发展的促进作用；资源利用反映协同创新对家具产业集群提高资源利用效率的影响；环境保护反映协同创新对家具行业环保效果的提升作用。

三 评价模型的构建及评价过程

（一）综合评价方法的选择

综合评价就是根据构建的特定评价体系，选择合适的方法或模型，对搜集的资料进行分析，对被评价对象做出定量化的总体判断的过程。具体评价方法的选择是评价过程中的关键环节，是确保综合评价纵向深入，得出准确评价结论的重要途径。目前常用的综合评价方法主要有：聚类分析法、因子分析法、神经网络评价法、DEA方法、TOPSIS法、层次分析法、模糊综合评价法，各种评价方法具有不同的优缺点，分别适用于不同的评价领域和评价对象。

家具产业集群协同创新绩效评价是一个复杂的决策过程，一方面，由于人们对某些评价指标的理解程度不深或受到其他信息因素的干扰，在评价指标的获取中存在很多不完全的信息，因此在评价过程中会存在模糊信息。另一方面，由于家具产业集群协同创新绩效评价属于多维度、多层次评价，而且每个层次的指标权重往往是主观给定的，很难准确地反映各因素对家具产业集群协同创新绩效的影响程度，因而容易使评价结果带有一定主观因素的影响。结合以上特点和实际情况，本研究采用模糊综合评价法对家具产业集群协同创新绩效进行综合评价。

（二）模糊综合评价模型

1. 评价模型构建的理论基础

模糊综合评价方法是在模糊的环境中，考虑多种因素的影响，基于一定的目标或标准对评价对象做出综合的评价，其基本步骤为：建立评价对象的因素集；建立评判结果的评语集；确定各指标的权重集；确定隶属函数关系，建立评价矩阵；采用适合的合成算法对其进行合成，并对结果向量进行解释。

具体模型评价步骤包括：第一步，指标数据的收集及处理。对定性数据而言，用问卷调查法是比较常用的数据收集方法，为了防止主观判断导致的错误，对定性指标可采用隶属度赋值方法，将其分成几个等级，并对不同等级的赋值给出相应的标准，以实现定性指标的定量化。第二步，用熵权法确定各指标权重。一般来说，某个指标的信息熵越小，表明指标的变异程度越大，提供的信息量越多，在综合评价中的作用越大，其权重也就越大。相反，某个指标的信息熵越大，表明指标的变异程度越小，提供的信息量也越少，在综合评价中的作用越小，其权重也就越小。第三步，计算综合绩效评价结果。用加权平均法进行评价结果的层次汇总，最终得出综合评价得分。

2. 评价模型构建

（1）权重确定方法

确定评价指标权重的方法较多，本书采用熵权系数法。

在调查问卷中，我们对 n 个指标的评价按照其重要性分为 5 个等级，即很重要、比较重要、一般、不太重要、很不重要。通过随机抽样的方法发放问卷，对上述 n 个指标均选用 5 分制打分法将各指标量化。由被调查者根据自身情况选择，各指标度量标准一致，不需要进行标准化处理。

数据处理步骤如下：

第一步，对数据进行分类，并汇总每个指标选项的频数 x_{ij}，得到一个的 $n \times 5$ 的矩阵。

第二步，根据矩阵计算出第 j 个指标下第 i 个打分占该指标比重 p_{ij} 为

$$p_{ij} = \frac{x_{ij}}{\sum_{i}^{5} x_{ij}} \qquad (6-1)$$

第三步，计算出每个矩阵中第 j 个指标的熵值为

$$E_j = -\sum_{i=1}^{5} p_{ij}\ln p_{ij} \qquad (6-2)$$

记

$$e_j = \frac{1}{\ln 5}E_j \qquad (6-3)$$

第四步，根据熵值得到矩阵中第 j 个指标的权重为

$$w_j = \frac{(1-e_j)}{\sum_{j=1}^{n}(1-e_j)} \qquad (6-4)$$

在协同创新绩效综合评价中，第 j 个指标差异越大，e_j 越小，那么第 j 个指标的权重就会越大，该指标对协同创新绩效的影响作用也就会越大。

在上述数据处理过程中，如果某个指标选项的频数为 0，在计算熵值时会对 p_{ij} 取对数时造成影响。根据熵的性质，说明在该指标中，被调查者更多地选择了其他选择项，该指标变异度很大，变异度越大的指标，熵值越小。具体的技术处理方法是：直接令出现这种情况的 $p_{ij}\ln p_{ij}$ 为 0，从而使该指标的熵值计算能够适度减小。

（2）数据合成方法

数据合成选用模糊综合分析法，首先根据研究对象的特点，将协同创新绩效评价的总目标分解成不同的准则，并按照因素间的相互联系及隶属关系，形成一个多层次的分析结构模型。其次，以模糊数学理论为基础，应用模糊关系合成的原理，将一些边界不清、不易定量的因素定量化，完成对研究对象的综合评价。

具体步骤如下：

第一步，根据指标体系确立因素集。

依据前文的评价指标，将家具产业集群协同创新绩效评价指标体系分成三个层次。

目标层，用 A 表示，以体现将家具产业集群协同创新绩效的综合评价状态；一级指标层，用 A_1、A_2、A_3、A_4 表示，从先进性、经

济性、协调性和社会性四个维度反映家具产业集群协同创新绩效状况;二级指标层,设置 16 个二级指标分别反映四个一级指标的不同方面状态,用 A_{ij} 表示,其中,$i=1、2、3、4,j=1、2、3、4$。二级指标层由 16 个指标围绕 4 个方面反映家具产业集群协同创新绩效在某个时刻所处的状况,用 A_{ij} 表示第 i 个二级指标第 j 个状态指标,$i=1,2,3,4;j=1,2,3,4$。

$$A = \{A_1, A_2, A_3, A_4\}$$
$$A_1 = \{A_{11}, A_{12}, A_{13}, A_{14}\}$$
$$A_2 = \{A_{21}, A_{22}, A_{23}, A_{24}\}$$
$$A_3 = \{A_{31}, A_{32}, A_{33}, A_{34}\}$$
$$A_4 = \{A_{41}, A_{42}, A_{43}, A_{44}\}$$

第二步,确定评语集。

指标评判等级的确定是对指标进行量化的基础。实践表明,评判等级不宜划分得过粗或过细,通常可分为 5~7 个等级,评判标准的含义则随评判等级的划分而确立。本书按照很差、较差、中等、良好、优秀五个等级,设置了各个二级指标的问项,即 $V = (V_1, V_2, V_3, V_4, V_5) = ($很差,较差,中等,良好,优秀$)$。

第三步,建立指标权重集 W。

$$W = \{W_1, W_2, W_3, W_4\}$$
$$W_1 = \{w_{11}, w_{12}, w_{13}, w_{14}\}$$
$$W_2 = \{w_{21}, w_{22}, w_{23}, w_{24}\}$$
$$W_3 = \{w_{31}, w_{32}, w_{33}, w_{34}\}$$
$$W_4 = \{w_{41}, w_{42}, w_{43}, w_{44}\}$$

第四步,指标隶属度计算。

多目标决策的一个显著特点是各个指标之间没有统一的度量标准,难以比较。因此,在进行综合评价前,应先确定指标体系中各个指标的评价值,即计算指标隶属度。本书采取模糊统计的方法来确定指标的评价值,即让专家按照预先规定的五等级评语集 V 给指标划分等级,再依次统计各评价等级 V_k, $k=(1,2,3,4,5)$ 的频数 m,且 $r_{ij}=m_{ij}/n$,那么 r_{ij} 就是评价指标 A_{ij} 隶属于 V_k 等级的隶属度。

对于定性指标,采用频率法构造评判矩阵,即通过给专家分发评价表(见表6-3),要求专家在相应的等级栏内打"√",对回收的评价表进行统计,得出各指标的评判等级频数,再把频数转化为频率。

表 6-3　××指标评价

	很差$(E=V_1)$	较差$(D=V_2)$	中等$(C=V_3)$	良好$(B=V_4)$	优秀$(A=V_5)$
A_{11}					
A_{12}					
⋮					
A_{ij}					

第五步,一级模糊评判。

对每个子因素集 A_i 进行综合评判,A_i 中的各因素的权数为 $W_i = \{W_{i1}, W_{i2}, W_{i3}, W_{i4}\}$,评判对象按因素 A_{ij} 评判,对评语集中第 k 个结果的隶属度为 r_{ijk}($i=1,2,3,4$;$j=1,2,3,4$;$k=1,2,3,4,5$;r_{ijk} 是 A_{ij} 对某评价对象作为第 k 种评定的可能程度,即从第 j 个因素来看,某项从属于第 k 种评语规定的模糊隶属度)。则 A_i 的二级指标的单因素评判矩阵为:

$$R_i = \begin{bmatrix} R_1 \\ R_2 \\ R_3 \\ R_4 \end{bmatrix} = \begin{bmatrix} r_{i11} & r_{i12} & r_{i13} & r_{i14} & r_{i15} \\ r_{i21} & r_{i22} & r_{i23} & r_{i24} & r_{i25} \\ r_{i31} & r_{i32} & r_{i33} & r_{i34} & r_{i35} \\ r_{i41} & r_{i42} & r_{i43} & r_{i44} & r_{i45} \end{bmatrix}$$

A_i 的一级模糊评判集为:$A_i = W_i \times R_i$,则:

$$A_i = W_i \times R_i = (W_{i1}, W_{i2}, W_{i3}, W_{i4}) \times \begin{bmatrix} r_{i11} & r_{i12} & r_{i13} & r_{i14} & r_{i15} \\ r_{i21} & r_{i22} & r_{i23} & r_{i24} & r_{i25} \\ r_{i31} & r_{i32} & r_{i33} & r_{i34} & r_{i35} \\ r_{i41} & r_{i42} & r_{i43} & r_{i44} & r_{i45} \end{bmatrix}$$

$$= (a_{i1}, a_{i2}, a_{i3}, a_{i4}, a_{i5})$$

其中，$a_j = \min\left\{1, \sum a_i r_{ij}\right\}$ ($i = 1, 2, 3, 4; j = 1, 2, 3, 4$)

第六步，二级模糊评判。

二级模糊评判是按照第一层次的所有因素 $A_i = \{1, 2, 3, 4\}$ 进行综合评判，二级模糊综合评判的单因素评判集，应为一级模糊综合评判矩阵：

$$R = \begin{bmatrix} A_1 \\ A_2 \\ A_3 \\ A_4 \end{bmatrix} = \begin{bmatrix} a_{11} & a_{12} & a_{13} & a_{14} & a_{15} \\ a_{21} & a_{22} & a_{23} & a_{24} & a_{25} \\ a_{31} & a_{32} & a_{33} & a_{34} & a_{35} \\ a_{41} & a_{42} & a_{43} & a_{44} & a_{45} \end{bmatrix}$$

$$A = W \times R = (W_1, W_2, W_3, W_4) \times \begin{bmatrix} a_{11} & a_{12} & a_{13} & a_{14} & a_{15} \\ a_{21} & a_{22} & a_{23} & a_{24} & a_{25} \\ a_{31} & a_{32} & a_{33} & a_{34} & a_{35} \\ a_{41} & a_{42} & a_{43} & a_{44} & a_{45} \end{bmatrix}$$

$$= (b_1, b_2, b_3, b_4, b_5)$$

第七步，评判结果的处理。

为了使最终的评判结果易于区分，对其进行量化处理，本研究采用百分制等级确定向量为：$V = (V_1, V_2, V_3, V_4, V_5) = (20, 40, 60, 80, 100)$。对指标权重进行归一化处理，使得归一化后的总值为1。具体为：

令 $b = \sum_{k=1}^{5} b_k$　　$B = \left(\dfrac{b_1}{b}, \dfrac{b_2}{b}, \dfrac{b_3}{b}, \dfrac{b_4}{b}, \dfrac{b_5}{b}\right) = (B_1, B_2, B_3, B_4,$

B_5)。

加权计算后得，评价结果 $V = \sum_{i=1}^{5} B_i \times V_i$。

最后，对照表 6-4 即可得出评价等级：

表 6-4 评价值与评价等级

评价值	评价等级	评价值	评价等级
60 以下	很差	80~90	良好
60~70	较差	90~100	优秀
70~80	中等		

第五节 山东省家具产业集群协同创新绩效评价案例分析

作为一个新兴研究领域，关于家具产业集群协同创新绩效评价的研究尚处于起步阶段。为了了解山东省家具产业集群协同创新绩效状况，2017 年 8 月至 2017 年 12 月，课题组在山东省家具协会的协助下，采取电子邮件方式向青岛、潍坊、淄博、德州、临沂、聊城等的家具制造企业及相关辅助企业的中高层管理者发放问卷（详见附录 2），进行问卷调查。共发放 100 份问卷，收回有效问卷 78 份。

一 建立指标权重集

（一）确定一级指标权重

根据式 6-1 至式 6-4，结合协同创新绩效评价的先进性、经济性、协调性、社会性 4 个一级指标的 5 个等级评价结果，计算各个指标的熵值，并进一步计算各个影响因素的权重系数。各一级指标的熵值和权重系数，如表 6-5 所示。

表 6-5　一级指标熵值（e_j）和权重系数（w_j）

	很重要	比较重要	一般	不太重要	很不重要	熵值（e_j）	权重（w_j）
先进性（A1）	0.474	0.421	0.105	0.000	0.000	0.593	0.255
经济性（A2）	0.737	0.211	0.053	0.000	0.000	0.440	0.351
协调性（A3）	0.500	0.211	0.263	0.026	0.000	0.697	0.191
社会性（A4）	0.447	0.368	0.132	0.026	0.026	0.677	0.203

由此得出一级指标的权重集为：$W = (w_1, w_2, w_3, w_4) = (0.255, 0.351, 0.191, 0.203)$。

（二）确定二级指标权重

同理，可以得出二级指标的权重，如表6-6、表6-7、表6-8、表6-9所示。

表 6-6　先进性二级指标熵值（e_j）和权重系数（w_j）

	很重要	比较重要	一般	不太重要	很不重要	熵值（e_j）	权重（w_j）
新颖性 A11	0.342	0.500	0.158	0.000	0.000	0.624	0.210
创造性 A12	0.605	0.395	0.000	0.000	0.000	0.417	0.326
技术成熟度 A13	0.737	0.184	0.079	0.000	0.000	0.458	0.303
与标准关联度 A14	0.447	0.316	0.211	0.026	0.000	0.713	0.161

表 6-7　经济性二级指标熵值（e_j）和权重系数（w_j）

	很重要	比较重要	一般	不太重要	很不重要	熵值（e_j）	权重（w_j）
创新成本 A21	0.605	0.263	0.132	0.000	0.000	0.573	0.275
市场应用前景 A22	0.737	0.237	0.026	0.000	0.000	0.411	0.380
供应链承接性 A23	0.395	0.316	0.237	0.026	0.026	0.784	0.139

续表

	很重要	比较重要	一般	不太重要	很不重要	熵值 (e_j)	权重 (w_j)
政策适用性 A24	0.500	0.316	0.158	0.000	0.026	0.681	0.206

表 6-8 协调性二级指标熵值 (e_j) 和权重系数 (w_j)

	很重要	比较重要	一般	不太重要	很不重要	熵值 (e_j)	权重 (w_j)
有效沟通度 A31	0.553	0.421	0.000	0.000	0.026	0.489	0.300
理解信任度 A32	0.474	0.395	0.105	0.026	0.000	0.654	0.204
团队合作度 A33	0.632	0.343	0.000	0.025	0.000	0.466	0.314
知识共享度 A34	0.501	0.288	0.185	0.000	0.026	0.691	0.182

表 6-9 社会性二级指标熵值 (e_j) 和权重系数 (w_j)

	很重要	比较重要	一般	不太重要	很不重要	熵值 (e_j)	权重 (w_j)
技术进步 A41	0.526	0.342	0.132	0.000	0.000	0.604	0.225
行业发展或产业带动 A42	0.422	0.366	0.212	0.000	0.000	0.659	0.194
资源利用 A43	0.500	0.396	0.104	0.000	0.000	0.591	0.234
环境保护 A44	0.763	0.211	0.026	0.000	0.000	0.332	0.347

二 综合评价结果

给评语集的 5 个等级按百分制赋分：$V = (V_1, V_2, V_3, V_4, V_5) = (20, 40, 60, 80, 100)$，表 6-10 是二级指标的综合评价值，表 6-11 中的各个一级指标评价值是根据表 6-10 中二级指标评价值及一级模糊评判矩阵计算而来的。先进性、经济性、协调性和社会性的评价值依次是 76.676、74.315、80.987 和 82.324。山东省家具产业集群创新绩效总体评价值是按照二级模糊评判原则计算而来的，总体评价值为 78.584，处于中等。

表6-10 二级指标综合评价值

指标层	很差(V_1)	较差(V_2)	中等(V_3)	良好(V_4)	优秀(V_5)	综合评价值
A11	0.000	0.081	0.324	0.324	0.270	75.676
A12	0.000	0.027	0.270	0.514	0.189	77.377
A13	0.000	0.189	0.216	0.243	0.351	75.135
A14	0.000	0.108	0.162	0.378	0.351	79.459
A21	0.000	0.189	0.243	0.405	0.162	70.811
A22	0.000	0.081	0.162	0.514	0.243	78.458
A23	0.000	0.081	0.405	0.270	0.243	73.514
A24	0.000	0.189	0.243	0.351	0.216	71.892
A31	0.000	0.027	0.189	0.378	0.405	83.243
A32	0.000	0.027	0.270	0.351	0.351	80.541
A33	0.000	0.027	0.243	0.351	0.378	81.622
A34	0.000	0.108	0.270	0.324	0.297	76.216
A41	0.000	0.054	0.270	0.351	0.324	78.919
A42	0.000	0.054	0.216	0.351	0.378	81.081
A43	0.000	0.000	0.162	0.297	0.541	87.668
A44	0.000	0.027	0.216	0.405	0.351	81.622

表6-11 一级指标评价值和总体评价值

目标层	一级指标	权重	二级指标	权重	二级综合评价值	一级综合评价值	总体评价值
(A)	先进性(A1)	0.255	A11	0.210	75.676	76.676	78.584
			A12	0.326	77.377		
			A13	0.303	75.135		
			A14	0.161	79.459		
	经济性(A2)	0.351	A21	0.275	70.811	74.315	
			A22	0.380	78.458		
			A23	0.139	73.514		
			A24	0.206	71.892		

续表

目标层	一级指标	权重	二级指标	权重	二级综合评价值	一级综合评价值	总体评价值
（A）	协调性（A3）	0.191	A31	0.300	83.243	80.987	78.584
			A32	0.204	80.541		
			A33	0.314	81.622		
			A34	0.182	76.216		
	社会性（A4）	0.203	A41	0.225	78.919	82.324	
			A42	0.194	81.081		
			A43	0.234	87.668		
			A44	0.347	81.622		

三 综合评价结论

在家具产业集群协同创新绩效评价的 4 个一级指标中，被调查者认为最重要的是经济性，其他依次是先进性、协调性、社会性。从具体指标评价的得分来看，综合评价值最高为社会性，得分为 82.324，最低为经济性，得分为 74.315，评价等级全部为中等以上。在此基础上，我们认为山东省家具产业集群协同创新绩效总体评价等级为中等偏上（78.584）。

1. 创新成果的先进性

调查结果显示，认为该指标"比较重要"和"很重要"的被调查者比例超过 89.5%，可见，家具产业集群协同创新先进性指标是家具产业集群协同创新的重要构成要素。该指标的综合评价值为 76.676，反映山东省家具产业集群协同创新绩效的先进性为中等等级。在隶属于该指标的 4 个二级指标综合评价值均高于 75，其中，与标准关联度指标综合评价值最高，为 79.459，认为该指标"良好"和"优秀"的被调查者达到 72.9%；其次为创造性指标，综合评价值为 77.377，认为该指标"良好"和"优秀"的被调查者分别达到51.4%和18.9%。比较而言，新颖性和创造性两项指标综合评价值稍低，但也均超过75分，可以看出家具产业集群创新中原创性的成分逐渐增多，这些成果较好地满足了市场消费者的个性化需求。

2. 创新活动的经济性

与先进性一样，经济性的重要性也得到被调查者的一致认同，认为该指标"比较重要"和"很重要"的被调查者高达94.8%。该指标的综合评价值为74.315，反映山东省家具产业集群协同创新绩效的经济性为中等水平。隶属于该指标的4个二级指标的综合评价值均高于70，其中，市场应用前景的综合评价值最高，为78.458，说明创新过程中参与主体更好地关注了市场的需求，成果一旦推向市场，容易被市场认可；创新成本的综合评价值最低，得分70.811，协同创新各主体的沟通协调、工作的推进需要更多的投入，降低成本需要建立集群协同创新的长效机制。

3. 创新过程的协调性

在四个一级指标中，协调性指标的权重最小，为0.191。与先进性和经济性两个方面相比，被调查者认为协调性对于家具产业集群协同创新绩效的重要性一般，其中28.9%的被调查者认为协调性指标一般或不太重要，该指标的权重明显小于先进性和经济性。该项指标综合评价值为80.987，属于较好等级。在隶属于该指标的4个二级指标中，只有知识共享度指标综合评价值为76.216，其他三个指标均高于80，有效沟通度、理解信任度和团队合作度三个指标的综合评价值依次是83.243、80.541和81.622，均为较好水平。

4. 创新成果的社会性

由表6-5可以看出，在四个一级指标中，社会性指标的权重比协调性稍高，为0.203，认为该指标"很重要"和"比较重要"的被调查者占81.5%，认为该指标"不太重要"和"很不重要"的被调查者占5.2%。但是，由表6-11可以看出，该指标的综合评价值为82.324，在四个指标中最大，反映山东省家具产业集群协同创新的社会性较好。隶属于该指标的 4 个二级指标综合评价值均高于 78，其中，只有技术进步这一指标的综合评价值为 78.919，行业发展或产业带动、资源利用和环境保护三个指标的综合评价值分别为 81.081、87.668 和 81.622，均高于 80，相比较而言，山东省家具产业集群协同创新的资源利用效果最好。由此推测，山东省家具产业集群协同创新成果的技术溢出和扩散效应比较明显，对集群中中小企业的技术促进与升级的带动作用较大。

第七章 促进山东省家具产业集群协同创新的发展策略研究

通过前面章节对家具产业集群协同创新模型、协同机理、运行机制的分析，在了解山东省家具产业集群协同创新影响因素及协同创新绩效现状的基础上，根据目前山东省家具产业集群协同创新存在的问题、未来的机遇和威胁，从家具产业集群各创新主体视角，提出促进山东省家具产业集群协同创新发展及提高协同创新绩效的发展策略。

第一节 家具生产系统创新

家具业的未来应该是以领先设计为导向，以智能制造为前端，以高端服务为后端，形成家具产业集群服务共同体。家具生产制造在产业集群中处于核心地位，是技术创新和产业创新的具体实施主体，在发展中受市场竞争的外部压力和技术创新的内在动力驱动。为适应未来发展趋势变革的需要，企业家要紧紧把握市场的趋势，创新思维模式；在家具产品的生产过程中，产业链上的相关企业要找好自己的生态位，创新管理模式；龙头企业应大力推进关键工序的智能制造，中小企业要着重做好零部件配套供应。

一　企业家的思维观念创新

（一）企业家要创新战略思维

企业家的思维观念创新是企业乃至行业创新的关键诱因。企业家是一个企业的灵魂人物，集群中的企业家只有实时把握行业趋势，不断创新思维模式，正确选择企业的商业模式，才能在激烈的市场竞争中占有一席之地。经济新常态背景下，家具企业的发展面临更加激烈的市场竞争，同时也面临着重大发展机遇。互联网、大数据、智能制造的发展对家具企业的设计、生产、销售带来重大影响。数字化与智能化是技术，更是一种颠覆式认知与思维的革命，这意味着未来的社会与市场是一个深度关联、跨界融合、开放协同、利他共生的，看似无序实际有序的生态圈系统。

在此背景下，企业家首先要创新战略思维，摒弃单打独斗的陈旧、僵化的观念，积极参与到产业生态圈系统中，正确确定自己的生态位，以适应不断变化的市场，这是企业生存和发展的基础。其次是摒弃所有权思维，将企业拥有的生产要素社会化，同时将社会化生产要素转化为企业内部的人才、技术、生产力。这就要求企业加强与产业链上下游企业的联系，加强与家具协会、中介机构、金融机构的联系，把企业置身于互通互联的集群生态系统中，为企业的创新发展奠定基础。最后是产品设计与技术创新，这是实现家具企业创新发展的核心问题。家具产业通过集群式的协同创新共同开发适销对路的家具产品，满足消费者的多层次需求，这可以为企业的可持续发展提供更大的生存空间。

（二）企业家要具有应变性思维

创新思维要求企业家具有应变性思维，有敏锐的洞察力，能够根据瞬息多变的商业环境，捕捉到消费者的最新需求，及时推出创新产品；具有反定式思维，能够抓住形势变化和行业变化中的机遇，发挥企业自身优势，从容应对劣势和创新失败带来的损失；具有发散性思维，能够更多地关注用户需求（特别是年轻人的需求），从用户思维角度，推进产品的设计、生产、销售，打造自身的品牌。在"大智移云物"背景下，消费者的需求升级速度越来越快，企业仅凭自身实力难以适应快速的需求变化，产业集群协同创新可以提高创新效率，满足市场快速发展的需要。产业集群内的各创新主体只有密切协作，关注行业的最新发展动态，以消费者的需求为导向，注重家具产品的功能性、智能化、绿色环保等特征，在外观造型创新、功能结构创新、工艺制造创新和材料创新利用等方面投入更多的人力、财力和物力，在产业链不同环节上发挥自身的优势，才有可能提高创新效率，及时满足不断升级的消费需求。

二 家具设计思维与模式创新

现代家具设计是将艺术设计学、建筑学、技术美学、现代材料学、现代加工工艺学和人体工学等学科知识融合在一起形成的一项复杂的系统工程。现代家具设计只有以人体工学理论为指导，才能使设计的家具真正满足"以人为本"的要求。所以，家具产品的设计创新应该是科学与技术、材质与艺术、传承与创新完美结合，通过高品质打造名品牌，从而吸引更多的消费者。为有效推动设计创新，家具生产的龙头企业应牵头成立协同创新项目中心，吸引相关的企业、高校、科研院所加入，使其发挥各自的优势，共同完成创新任务。在协同创新过程中，企业应优化原有的家具设计模式，吸引消费者参与设计过程，更多地运用现代信息技术，提升创新质量及创新效率，这会成为家具设计创新的最佳路径。

（一）开发设计模式的创新

传统家具的开发设计模式，分为前后相承的六个环节，依次包括市场调查、设计、开发、制造、库存、销售。因为整条设计链条中缺少了设计开发方与消费者深层次交流，新产品的设计主要依靠设计人员、市场人员的直觉、经验，所以生产出的产品可能不完全符合市场需求，从而形成大量库存，提高了产品成本，影响了企业的资金周转速度，还有可能因产品过时而导致库存商品的减值。在互联网思维指导下的家具开发设计模式，更加注重对产品痛点的分析及消费者的体验、参与，在设计程序上加入这两部分内容将形成新的设计创新链条：市场调查、产品主痛点分析、初步设计、消费者体验（意见和建议反馈）、设计开发、制造、销售、迭代、升级。

在新的开发设计模式中，市场调查关注的不仅仅是家具产品的使用功能，还有消费者对家具美学功能的需要。使用功能是家具产品的本质，满足的是消费者的生理需求，而心理美学功能是家具产品的外观形式，满足的是消费者的心理需求。只有真正了解产品的痛点所在，才能设计出消费者满意的产品。在家具产品使用功能基本相同、价格差异不大的条件下，家具产品的舒适性、便捷性和美观性等心理美学功能占据主导地位，成为家具产品成功的决定因素。因此，设计师在产品设计过程中，不仅要关注家具的使用功能，而且要更多地关注家具产品的心理美学功能，从消费者价值观念、使用方式、生活方式和行为方式视角探讨产品的附加值，增加家具产品的文化和美学内涵，从源头上提高产品的竞争力。为了消除设计师个人或设计团队对产品理解与体验的偏差，在研发过程中还需要吸引更多的消费者参与，将设计的样品交给消费者试用、体验，并根据体验结果提出修改意见。设计师对使用者的意见、建议进行分类汇总，提炼出有价值的信息，然后对设计方案进行修改完善，从而使新产品能更好地满足用户需求。

（二）利用大数据思维指导家具设计

利用"互联网＋"的新机遇，在集群家具设计思维的转变过程中，可建立科研众包平台，通过众包平台发布设计技术需求，由高校、科研院所、科研个人等提供设计方案，从而实现供需有效对接。应树立大数据意识，注重利用家具销售终端收集家具的市场占有率信息，对占有率较小的产品进行具体分析，找出影响其销售的关键点，进一步分析消费者偏好，研发有针对性的产品。将大数据思维应用于家具产品的创新设计中，需要以信息技术驱动设计产业发展、以智能计算奠定设计技术基础、以产业跨界融合拓展设计服务的市场空间，使家具设计朝着更高端的方向发展。目前小微企业不具备独立的设计能力，专业设计公司水平参差不齐，有的设计师专业水平不高，所谓的设计创新主要是模仿创新，有的设计水平高的公司收费较高，小微企业难以承受。在互联网思维的指导下，小微企业可基于互联网开展创新创意征集，引导消费者参与产品设计，最大限度地采用消费者提供的方案。对于被选中的创意和设计方案给予相应的报酬，这既能降低企业研发成本，又能提高新产品适应市场的能力。

（三）注重智能家具的跨界融合

随着互联网技术的发展，消费者原有的生活方式被颠覆，年轻消费者的家具需求方向发生了本质性变革，这为家具业与科技领域的跨界融合创造了更多的机会。在没有网络年轻人就"不能生存"的当下，在家具上加入任何互联网的应用，都可能创造出巨大的市场需求，智能家具产品应运而生。在衣柜内加装小型消毒器，帮助消费者对内衣裤、床单等进行消毒；在床垫上加入传感器，用来测量体温、心跳、血压，并将信息及时传输给专业医院；将电视柜设计成音响，装上音乐播放器；在书柜、办公桌上安装屏幕，可以随时进行视频学习；让办公桌自由升降，工作中可随时调节身体的适应性，等等。基于互联网的智能家具的出现，打破了传统家具的组合模式，充分调动了消费者参与设计的积极性，家具的外形尺寸、组合模式可根据消费者的个人习惯和家庭空间布局自由组合，给消费者的工作、生活带来极大的便利。所以，现代家具设计师在关注家具的基本使用功能、审美功能之外，也要更多地关注现代技术，尤其是互联网技术与家具产品融合，从而创造更广阔的增值空间。

三　家具智能制造技术创新

（一）智能制造的推广需要管理创新支持

在经济新常态背景下，家具生产企业面临劳动力成本提高、消费者需求升级、技术人才缺失等诸多新挑战。智能制造是将信息技术、网络技术和智能技术应用于设计、制造、管理和服务等工业生产的各个环节，从而产生的一种新的工业形态。智能制造的推广可以帮助企业走出低成本扩张、低价格竞争的经营模式，转而走向通过技术创新、使用先进设备、利用新技术来提高产品质量的发展路径。智能制造的实施要求家具企业在新材料研发、新设备应用、新技术开发等方面付出诸多努力，从而最大限度地解放劳动力，提高加工质量和生产效率。

要实现家具产品的智能制造，完成最终产品的创新，企业内的精益生产管理是重中之重。面对市场需求的升级，家具企业要成功实现转型，需要完成三大转变：廉价产能到高附加值提供商（品牌+原创设计）的转变、大批量标准化生产模式到大规模定制生产模式的转变、基于人工的生产卓越到基于创新技术的卓越智造的转变。三大转变的实现，要求企业实施精益生产管理，加强现场管理和成本管理，采用可视化管理工具，推行绿色环保、节能降耗的新型管理方式，加强信息化技术的应用与建设，将信息技术用到体系管理中。通过在企业内部持续推行5S培训、标准化作业、看板管理和整流化，提升家具企业生产效率，提高家具产品质量，从根本上解决人员、管理体系、品质和生产技术这四大核心问题。家具企业只有加大这些软硬件投入，才能真正达到精益生产要求，实现家具行业的智能制造。

（二）智能制造技术使用需要龙头企业带动

集群中的龙头企业在资金、技术、人才方面的实力较强，应在智能制造技术的使用中担当重任。企业应加大对自动化和半自动化生产设备的投入，在部分特殊和关键工序上率先使用机器人，推行智能制造。在容易产生挥发性气体、导致职业病的家具喷涂工序，以机器人代替劳动力，实现"零挥发、零甲醛、零污染"；在一些关键的岗位，如家具生产过程中的上料、开料、封边、钻孔等，都可以用机器做主角，使工厂的自动化程度达60%以上。目前，国内部分家具龙头企业，如维尚家具、索菲亚、青岛一木等在智能制造领域做了有益的尝试，引进包括互联网化的开料、封边和CNC钻孔设备、自动喷涂线、机械手、UV线、RGV线等在内的先进设备，对油漆工艺进行彻底改造。龙头企业通过技术创新、设备改造升级、使用新型数控设备，打造家具生产的"机械化、智能化、定制化"的标准车间，从而降低人工投入，提高设备利用率，提升产品加工精度，提高企业的生产能力和产品附加值。

但需要注意的是智能制造绝不仅仅是购买机器人或自动化设备，还需要进行智能软件的设计、高素质人才的培养、管理制度和方法的优化。这就要求企业在模块化管理、机器换人、互联互通等多方面共同努力，将信息化管理贯穿家具生产的全过程，以设计研发、生产制造、管理、营销等内容为出发点，实现各部分智能化管理及运行。随着"两化融合"速度的加快，定制类家具通过信息软件处理程序将产品信息传递给备料环节，经过生产加工、物流配送、产品安装等环节协同运行，更加精准、便捷、高效地满足客户需求。

（三）智能制造技术推广需要配套企业支持

家具产品的生产涉及十几道环节，不可能同时使用自动化的流水线，只能先局部实现数控化、自动化。家具产业集群内部需进一步强化企业间的分工与合作，发挥各企业的优势，形成集群合力与竞争力，这样才能提高产业链的整体生产能力，最大化地发挥集群效益。数控化、自动化的生产环节由龙头企业牵头，非自动化生产环节则可由集群中的中小企业完成。集群中的中小企业应主动对接龙头企业，发挥自己的优势，做好家具自动化环节的配套生产。同时，集群化生产可打通设计前端与生产后端，实现软件和硬件的同步升级，这将会成为定制家具行业扩大市场份额及实现可持续发展的法宝。

四 家具产业链上企业间的协同创新

家具产业集群的协同创新要重点推进供应链创新，实现家具产品设计、制造、采购、销售、服务等全过程高效协同的组织形态，形成完整高效的创新价值链。在协同创新过程中，确定龙头家具企业的主导地位，建立核心企业主导型的产业集群协同创新团队。在各创新主体协同创新的过程中，重点做好产业链上各环节的融合创新。家具产品的创新既要有新颖、时尚、功能舒适的设计，也要有先进的原材料处理技术、智能化的数控机械加工工艺和可追溯的质量控制系统。只有设计、材料处理、加工、销售等各环节紧密配合，才能为消费者提供适用、便捷的高品质家具产品。

（一）家具龙头企业决定协同创新的方向

家具龙头企业多在全国各地设立家具专卖店，在产品销售过程中，可以借助网络技术比较方便地收集消费者偏好的相关信息，并将信息迅速反馈到公司的技术研发部门。通过对不同品牌和规格的家具产品销售数据的分析，可以摸清消费者购买家具的关注点。同时，家具经销人员也可以在与消费者沟通的过程中，了解不同年龄、不同消费层次的消费群体的新需求，为家具产品的研发创新提供基本方向，使产品的创新研发建立在准确的数据分析之上。在此基础上，聘请高校及科研院所的专家加入研究团队，协同工作，有针对性地开发适销对路的家具产品。比如，使用频率高的家具产品（特别是桌类、坐具、寝具等）对舒适度的要求排在首位，而家具舒适度的满足离不开人体工学的理论支撑，这就要求研究团队在人体工学理论的指导下开展协同创新的研究工作，并在相关领域消费者参与下，通过大规模的设计、实验、测试、分析，开发出适合不同层次消费者、不同场合使用的舒适性产品。

（二）家具龙头企业带动原材料创新

家具龙头企业对家具生产新材料的需求，可有效带动材料供应商的技术创新步伐。材料供应商参与家具产品的协同创新，可以根据家具的设计和生产的需求，开发低成本型的节能、环保材料，解决传统家具生产中面临的木材等原材料短缺和成本高居不下的困境。纵观家具行业的发展历程，每一次家具行业的巨大飞跃都与新材料和工艺技术的运用密不可分。家具生产的原材料从木材、竹子到钢材、木材，再到木材、钢材与高分子材料、复合新材料的结合使用，家具产品的功能、造型和外观、使用场景有了明显的改变，产品使用的便捷性、舒适性和美观性大大提高。

（三）家具龙头企业带动生产设备创新

家具龙头企业对智能制造设备的需求，带动了设备供应商的技术创新。设备供应商参与家具产业集群的协同创新，可以更清楚地了解产品加工生产对设备性能和技术水平的要求，尽快研发出符合企业加工生产要求的新设备。智能制造设备的投入需要智能软件的支持，设备技术水平的提高，倒逼企业培养和引进高水平的生产技术人员，通过优化生产工艺流程，促进生产环节无缝对接、提升企业精益管理水平。以实木家具生产为例，实木家具的加工流程包含从备料、开料、铣型、钻孔、涂装到最后包装的大大小小40多道工序，每道工序都有独特的技术要点，需要投入的时间和人力非常多。而通过采用自动化装备，某些原本需要多人的工序可只需1人甚至无需人工，原本需要多台机器的作业则被合并到一台机器中，这极大地提高了生产效率，降低了人工成本。

（四）家具销售环节的技术创新

家具销售环节的技术创新，使产品质量的可追溯性功能得以实现。如果家具厂家都为自己的产品安装上传感器，通过传感器及时反馈家具产品的运输信息、销售信息、使用信息、存续信息，这样既能提高企业对家具产品的销售管理水平，又可以为家具产品未来研发方向的确定提供准确的数据支持。

同时，家具产业链上的中小企业必须紧跟龙头企业的创新步伐，加快特色配套零部件的创新，以满足集群最终产品创新的需求。集群核心企业通过生产协作、开放平台、共享资源等方式带动上下游中小企业和创业者协同发展，从而形成产业集群内企业共同发展的合力。

五 建设家具产业共性技术服务中心

家具产业集群的创新要贯彻"创新、协调、绿色、开放、共享"的发展理念，更多地考虑生态环境的承载能力。家具产业共性技术服务中心正是在"创新、协调、绿色、开放、共享"发展理念的指导下，在家具企业共性技术需求的基础上建立起来的，主要包括公共喷涂中心、公共干燥中心、检测中心等，为集群内企业提供木材干燥、家具喷涂、烘干、质量检测等专业技术性服务，致力于在降低单个企业生产成本的同时，满足家具产品绿色环保的要求。因为木材干燥、家具喷涂、烘干等设备投资大，而且需要专业人员有较高的技术水平，所以单一企业的设备利用率较低，配套成本较高。共性技术服务中心的建立，可有效解决集群内的中小企业资金、技术不足难题，在帮助企业提高家具产品质量的同时，降低行业整体的污染水平。通过共用共享的方式，智能化设备的使用效率大大提高，共性服务设备的研发和技术水平也将随着家具制造水平的提高而不断提高。家具产业共性技术服务中心的出现，将对推动家具产业的转型升级、提升整体智能制造水平做出巨大贡献。

第二节　家具流通系统创新

流通环节是家具产业集群创新体系的末端环节，也是决定家具产业可持续发展的重要环节。企业应借助互联网创新销售模式，利用新零售方式拓宽市场空间。企业可以从终端消费者的体验和感受出发，精心打造线上产品宣传店和线下实体体验店，让消费者有耳目一新的产品体验；通过提高产品设计、包装、运输、施工、维护等环节的服务质量，树立良好的企业品牌形象；通过建设集群区域品牌提高家具产品的市场竞争力。

一　"线上线下"相结合的销售模式创新

（一）线上选择和线下体验的销售模式

在"大智移云物"背景下，网络营销已经成为企业营销的一种趋势，这意味着家具企业应主动利用互联网、大数据、物联网技术，探索"线上线下"相结合的电商销售模式，开展电子商务活动，创新服务形式，通过快速响应客户需求、及时了解市场反馈信息，实现精准营销，不断扩大产品的市场空间。

家具产品属大件、贵重商品，其耐用消费品属性决定了消费者的购买决策是非常谨慎的，需要去亲身体验产品性能与触感。而基于网络购物的安全性与物流体系等硬件、软件设施还有待加强与完善的现状，多数消费者还是会选择在线下实体店购买家具。所以，企业进行家具销售模式创新时，应当依托自身的制造实力和营销渠道，继续拓宽线下营销渠道，同时利用互联网平台强大的流量优势和技术实力，做好线上推广宣传，扩大产品市场影响力，提高企业市场份额和企业利润空间。

通过将线上选择和线下消费体验紧密融合在一起，消费者可以在不同的消费场景中享受同等质量的体验，线下消费能够拥有线上选择的便利，线上购物能够享受线下消费的体验和服务。线上和线下相结合的销售模式可把两者的优势最大化地发挥出来，如线上渠道可以在消费者引导和品牌宣传上发挥优势，企业可通过广泛的电商渠道（微商、天猫、京东等）进行品牌营销，吸引潜在的消费者进入线下专卖店、旗舰店等体验消费。

（二）场景体验式的销售模式

借助大数据，企业可以通过线上渠道快速累积潜在消费者的需求信息，通过抓取消费者的个人特征、消费水平、消费偏好等个性化数据，精准分析消费者的真实需求，为消费者提供有针对性的商品和服务。线下渠道则在产品、服务、体验等方面深耕细作。实力较强的家具销售企业应尽快利用大数据、人工智能、VR、AR、3D等前沿技术，打造家具行业的数字化场景体验店，让顾客全景体验在线生成的新家，并身临其境感受家具产品搭配效果。依靠线上虚拟产品和线下实体产品完美结合，顾客在购买家具时可以提前看到安装效果，先试后买免去后顾之忧，这种场景体验模式彻底颠覆了传统的店员推介的销售模式，从而全面提升顾客体验感和满意度。

二 借助移动互联网的"生活家"销售模式

在互联网和共享经济背景下,网络已成为人们日常生活中不可或缺的重要工具,网民这个庞大的消费群体也引起了大小家具销售商家的普遍关注。大型家具品牌企业对线上销售与线下体验的重视程度越来越高;中小家具品牌企业,可以通过网络营销迅速提升自己的知名度,但囿于资金实力不足,难以打造线下的数字化体验店,可借助共享经济和移动互联网的家具销售平台,立足于"生活家"等销售模式,利用新型线上线下融合的方式,将潜在消费者与企业的老用户联系在一起,让老用户的家成为新客户的体验店,为潜在消费者提供现场的体验服务。具体的服务模式是有意在网上购买家具的消费者可以去愿意开放家庭空间的老客户家现场体验,同时,老客户分享其使用的真实感受;如果新客户完成交易,老用户可以获得一定的补贴。消费者可根据自己喜欢的家具品牌、装修风格、空间格局等预约合适的"生活家",直接到老用户家中实景体验。这种融合方式既能为中小家具品牌省去线下开店和运营的高昂成本,又能够把客户选择好的家具直接从生产厂家送到消费者家中,为消费者节省许多不必要的费用,实现生产者和消费者的共赢。同时,中小家具企业可采取合纵连横战略,与相关产业联合推动协作营销,例如与家电、家具、厨卫电器等产业协作进行宣传营销,以吸引消费者的更多关注。

三 挖掘家具文化内涵、建设区域集群品牌

(一)挖掘家具文化内涵

未来的家具销售市场上,具有传统文化元素的实木家具将倍受国民期待和推崇。由于人们对中国传统文化精髓的认识和理解越来越深刻,经典文化会成为家具企业进行文化创意探索的源泉。家具

文化是家具中所承载的一个地区的生产发展模式、生活习俗、思想感情及审美情趣等。由于家具的物质性，材料、装饰、艺术元素都可以融入家具文化。目前，山东省中高端家具市场主要被国际品牌、外省品牌占领，省内家具企业要想在激烈的市场竞争中占据优势，必须着重考虑设计研发、技术创新和区域品牌打造等问题。在品牌的塑造过程中，企业应深入地挖掘山东悠久的家具文化内涵，在家具产品中融合多元文化，借助现代设计理念对中国家具文化资源进行传承与创造，提高家具产品的文化附加值。

在山东省特色家具产业集群的发展中，应充分重视对优秀传统文化资源的开发与保护，尤其是对潍坊嵌银、菏泽鲁锦、临沂和滨州的草编柳编等非物质文化遗产的传承、创新与价值再造。政府相关部门应制定专项政策、拨付专项资金，鼓励非遗传承的工匠艺人招收学徒开办专项技艺培训，并鼓励传承者探讨具体工艺与智能设备的结合，进行工艺创新，使这些优秀文化资源得以传承与发扬光大。在工匠艺人、学徒工人、设备技师及专家学者的共同努力下，开发出具有更高艺术价值和附加值的产品，实现文化资源工业化、产业化，逐步扩大特色家具产业集群规模。

（二）建设区域集群品牌

山东是鲁班的故乡，拥有齐商文化、鲁商文化等宝贵的传统文化资源，在专业家具技师和民间木匠的参与下，将传统文化与现代工业化生产相融合，充分挖掘"鲁作家具"造型特点和文化内涵，将齐鲁文化融入"鲁作家具"的设计研发中，开发出"鲁作家具"系列产品，必能提升品牌家具的文化底蕴。青岛国际家具展、济南家具采购节、临沂全国家具采购节等为全省家具的销售、品牌塑造提供了重要的平台和窗口，有利于提高山东省家具产业集群的品牌知名度。

目前，由山东巧夺天工家具、山东鲁发红木家具等39家企业组成的山东省家具协会红木家具专委会，正致力于红木区域品牌的打造；由青岛一木、烟台吉斯等45家企业组成的山东省鲁派家居联盟，以传承鲁班匠心精神、构筑现代鲁派家居为宗旨，通过搭建协同创新平台、整合资源，致力于山东家具品牌整体形象的提升。这些新举措必将引领山东家具业高效发展。

第三节 产学研协同创新

家具企业、高校及科研院所是产业集群协同创新的核心主体，协同创新的主要方式有专利和技术服务购买、技术引进、委托研发、产学研合作等多种类型。不同的协同方式需要由不同的机制来保护和约束，才能实现专业人才、资金、设备、信息等各类资源的共享，激发各创新主体的创新活力，提高产业集群的创新绩效。

一 强化家具专业人才的联合培养

（一）家具协会推动校企联合培养

在创新驱动发展战略下，家具产业转型升级是大势所趋，高素质的专业人才是创新发展的重要驱动因素。山东省家具专业人才需求规模庞大，但迄今为止，山东省内只有山东工艺美术学院、山东艺术学院等少数几家院校开设家具专业，家具专业人才供应严重不足。因此，家具协会应积极推动校企联合培养，增加家具专业人才供给，提升专业人才的综合素质。第一，山东省家具协会应联合家具龙头企业、山东工艺美术学院、山东艺术学院、山东省家具研究所、各地的家具职业技术学校等院所，邀请东北林业大学、南京林业大学、北京林业大学等知名院校的专家、学者加入，共同建立山东家具产业人才培训基地。邀请国内外家具设计大师、优秀家具企业领导人、长期从事家具专业研究的学者教授等前来授课，提高家具专业人才的理论素养；同时，聘请家具企业内部高级工程师、技师，以及拥有丰富经验知识和技术的相关人员登堂讲课，传授家具生产中的实践经验，为家具行业发展培育和储备实用型、技能型、创新型的专业人才。第二，定期开展从设计、生产、营销到售后服务各环节的全过程职业技能培训，提升现有设计师、生产技工、雕刻师、组装工、油漆工、营销师与管理师的整体素质和业务能力。第三，充分发挥山东省人社厅、省轻工联社技师人才培训平台作用，大力培养技师、高级技师和首席技师，为全省家具行业的升级发展提供人才支撑。第四，加强对企业家的培训力度，提高企业家在战略制定、观念创新、管理创新等方面的综合能力，培养一批示范性的优秀企业家，带领山东省家具产业不断创新发展。

（二）建立产学研联合培养基地

家具应用型人才的联合培养，需要着力培育以市场为导向、产业化为目的、企业为主体、人才培养为核心、公共研发体系为平台、产学研相结合的区域人才创新体系。通过产学研联盟，将高校智慧资源与企业制造生产融合，不仅有助于推动智慧产能价值实现，更有助于推动理论与实践相结合，使职业院校的研发根植于一线生产与市场土壤，不断获得进行研发和人才培育的给养。政府主管机构、家具协会、家具高等院校（含职业院校）、家具生产企业可联合建立家具专业人才培训基地，以集群内的大中型家具企业为核心，共建家具实践教学基地，形成产学合作、工学交替、订单式培养模式。联合培养基地聘请高校教育专家和行业专家负责，师资团队由行业专家、企业高工高管、骨干教师、专业带头人构成。在联合培养过程中可实现产业信息、技术人员、实训基地、师资设备、职业培训、技能鉴定、毕业生就业等资源的优化配置和共享。

（三）设立研发基金培养创新型人才

产学研联合培养基地还可以设立研发基金，以大学生创新创业项目和企业实际研发项目为依托，有针对性地进行项目立项研究，培养学生的前瞻创新能力、洞察用户需求的能力和理解全新商业模式的能力。在项目的研究过程中，来自高校和企业的指导老师可以对学生进行创新创业研究方面的专项培训，进而培养能适应产品设计、生产管理、品牌管理和营销管理等多岗位的综合型专业人才。在校企合作过程中，双方还可以通过共建产学研合作中心、工程技术中心和联合实验室等方式来加强科研合作与技术交流，培养高层次的专业技术人才，为家具行业注入更多新鲜血液和强盛持久的创新能力。

另外，各地政府和企业还需积极完善用人机制，营造良好的人才发展环境，吸引行业内的高级设计、技术和管理专业人才的加入，组建设计与研发团队，提升山东省家具产业创新发展能力。

二 建立产学研协同创新机制

集群内产学研协同创新机制主要是帮助各创新主体明确其在协同创新中的责权利问题，形成资源共享、过程协同、风险共担、利益共享的合作机制，充分发挥各创新主体的资源优势，取长补短，提高协同创新的效率和成功率。

（一）资源共享机制

参与产学研协同创新的主体拥有互补性资源，高校及科研院所作为技术研究机构和人才储备机构，拥有丰富的知识和人才资源；家具产业集群中的龙头企业具有高度商业化的人才，充足的资金、设备及物质资源，熟知资源的分配和利用，能够妥善管理各种资源，并有效利用。三者的协同创新可以实现各类资源共享，并且以实现家具产品创新作为共同目标，这使得协同创新得以顺利开展。资源共享机制可以缓解企业因缺乏研究型人才而无法解决技术创新难题的压力，可以解决高校因缺乏资金来源而无法完成课题研究的问题，同时也能够解决专门研究机构因缺乏实践平台而使得新产品无法完成社会推广、产生社会效益的问题。资源共享机制的建立，能够充分发挥各创新主体的优势，减少无用和重复的投资，使每一个环节的资源利用率得到提高，最终形成"1＋1＞2"的协同效应。

（二）资本融合机制

资本的投入是家具产业集群协同创新中的关键问题，虽然家具企业拥有一定的经济资源，但是其对于风险极大的创新活动的资本投入也有诸多顾虑。在家具生产技术创新的研究活动中，资金超支是常有的事情，甚至多数企业在创新活动开始时就存在一定的资金短缺现象，这对家具企业的技术创新活动造成了极大的阻碍。

资本融合机制是指在以企业为主体的产学研协同创新模式下，家具企业有融通资本的义务。作为技术创新的主体，家具企业对技术创新趋势的把握远比高校及科研院所准确。资本融合机制能够有效降低因研究方向不准确可能造成的资金损失，也可以避免研究方向正确的创新项目因资金短缺而延误创新时效性的问题。家具企业可以根据政府对行业创新的扶持政策的引导，通过申请政府资金扶持、引入风险投资以及自筹资金等方式拓宽资金来源渠道，获取技术研发运作所需要的资本；同时还可通过允许高校及科研院所技术入股的方式，强化与高校及科研院所的合作关系，确保技术创新可持续发展。

（三）联合攻关机制

家具企业、高校及科研院所在创新过程中均有自己的特长，但在缺乏有效协作引导机制的情况下，各创新主体各自为战，这使得创新效率低下，创新资源存在浪费，联合攻关机制可有效解决这个难题。以家具企业为主导的各创新主体协同创新活动，可根据市场技术创新的需求，合理地进行角色分工和职责划分，发挥各创新主体的优势，在确保协同创新过程有效进行的同时，能够根据技术研发过程中遇到的问题，及时调整研发计划，从而使协同创新活动能够在有效的管理下顺利进行。

首先，家具企业根据市场调研的情况和企业生产过程中遇到的技术难题，确定联合攻关的具体项目。企业技术人员直接面对市场需求和生产过程，具备良好的市场敏感性和生产实践经验，对现实问题的预估和判断能力较强，可确保要攻克的难题具有实际应用价值，能够进行产业化推广。

其次，科研攻关团队由学校的教授、研究员和学生组成，能够确保技术的合作攻关有坚实的理论支持。教授、研究员具有深厚的理论功底和创新敏感性；学生具备一定的理论基础，思维活跃，善于用发散性思维从多个角度看问题，能够提出新的创意和构思，帮助企业提高创新能力。

再次，家具研究院主要由专业的硕士、博士和行业专家组成，可以为家具产业链上的不同企业提供战略规划、家具设计、品牌形象设计，并进行相关专题研究。这些人员在长期的服务过程中积累了丰富的经验和深厚的理论功底，具备强大的理论创新和应用创新能力。在产学研联合攻关过程中，企业可以把重大的攻关项目拆分，分别由企业自身的研发人员、高校师生及家具研究院的专家完成，让他们充分发挥各自的优势分别开展工作，同时在关键问题上三方共同探讨，及时达成共识。

最后，以企业为主体完成联合研究成果产业化的中试熟化任务，确保研发成果可以达到工厂化生产、社会化推广的要求，为消费者提供性能优异的创新产品。由于联合攻关选题来源于市场，因此成果完成后能够快速适应市场要求，发挥其社会价值，大大提高创新效率。

（四）创新成果分享机制

协同创新成果主要包括协同创新产生的技术、专利或经济利益，参与创新活动各主体的利益诉求各不相同,在创新成果的分配中,应充分兼顾各主体的利益诉求。

1. 确定合理的利益分配方式

创新成果分享机制是参与协同创新的各主体,在充分协商的基础上,按照付出与回报配比、风险与报酬配比的原则,事先约定好协同创新技术成果的归属单位及利益增值的分配方式。可将各创新主体在创新过程中投入的技术资料、资本、人力、设备、仪器及商标、品牌等合作要素,折算为股权或出资比例,作为分享技术成果、分配经济利益的基本依据,明确各创新主体利益分享形式,形成各合作主体都认可的利益分配方案。

当科技创新成果转化为经济利益时,各创新主体根据事先约定好的利益分配方式,分配相应的经济利益。具体的利益分配方式应着眼于长期发展,在不同时期采取不同的利益支付手段,以最大可能地弱化资金风险。在创新产品生产初期,企业需要扩大生产规模,提高企业产品的市场占有率,投入更多的资金,利益分配可采用增加股权或提高出资比例的方式;在创新产品的成长期,企业的利润获取和现金回收能力不断增强,可适当增加现金股利的分配;在创新产品的成熟期,企业的现金创造能力达到最高,利益分配应以现金分配为主,同时在产品的可持续创新上投入更多的资金,保证企业的可持续发展。创新成果分享机制是创新主体利益平衡的关键所在,也是影响协同创新可持续性的最重要因素。

2. 企业争取协同创新成果的知识产权

家具企业是技术成果应用推广、标准制定、中试熟化与产业化发展的重要载体,拥有技术专利的所有权对企业的可持续发展至关重要。在协同创新活动中,企业关注的主要是科研项目的决策权和在组织实施过程中的主导权,以便使协同创新的成果更符合企业当前的实际需求。因此,需要投入更多的研发人员、设备及资金,借助高校及科研院所的科研力量,解决企业研究人员难以解决的问题。

这样，企业才能在最终创新成果的分配中掌握主动权，在利益分配中居于优先地位。企业拥有协同创新成果的所有权，可确保创新成果继续开发、完善，满足企业持续创新的需要。

为调动高校及科研院所参与协同创新的积极性，可以允许他们以创新成果第二作者，甚至是第一作者的身份参与科研成果奖励申报，以满足高校及科研院所等知识创新成果累积和参与成员的荣誉表彰的需求。高校及科研院所在享受知识成果的同时，也可以技术资本入股的方式获取客观的劳务报酬，从而激励他们的研究积极性。如果在协同创新活动中，高校或者家具科研院所占据主导地位，企业主要提供资金及设备的支持，完成科研成果的中试及成果的最终转化，那么创新成果的第一归属单位应该是高校或科研院所，企业可以享有一定时间内的创新成果优先使用权，这会使得企业的持续创新能力受到一定程度的限制，也可能会使得企业创新收益的可持续性因为创新成果的使用权过早地转移给其他企业而受到影响。

（五）风险分担机制

由于影响因素的不确定性，任何创新都不会一蹴而就，而是可能面临许多风险。企业的研发可能会因技术储备不足而面临技术瓶颈，以致错过最佳的发展机遇；高校可能会因为缺少对市场的了解出现初期选题错误的风险，以致偏离实践或重复研发，浪费大量的人力物力。而科研院所的资金支持主要来源于企业和政府的项目资助，在容错机制不完善的背景下，风险大的突破性创新方案往往难以得到企业的认可，只能采取创新水平相对较低的替代性方案，从而可能错过新技术的产生等。产学研的协同创新可以通过资源共享、风险共担的方式，降低各主体的风险水平。

但是风险始终无法避免，事先的风险分担机制可通过协议或合同条款，提前确定企业、高校及科研院所在协同创新中的权利和风险责任承担方式，明确各创新主体在研究过程中的权利与责任，防止可能出现的责任推脱现象，在一定程度上减轻协同创新各方劣势可能带来的风险。企业可以利用高校及科研院所的技术储备充足、技术力量雄厚的优势，在短时间内调动研究领域和实践领域的专家共同参与，攻克技术难题、项目瓶颈，大幅度降低创新风险可能造成的损失；而有了熟悉市场的企业的参与，高校创新课题便可以针对市场和企业的实际需求而设定，在期望理论突破的同时也更具实践意义；科研院所也能在资金支持和容错机制的保护下，进行突破性创新项目的研究。一旦有风险发生，可以清晰地定位风险责任的承担者，以促进当事者及时调整改进，避免更多利益纠纷的产生。

三 构建产学研协同创新的信息平台

针对集群中的家具企业、高校及科研院所和政府部门在科技服务、协作共享、成果转化、集群评价等方面的需求，可以由家具协会牵头，搭建集群内各创新主体协同创新的平台，平台应具有信息集散、创新引导、对接促进、定制服务等方面的功能。

首先，利用家具协会的官方网站，汇集家具产业的发展规划，政府部门的科技政策，企业的技术需求，高校及科研院所的科研设备、仪器、技术成果和技术服务等信息，发布技术研发、协同创新和成果转化方面的行业资讯。家具企业可以利用平台寻找合作伙伴和潜在客户，建立与高校及科研院所的联系；高校及科研院所可以利用信息平台了解行业技术市场动态及发展前沿，了解企业创新需求；家具协会聘请的专家可以通过举办专题报告会、专题沙龙等方式，为企业、高校及科研院所提供政策咨询服务，引导他们紧跟政策确定技术创新方向，为研发立项和技术攻关提供支撑。

其次，家具协会牵头建立协同创新项目的咨询评价系统，提供企业资质审核、技术审核、融资评估等多方面的咨询服务。通过该系统，企业可以了解高校及科研院所的研究基础及实力，高校及科研院所可以对企业提出的创新需求有更深入的了解，弄清楚企业可以提供的资金支持力度，金融部门可以准确把握创新项目的发展前景和可能获取的收益状况，便于制订具体的投资支持计划。协同创新各主体通过定向搜寻匹配、评估论证等方式促进创新项目参与各方的对接，达成协同创新的合作协议。

再次，中介机构可借助协同创新的信息平台，为集群协同创新活动的开展提供国内外相关的技术资料，对完成的技术成果进行先进性、经济性、社会性等方面的评估，为集群中的各创新主体提供文献情报检索、知识产权申报鉴定、科技成果转移交易等方面的服务，满足技术创新和成果转化的特定需求，促进研发合作、协同创新与成果交易的顺利完成。

第四节 金融支持体系创新

科研经费短缺是制约产业集群协同创新以及技术成果产业化的一大因素，企业没有能力或不愿意承担风险大的项目，因此，协同创新投入必须建立以企业筹资为主，以政府投资、金融贷款、民间集资、引资等为辅的多渠道、多层次的投融资支持体系。山东家具产业集群创新发展的金融支持体系的构建，应在政府政策的扶持下，遵循产业发展与金融发展规律相结合、市场运作与政府推动相结合的原则，强化商业银行在产业集群协同创新中的主要地位，建立健全集群融资担保体系，培育和建立多层次金融支持体系，提升金融支持山东家具产业发展的水平，解决集群企业融资过程中面临的难题。

一 加强商业银行信贷支持

（一）创新服务产品支持中小企业发展

商业银行必须把与集群中家具企业之间单纯的资金借贷关系延伸成与企业互利共赢的关系，根据集群企业不同发展阶段的资金需求提供针对性的服务，最终实现银行和企业效益的最大化。山东省家具企业以中小企业居多，规模大实力强的龙头企业相对较少，不具备通过资本市场直接融资的能力，这使得银行信贷资金仍然是山东家具企业最主要的融资来源。因此，商业银行对家具企业的信贷支持是保障初创期家具企业快速发展、缓解企业资金短缺压力的有效手段。各商业银行应在掌握家具产业发展趋势的基础上，创新金融服务产品，通过设立小微企业信贷通、家具产业信贷通、还贷周转金等金融服务产品，加大对处于不同发展阶段的家具企业的资金支持。政府应鼓励和引导商业银行的小额信贷积极支持产业集群创新项目，使其将信贷资金投放向家具产业倾斜，从而支持家具企业创新活动的开展。

（二）实施产业链融资支持

在具体信贷产品开发上，银行需要根据不同类别的家具企业及同一企业在不同发展阶段对资金的需求状况，参考企业的资产结构及创新产品的未来收益，结合其在集群产业链中的市场地位，为企业提供特色金融产品，主要包括供应链融资、家具企业综合授信、互惠贷、出口退税质押贷款、创业贷款、联保协议贷款、保理业务、并购贷款等。其中，集群供应链融资作为银行信贷的创新产品，对集群整体的发展有重要的支持作用。金融机构应把供应链上的核心企业及与其有密切业务关系的上下游配套企业作为一个整体，从供应链的视角对核心企业的信用状况进行评估，确定其授信额度；对核心企业与上下游企业的长期合作关系进行分析，以其与核心企业的业务合同、应收账款、预付账款、存货等为依据，确定对供应链上关联企业的贷款额度及贷款发放方式。这种基于货物所有权及现金流控制权的融资模式，可极大地降低供应链上相关企业的融资难度，既能满足供应链上相关企业的资金需求，又可以最大限度地控制金融机构的贷款风险。而且通过打通上下游融资瓶颈，拓宽集群企业融资渠道，还可以降低整个供应链的融资成本，提高产业集群的整体竞争力。

二 建立健全集群融资担保体系

在不同行业和地区的产业集群融资实践中，相关金融机构已逐步总结出一些切实可行的融资担保方式，如政府担保融资、产业集群监管方担保、产业链核心企业法人担保、组合担保、联合担保、互保等联保体的方式，这些具体担保方式的实施，既可以解决企业发展中的资金困境，也可以最大可能地降低金融机构面临的风险。

（一）设立政府担保融资基金

地方政府在产业集群发展中，可以通过制定产业政策及行业发展规划等方式引导家具行业的发展方向，同时也可以为解决家具产业集群技术创新中的资金难题提供帮助。地方政府可以通过财政出资设立中小企业担保融资基金，为符合产业扶持政策、有良好的发展前景，但缺乏充足发展资金的中小家具企业提供担保，从而提高被担保企业的资信等级，帮助集群中小企业获取合作银行的贷款资金。一旦出现被担保企业贷款逾期的情况，政府担保基金可以代为偿还，从而降低合作银行的贷款风险，调动银行支持中小企业发展的积极性，起到利用政府的小资金撬动银行大资金的杠杆作用，加快科技成果的转化及产业化进程，推进家具产业的发展和产业结构转型升级。

（二）产业集群监管方担保

产业集群的监管方（政府机构、家具协会或其他民间组织）对集群内企业的实际经营状况比较清楚，因此，集群内中小企业有融资需求时，可集中提交给监管方，请求协助解决。在监管方担保的实施过程中，要制定一套集群信贷风险担保资金管理办法，设定参与担保企业的资质条件，明确贷款逾期的惩罚办法。集群企业的监管方比企业具有更高的信誉度，对企业可提供的抵押或担保方式比较清楚，在其信誉担保的协助下，可帮助企业快速融得资金。为有效避免还款风险，监管方可为实施担保贷款的企业设定一个"风险资金管理池"，如果出现企业贷款及利息不能按期足额偿还的情况，则先从"风险资金管理池"中予以偿还，并要求借款企业在约定的时间内将代偿资金及利息归还，同时支付相应额度的违约金。

（三）家具龙头企业担保

家具产业集群内的龙头企业在集群发展中居于核心地位，可为产业链上的中小企业提供相应的担保支持。家具产业园区、专业市场中的集群中小企业，在长期发展中与产业链上的龙头企业建立了密切的合作关系，这使得龙头企业对中小企业的生产经营情况、资金实力、社会关系网络等了解得比较清楚。当中小家具企业的担保抵押物达不到银行等金融机构的要求时，龙头企业可以为之提供担保，帮助中小家具企业及时获取发展所必需的资金，同时有利于企业自身的供应链及产品销售的顺利完成。

能够加入家具产业集群的企业，是市场机制作用下的企业竞争与合作的适应性选择的结果，一般具备一定的产品优势和市场开拓能力。虽然企业能够用于抵押的固定资产少，难以满足银行贷款的相关要求，但考虑其未来的成长能力，银行可以将企业的部分流动资产，甚至是预期收入、现金流、出口货物保单等纳入信贷抵押担保范围，为符合条件的企业提供贷款支持，这既能解决企业目前资金短缺的问题，又能使银行从企业未来的发展收益中获得相应的回报。

（四）"联保体"担保

集群内具有良好协作关系的中小企业，也可以采用"联保体"的担保方式相互之间提供担保，在风险共担、利益共享理念的支持下，共同发展。"联保体"可以是组合担保、联合担保、互保等方式。企业以"联保体"的方式向银行提出团体贷款申请，银行对"联保体"中的企业资质、担保物等进行审核后，确定贷款的授信额度。一旦出现某个企业贷款逾期的状况，银行可以"联保体"的企业资产予以偿还，这会有效降低银行的坏账、呆账产生的风险。此方式将本应由金融机构承担的贷款风险识别责任转移到相互之间比较了解的企业身上，有利于克服信息不对称带来的逆向选择问题，既能提高中小企业获取贷款资金的成功率，又能有效控制贷款机构面临的风险。

三 培育和建立多层次的融资体系

为促进山东省家具产业集群协同创新，需要建立与相关企业多样化、个性化金融需求相匹配的多层次的金融支持体系，拓展集群企业融资渠道。

（一）建立多层次的资本市场体系

建立完善多层次的资本市场体系，为产业集群内企业的发展提供更多的融资渠道。符合集群企业融资需求的资本市场体系应包括主板市场、二板市场、三板市场、产权交易市场和技术产权交易市场等，以满足不同地域、不同规模、不同类型和不同发展阶段的集群企业的股权融资需求。发展比较成熟、规模大、市场前景好、盈利能力强的大型家具企业，应选择主板市场上市融资；发展相对规范、规模较大、发展潜力较大的创新型企业，应争取在创业板和新三板市场上市，从而在获取资金支持的同时，进一步提升企业形象，增加品牌价值。

（二）争取风险投资基金支持

引导风险投资基金参与产业集群融资体系，为初创期的集群企业提供股权融资服务，为企业的长期投资提供充足的资金支持。风险投资基金的投资期一般为 2~5 年，可以满足企业中长期战略规划的需要。企业为了能在市场竞争中占据有利地位，往往会在创新产品的开发和引进上投入较多的资金和精力。创新产品未来市场的不确定性和高回报的可能性，使它具有典型的"高风险高收益"特征，这与风险投资基金对投资项目选择的要求基本一致，因而比较容易吸引风险投资基金的加入。风险投资基金关注企业的创新能力及未来的市场收益状况，多以股份的形式参与投资，能够帮助所投资的企业尽快发展成熟，从而实现资本增值，然后再采取适合的退出机制获利退出。

（三）支持和引导民间金融的发展

在互联网金融发展的大背景下，第三方支付、P2P 网络贷款平台、众筹等互联网金融门户的发展，对传统金融业的服务模式产生了重大冲击。金融管理部门应制定合理有效的金融政策，疏通、引导、规范、约束互联网金融的发展轨道，支持民间非金融机构的发展，发挥拾遗补阙作用，完善整个金融支持体系结构，为解决集群企业的融资难题而开辟新的融资途径。探索由政府、银行、企业等联动共建小微融资平台，配套企业信用信息管理系统、企业信用评级系统，构建多维度的融资增信体系，着力解决中小企业融资难问题。

第五节　家具协会的服务创新

家具协会是政府与家具企业、社会公众之间的桥梁和纽带，拥有政策、专家、会员企业、网站、平台等多种资源，在集群创新中发挥着不可或缺的协调作用。家具协会可为产业集群的发展提供包括政策引导、行业标准发布、创新平台搭建、创新人才培训、产品质量检测、信息咨询、物流和电子商务、科技成果转移转化等方面的服务。

一　建设家具供应链创新服务平台

（一）创新服务理念扩展服务内容

家具协会应根据集群发展需要，创新服务理念，为集群企业提供更高质量的服务。家具协会最先服务于行业内的家具生产企业，在集群产业链上企业的分工协作联系越来越紧密的背景下，协会的服务逐渐向产业链上下游企业延伸，发挥家具协会在行业政策法规解读、行业标准制定、专家人才、信息资源等方面的优势，为建立和完善家具产业链上企业之间的合作交流机制提供综合服务。

借鉴广东、深圳等家具协会的官方网站的服务经验，优化网络服务平台的服务内容，增加材料供应、产品供销、产业链招商、企业与集群品牌推广、产品设计、专业人才培训等服务项目，对家具协会原有的政策与标准的宣传平台、电子商务平台、设计在线等公共服务平台的服务内容进行升级。通过家具协会的定制家居、红木家具、青年企业家俱乐部、鲁派家具品牌联盟、产业链品牌联盟、质量仲裁、木工机械等专业委员会，建立集群内家具企业长期有效的合作机制，加强交流合作，提升整体品牌影响力，推动家具产业链上下游各环节的创新升级。建立家具协会与集群内各创新主体间的沟通交流机制，通过行业标准发布和宣传，加强市场秩序管理和经营规范，引导生产企业加强产品质量控制，营造企业间相互支撑、相互带动的良好氛围，促进协同创新活动的顺利开展。

（二）促进家具企业的跨界融合

在加强产业链上企业之间的分工与协作关系的同时，积极促进网络经济和实体经济的跨界融合，发挥互联网在设计创新和网络营销中的优势，提升网络服务实体经济的能力，实现互利共赢。借鉴国内首个家具行业供应链服务平台"众家联"的服务模式，搭建互联网供应链平台，吸引区域内家具生产厂商、家具原材料供应商、家具设计咨询服务机构等加入，充分应用产业大数据，为家具行业上下游提供更全面的产业生态链优化服务，从而推动家具行业的创新发展。针对家具产业的行业集中度低、企业创新能力弱、供应商管理方式落后等问题，采取"链接、优化、改变"三步走的策略，借助 SRM 系统（供应商关系管理系统）、工业物联网系统、工业 App、移动端 App 及 SaaS（软件即服务）云服务，加快推进家具企业信息化和企业供应链管理，推动企业管理创新的实现。通过"传统产业基础＋供应链资源整合＋互联网＋大数据＋金融"等多轮驱动及跨行业的有效对接，推动家具产业集群借助现代网络技术进行协同创新，实现家具产业的转型升级。

（三）借助家具展览会提升家具集群品牌影响力

国际家具展览会为国内外家具设计师、企业和用户搭建了国际化的设计、交流平台，为家具设计创新提供了更为广阔的发展空间。家具协会应积极参与组织举办各地的家具博览会，帮助企业开拓市场渠道、提升品牌知名度、促进交流与订货等商务活动的开展。依托现有的青岛国际家具展、济南家居国际采购节、全国家具采购节（临沂）、宁津家具文化节等展会及家具协会年会，为各类企业的产品展示、品牌宣传与推广等提供重要的平台，为集群的核心生产企业、产业链上下游的配套企业及木工机械企业等提供专业技术交流与研讨的平台，为集群协同创新提供贯穿产业链的全面服务。同时，鼓励山东家具企业走出去，经常组织企业到广东、浙江、江西、四川等家具产业集群发展较快的区域进行市场考察，参加国内外相关展会、研讨会，借此提升山东省家具产业集群的国内、国际知名度，进一步开拓国内外市场。

二 提升家具协会的服务质量

（一）引导家具企业家转变创新理念

家具协会应通过定期举办有关国际国内形势、家具行业发展趋势、发展特点等主题的研讨会，解读家具行业政策，让企业家了解当前的转型升级、两化融合、环保改造、人才培养的迫切性，鼓励企业家转变观念，大胆创新，引进科学严谨的管理模式，紧跟时代的发展步伐，朝着互联网和人工智能制造方向发展，真正实现两化融合、绿色智造、转型升级。

家具协会与众多国内外知名家具行业专家、学者和机构有着密切的联系，可定期邀请高校及科研院所的专家、学者举办实木家具论坛、软体家具论坛、名家讲坛等专题研讨会，开设各种培训班，向家具企业传递最新的技术信息和市场信息，帮助企业家开阔视野，尽快了解国内外家具行业的发展趋势和特点，加大产学研三方的交流频率和深度。这些做法可对集群的观念创新、设计创新、管理创新、营销创新、文化创新等具有重要的推动和促进作用，可为家具产业发展注入新的活力。

（二）构建集群发展的公共服务平台

家具协会应积极发挥在行业发展中的协调与资源整合作用，凭借专业能力承接好政府部门转移的职能，构建集群发展的公共服务平台，推动家具行业发展与转型升级。搭建"产、学、研"对接的桥梁，将山东省家具产业资源与全球家具科技、设计、人文资源进行融合，促进高校、科研院所科技成果的转化和落地实施，推动家具生产的技术创新、设计创新、品牌创新及产业创新能力的提升。协调社会各方力量，支持研发中心、检测中心、信息中心等服务机构建设，支持管理咨询、技术专利服务、人才教育培训、市场营销、物流和电子商务、中小企业融资担保等工作的开展，为产业集群内中小企业提供各项服务。同时与中外各地家具网站等行业领先的商务平台密切合作，共同为企业提供商务与技术服务，提高科技成果的转化效率，协助企业进行家具销售和品牌推广，提高山东家具的国内国际市场占有率。

（三）整合创新资源提升家具创新能力

针对山东家具产品的创新以模仿创新为主，原始创新能力、原创设计能力不足的现状，家具协会可联合家具企业、专业设计公司、高校及科研院所共同成立山东省家具设计研究中心，对山东省家具产业资源与国内外家具科技资源、设计资源、人文资源进行高度整合，建立集设计咨询、专业设计服务、设计交流与研讨、设计人才引进与培养等于一身的设计研发公共平台。山东省家具设计研究中心以山东德艺源家具产业设计研究发展中心、青岛灰红企业形象策划有限公司、青岛安第设计有限公司为实际的运营机构，按照"政府支持、企业化管理、市场化运作"的模式开展工作，聘请山东工艺美术学院、山东艺术学院、北京林业大学、南京林业大学、东北林业大学等高校的专家带领学生团队参与设计研发工作，以设计成果授权生产、专利技术转让的方式为家具企业提供有偿的设计服务，并为产品的实际生产提供相应的技术服务与指导。

家具协会还应继续牵头组织新鲁班全国家具设计大赛，以设计服务生活、设计引领生活等为主旨，吸引专业设计公司、个人设计师、高校学生积极参与，聘请行业专家、高校专家、产品经销商等为评委，评选优秀作品进行奖励，从而带动整个行业提高设计研发水平。通过家具产业公共服务平台的建设，以点带面，推动家具产业集群的健康发展，提升发展质量。

三 协助地方政府管理集群发展

各地政府和家具协会应采取共管共治、分工协作的方式，优化集群的发展环境，为家具产业集群发展提供坚实基础。家具协会应当制定切实可行的协会管理制度，使会员企业在设计研发、生产制造、市场开拓、资金融通等各个方面有效沟通，增加会员企业间的黏性和互动，通过抱团取暖的方式来达到共同发展的目的。利用家具协会的优势，引导相关企业投资组建技术研发联盟、品牌销售联盟、采购联盟等，聘请专业人士来进行资本运作，最终达到利用资本运作上市的目标。具体的联盟可以是企业与高校或研发机构间的合作、生产企业间的合作、生产企业与配套企业之间的合作以及配套企业间的合作。在家具协会的扶持下，加大家具区域品牌的建设力度，发挥集群企业间联合作战的优势，提高山东家具的品牌影响力。同时，对协会成员做出的损害协会利益的行为，要制定严厉的处罚制度，使企业产生畏惧感，不敢轻易违规。

第六节 政府政策支持及服务创新

在产业集群协同创新过程中，政府是政策创新主体，理应发挥宏观战略指导、政策优化、统筹协调、财政资助、组织实施等多方面作用，成为政产学研协同创新的重要发起者、参与者和主要推动力量。政府可以通过制度建设营造良好的产业协同创新政策环境，解决好各主体在协同创新中的责权利问题，提高各创新主体参与协同创新的积极性，并依靠制度来保障长远合作利益的实现。

一 出台促进集群协同创新的相关政策

产业集群协同创新活动参与主体众多，隶属关系复杂，各主体的利益诉求有明显的区别，在协同创新过程中会面临协同运行的管理体制、主体间的利益分配、合作协议签署、创新成果归属、技术秘密保护等方面的诸多风险。为优化山东省家具产业集群的协同创新环境，各地方政府应从多方面制定系列扶持政策，引导产业集群协同创新的开展。

（一）通过政策扶持调动各创新主体的参与积极性

政府应制定一系列财政、税收、金融、就业、户籍、土地使用、信贷扶持等优惠政策，引导创新资本、人才、技术、知识等创新要素向家具产业园区聚集，促进协同创新利益驱动机制的形成，为创新主体的合作提供有力的保障。在税收政策上，可以通过税收减免、税收返还等方式直接为参与协同创新的企业输入资金，也可以通过税收成本加计扣除、固定资产加速折旧、递延纳税等方式鼓励企业增加研发经费投入、增加研发设备投资，通过政策的导向作用，对企业参与协同创新进行宏观调控。同时，对参与协同创新的科研人员的科研奖励予以税收减免，鼓励将研究者个人拥有的创新成果转算成相应的股份或出资比例等股权形式，参与企业创新收益的后期分配，以延期纳税的形式鼓励核心研究人员，调动其参与协同创新的积极性。

（二）鼓励金融机构支持集群协同创新

鼓励金融机构参与集群协同创新，对集群协同创新项目给予专项资金支持。政府可引导并参与共建"金融综合服务一体化平台"，针对企业融资需求的特点，协调银行及信用机构推出订单贷、设备抵押贷、链式快贷、联保贷款、产业集群贷款等具有行业特色的专业贷，满足项目协同创新过程中的资金需求，并从创新收益中获得投资回报。

（三）制定创新资源要素共享制度

政府的科技创新主管部门牵头制定创新资源要素共享制度，通过整合利用提高创新资源的使用效率。家具行业主管部门可以通过公开发布家具设计、生产、环保等环节的技术标准的方式，引导和约束企业的技术创新行为；科技创新的中介机构可以通过有偿提供行业技术信息、国内外科技文献等创新资源的方式，为家具产业集群的协同创新提供技术支持，从而在全社会形成创新资源共享的意识和氛围，冲破限制资源共享的阻力，提高文献信息资源的经济和社会价值；各创新企业之间可以通过共享已有技术资料、共享科研设备仪器、共享科技人才等方式，减少创新过程中的重复投入，提高资金的使用效率。在共享制度的引导和约束下，各创新主体通过良性互动和融合发展，可以高效率地完成协同创新的任务。

二 统筹规划改善集群规模和布局

（一）将培育家具产业集群与扶持家具工业园区建设结合

山东省政府在家具产业的发展规划中，应统筹规划合理布局，根据地域特色，打造实木家具、软体家具、板式及定制橱衣柜、木门、定制化整体家居等产业集群，把培育家具产业集群与工业园区建设结合起来，建立基于产业集群的家具生产工业园区。在产业园区内以龙头企业为核心，开展全产业链的招商引资活动，吸引产业带动作用明显、关联效益突出和技术创新扩散能力强的项目入驻，强化企业的分工合作，形成完整产业价值链，充分发挥集群式创新降低交易成本和形成外部规模经济的优势，促进集群各创新主体协同创新活动的开展。支持集群内龙头企业的发展，以分工协作的市场化配套，带动集群内企业共同完成技术改进与产业升级，使集群中具有活力的中小企业成为产业升级的主力军，提升产业集群可持续发展的能力。

（二）引导各地区合理确定集群创新发展方向

根据山东省内各产业集群的发展现状，确定各集群未来的创新发展方向。实木家具以济南、青岛、临沂、宁津、高密、滨州、淄博为重点发展区域，以设计和文化创新为重点，以智能制造技术创新为核心，着力打造实木家具的区域品牌；软体家具以济南、淄博、烟台、临沂为重点发展区域，主要关注设计创新，打造能引领潮流趋势的智能化、功能化产品，培育全国知名软体家具品牌；板式及定制橱衣柜，以济南、青岛、临沂、泰安为重点发展区域，鼓励大型家具企业向个性化定制方向转型，通过大数据技术与智能制造技术的结合，突破定制家具设计时间长、精确化制造困难等难题，将企业生产的刚性与消费者需求的柔性完美结合，为定制家具开拓新的市场空间，提高产品的市场竞争力，奠定坚实的基础；木门制造以淄博、滕州、青岛为重点发展区域，在家具生产的环保性要求不断提高的情况下，生产企业应在制造材料的选择上提高要求，引导上游的木材和集成材的供应商加强污染物的控制。木门的生产工艺与木工机械设备技术水平紧密相关，需要通过专业化、自动化设备的使用提高产品的工艺水平；鼓励各地区的家具龙头企业合理整合产业链上下游的互补性资源，为消费者提供整体家具定制服务。

三　政府协调营造协同创新融资环境

各级政府站在区域产业协调发展的高度，集聚各地家具产业集群发展的特色资源，倡导家具产业集群开展协同创新，并通过区域软硬环境的建设，营造宽松的集群协同创新氛围。通过创新方向引导、财政资金投入等方式，撬动金融机构的资金从而支持协同创新活动的开展。

（一）做好家具产业重点创新领域的统筹管理

相关政府部门应在家具产业重点创新领域的战略布局、科技立项原则及资金支持方式上加强统筹，在发挥市场配置资源的基础性作用的同时，优化各部门的管理职能，加强统筹管理。各级政府的科技主管部门和产业、行业主管部门都拥有相应的政策资源，通过不同的渠道进行家具产业技术创新与管理创新的相关立项，但各部门在项目资金统筹、政策统筹方面沟通、衔接不够，一定程度上导致同类研究立项重复、经费使用分散的情况发生，从而会降低科技资源的使用效率，造成资源浪费。因此，应在政府各主管部门之间建立分工合作、沟通协调、密切配合的工作机制，做好重点创新领域和创新项目的统筹管理，提高科技创新立项扶持资金的使用效率，提高家具行业的技术创新能力。

（二）设立产业集群协同创新专项资金

设立产业集群协同创新专项资金，通过拨款资助、贷款贴息和资本金投入等方式扶持和引导集群企业的技术创新活动，促进科技成果的转化。以政府少量的专项资金激发企业在技术研发与设备更新改造方面的积极性，为集群中企业在家具的智能制造、喷涂、油漆、粉尘废气净化方面进行重大的技术改造、设备更新升级或研究开发新型的环保产品，提供针对性的资金支持，引导家具企业进行全产业链的技术改造与升级，以满足国家环保政策对家具产品的质量要求，促进家具行业的转型升级。引导银行等金融机构支持科技成果的转化，加大对产业化转化中间环节（包括中间试验和生产试验）的资金支持力度，从而使实验室成果能够快速转化成生产力，带动家具产业的快速发展。鼓励民间资本和产业资本等以资金为纽带，联合成立金融服务实体，通过对各资金需求企业进行股权投资，完成高校及科研院所的重大科技成果产业化转化。各级政府的科技、教育主管部门继续通过科研专项基金支持高校及科研院所的技术创新活动，提升其理论创新及知识创新的能力，以更好地指导家具企业的生产实践。

（三）引导风险投资基金支持集群协同创新

风险投资作为产业集群协同创新发展的催化剂以及推动产业发展的动力源，对家具产业的转型升级及可持续发展具有重要推进作用。政府应创造有利于风险投资的政策法规环境，在风险投资发展初期，投入一定的资金进行引导，并为风险投资的贷款提供政府担保、对风险投资的所得收益提供税收优惠、对可能出现的投资失败给予一定的亏损补助与贴息方面的资助。在风险投资机构逐步成长的过程中，政府应加大对风险投资的宣传力度，鼓励更多的民间资本进入，拓宽风险投资的融资渠道。风险投资追求高收益，但也十分重视风险的控制，在风险比较大的创新项目开展初期，风险资金往往是望而却步，而偏向于前景比较明朗的创新项目中后期的投资，对科技成果转化阶段的投资比较热衷。政府应该通过政策引导的方式，鼓励风险投资在协同创新项目开展初期介入，为协同创新提供充足的资金支持。

风险投资基金扶持的企业取得成功后，风险投资希望将所获收益兑现退出，如果没有健全完善的退出机制，风险资本的后期运作将会受到影响和牵制。因此，政府要通过建立完善资本市场的方式，为风险投资"投入—退出—再投入"的循环运作机制提供保障，以此撬动更多的民间资本、产业资本进入科技创新领域，缓解协同创新过程中的资金需求压力。例如，创业板、新三板的公司上市路径，可以帮助很多中小企业公开上市，为风险资金的退出提供了通道；另外，企业间的兼并收购、科技成果的产权交易市场、买壳上市、风险企业回购股份等多种实践操作方式，也可为风险资本获利后的安全退出提供更多选择。

四 政府牵头培育集群创新文化

集群创新文化是各主体协同创新的"凝聚剂"和"推进器"。

树立协同创新的意识,打造协同创新的文化氛围,强化合作意识是培育和建设集群创新文化的重要任务,也是地方政府参与协同创新的重要职责之一。

(一) 注重引导和培养企业家的创新价值观

企业家的价值理念、创新意识、思维模式和伦理道德等对企业的创新发展具有重要的导向、凝聚及激励功能。为了提高山东省家具产业在国内外的市场地位,集群内的企业家在创新引领中应具有国际化、开放性、协作性的创新思维和意识。各地方政府应鼓励家具集群企业树立国际竞争理念,在国内标准、主要出口国标准的引导下,根据不同类别家具的生态、功能、环境标准开展技术创新活动。集群内的创新主体需要树立全球化竞争意识,树立开放性专业协作意识,为集群协同创新理念的形成、技术资料的交流、关键问题的探讨、创新成果的扩散等提供良好的文化氛围。国内外社会、经济、科技环境动态变化,要求家具产业集群各创新主体除了在集群内充分交流和频繁互动外,还与国内外同行甚至跨界的专家进行开放式合作,在同行业已有技术成果、跨界的创新成果等基础上开展协同创新活动,这可提高研究成果的创新性、先进性,便于集群企业更好地融入国际产业链,提高集群产品的国际竞争力,创造更多的经济附加值。

(二) 营造有利于创新的文化氛围

只有政府、企业和科研人员共同努力,建设良好的集群创新文化,才能为集群协同创新提供适宜的创新氛围。首先,政府层面要通过体制机制、文化领域的创新,营造一种有利于培养和发挥企业家精神的文化氛围,建立完善的家具专业技术人才引进和培养机制,扩充人才流通渠道,为集群创新文化建设提供政策、人才、资金等方面的保障。其次,通过对区域专业创新人才、行业专家的认定和奖励政策，调动企业家主动创新的积极性。企业是创新文化建设的核心，主要任务是培育企业家的国际视野、创新精神、创造意识和创富心态。再次，企业家创新价值观的落实，需要企业员工的参与和支持。个体创新创业精神的培养，既需要政府提供开放包容、竞争合作的社会环境，又需要企业的物质及精神激励机制推动。政府、企业、科研人员创新的持续积累、协同发展达到质变的阶段就会引起企业的整体创新。

总之，地方政府是集群创新文化建设的促进和保障力量，人才资源是创新文化建设的中心。政府在家具产业集群创新市场环境的完善、创新政策的制定、创新启动资金的投入、创新人才的引进、创新成果的转化、知识产权的保护等方面的制度创新，将为提高区域家具产业集群的创新能力保驾护航，推动集群创新文化的健康发展。

五　加强政府的知识产权保护功能

产业集群协同创新中的知识产权归属以及使用权的划分，是影响协同创新成果产业化和利益分配的关键，需要通过专门的政策、法律、法规予以保障。但是，目前我国还未制定专门的协同创新方面的法律法规，一些有关产学研协同创新活动的法规、规定等，分散在很多其他类别的基本法律和规则、规章、决定中，难以整合。因此，政府需要在集群协同创新中发挥服务、保障、协调、监督的职能，从法律、政策层面对各主体的协同创新行为进行引导和约束，保证协同创新活动的顺利开展。

（一）加强有关知识产权保护的政策法规体系的建设

从国家层面看，政府要在认真研究协同创新中面临的风险和难题的基础上，针对产学研合作中可能出现的产权和成果归属、违约责任、权益分配、承担亏损等纠纷，补充和完善《知识产权保护法》

的相关条款，或者探索制定"政产学研用协同创新促进法"，明确协同创新各参与主体的责任与义务，保障其在创新成果分配中的权益，系统地解决政产学研用协同创新中面临的各种法律问题，从政策法规层面上对产学研协同创新给予有力支持。

（二）培养创新主体的知识产权保护意识

政府通过宣传、教育、培训等方式，培养企业、高校及科研院所研究人员的知识产权保护和正确使用的意识，促进技术创新成果的交流、使用和扩散；建立健全知识产权社会咨询服务体系，引导企业积极申请国内外专利，提高知识产权的保护意识；引导高校及科研院所正确处理论文发表、奖项申报、专利申请和技术保密的关系，把握好尺度，防止协同创新成果机密外泄对创新利益产生不良影响；对国际化协同创新项目，选择有效的知识产权保护方式，树立全球化的知识产权管理经营理念；完善知识产权制度，建立知识产权侵权惩罚机制，提高知识产权的保护力度，为协同创新的开展提供法律和政策保障。

（三）为技术创新成果的转移提供服务

政府要发挥在产业集群协同创新中统筹规划、配置资源和提供公共服务的调控作用，引导各创新主体选择正确的创新方向；政府部门可以利用大学科技园、孵化器、技术转移中心等形式，为高校与高校之间、高校与科研院所之间、高校及科研院所与企业之间搭建一个合作平台，为协同创新项目的构思、筛选、实施运营、成果转化、成果融合提供必要的信息支持和服务；政府通过支持技术创新成果转移机构、信息服务机构的发展，推进高校及科研院所与企业之间协同创新的开展及知识产权的转移。

附　录

附录1　山东省家具产业集群协同创新绩效影响因素调查问卷

尊敬的先生/女士：

您好！

这是一项关于山东省家具产业集群协同创新绩效影响因素的调查，旨在了解家具产业集群协同创新主体、协同创新治理机制、协同创新环境及协同创新网络对创新绩效的影响。本问卷基于学术研究的需要，设置相关调查题项，采用匿名的方式进行数据采集。请您热心提供相关信息和看法，您的支持将是本研究成功的关键。感谢您的参与！

填写说明：

1. 本调查问卷共六个部分。第一部分是有关您所在单位的基本情况；第二部分是对家具产业集群协同创新主体间协同性的调查；第三部分是对家具产业集群协同创新治理机制的调查；第四部分是对家具产业集群协同创新环境的调查；第五部分是对家具产业集群协同创新网络的调查；第六部分是对家具产业集群协同创新绩效的调查。

2. 本问卷并非测验，没有标准答案，任何问题的答案均无"对""错""好""坏"之分，我们想要了解的只是真实的状况。

因此，对于每个问题您不需要考虑太久，只需要仔细阅读每个问题，并根据实际情况如实评价，并在合适的分值上打"√"。

3. 您填写的信息对本研究极其重要，如无特别说明，请您将所有的问题填完。

一、单位基本情况（请根据贵单位的情况进行回答，并在相应的选项上打"√"）

1. 单位名称：
2. 所在地区：
（1）济南（2）青岛（3）德州（4）淄博（5）潍坊（6）烟台（7）威海（8）临沂（9）菏泽（10）日照（11）济宁（12）枣庄（13）泰安（14）聊城（15）东营（16）滨州
3. 单位类型：
（1）家具生产企业（2）供应商（3）经销商（4）高等院校（5）科研院所（6）政府机构（7）行业协会（8）中介机构（9）其他

单位类型为家具生产企业，请继续回答下列问题：

4. 企业发展所处阶段：
（1）初创期　（2）成长期　（3）成熟期　（4）衰退期
5. 在职员工人数 W（人）：
（1）$W \geqslant 1000$　　　　　　（2）$300 \leqslant W < 1000$
（3）$20 \leqslant W < 300$　　　　　（4）$W < 20$
6. 年营业收入 S（万元）：
（1）$S \geqslant 40000$　　　　　　（2）$2000 \leqslant S < 40000$
（3）$300 \leqslant S < 2000$　　　　（4）$S < 300$
7. 企业所处的细分行业：
（1）实木家具　　　　　　　　（2）板式家具
（3）软体家具　　　　　　　　（4）其他（金属、玻璃、竹藤等）

二、协同创新主体间的协同

1. 创新资源的互补性	很差 1	较差 2	一般 3	较好 4	很好 5
2. 战略目标的协同性	很差 1	较差 2	一般 3	较好 4	很好 5
3. 企业文化的兼容性	很差 1	较差 2	一般 3	较好 4	很好 5
4. 外部关系的支持	很差 1	较差 2	一般 3	较好 4	很好 5

三、协同创新治理机制

1. 风险分担机制	很不完善 1	较不完善 2	一般 3	较完善 4	很完善 5
2. 创新利益分配机制	很不完善 1	较不完善 2	一般 3	较完善 4	很完善 5
3. 激励机制	很不完善 1	较不完善 2	一般 3	较完善 4	很完善 5
4. 约束机制	很不完善 1	较不完善 2	一般 3	较完善 4	很完善 5

四、协同创新环境

1. 市场基础	很差 1	较差 2	一般 3	较好 4	很好 5
2. 政府科技政策	很差 1	较差 2	一般 3	较好 4	很好 5
3. 中介机构服务	很差 1	较差 2	一般 3	较好 4	很好 5
4. 金融机构服务	很差 1	较差 2	一般 3	较好 4	很好 5
5. 高校及科研院所	很差 1	较差 2	一般 3	较好 4	很好 5
6. 家具协会服务	很差 1	较差 2	一般 3	较好 4	很好 5

五、协同创新网络

1. 资源整合能力的异质性	很小 1	较小 2	一般 3	较大 4	很大 5
2. 协同关系的异质性	很小 1	较小 2	一般 3	较大 4	很大 5
3. 协同创新合作的密切性	很小 1	较小 2	一般 3	较大 4	很大 5
4. 网络结构的异质性	很小 1	较小 2	一般 3	较大 4	很大 5
5. 协同创新协作方式的异质性	很小 1	较小 2	一般 3	较大 4	很大 5

六、协同创新绩效

1. 技术创新的流动壁垒	很高 1	较高 2	一般 3	较低 4	很低 5
2. 技术创新扩散与转移	很慢 1	较慢 2	一般 3	较快 4	很快 5
3. 技术创新成果转化与应用	很慢 1	较慢 2	一般 3	较快 4	很快 5

本问卷到此结束,劳烦您再检查一遍有无漏答的题目,谢谢!

附录2 山东省家具产业集群协同创新绩效的调查问卷

尊敬的先生/女士:

您好!

这是一项关于家具产业集群协同创新绩效的调查,旨在了解家具产业集群协同创新的先进性、经济性、社会性和协调性。本问卷基于学术研究的需要,设置相关调查题项,采用匿名的方式进行数据采集。请您热心提供相关信息和看法,您的支持将是本研究成功的关键。感谢您的参与!

填写说明:

1. 本调查问卷共四个部分。第一部分是有关您所在单位的基本情况;第二部分是对家具产业集群协同创新绩效的调查;第三部分和第四部分是对家具产业集群协同创新绩效指标重要性的调查。

2. 您填写的信息对本研究极其重要,如无特别说明,请您将所有的问题填完。

一、单位基本情况(请根据贵单位的情况进行回答,并在相应的选项上打"√")

1. 单位名称:

2. 企业所处的细分行业：

（1）实木家具　（2）板式家具　（3）软体家具　（4）其他（金属、玻璃、竹藤等）

二、家具产业集群协同创新绩效情况调查（请根据贵单位的实际情况进行评价，在 A、B、C、D、E 中做出选择，并在选择项上打"√"）

一级指标	二级指标	评价等级
先进性 A1	新颖性 A11	A 协同创新成果与现有成果有本质差异，性能/功效显著提升 B 协同创新成果与现有成果有显著差异，具有一定优越性 C 协同创新成果与现有成果有一定差异，并有若干改进 D 协同创新成果与现有成果无实质改进，无专利性 E 协同创新成果与现有成果根本无改进
	创造性 A12	A 协同创新成果属于突破性创新，竞争对手无法逾越 B 协同创新成果拥有特殊的技术诀窍，竞争对手规避成本较大 C 协同创新成果为改进型替代方案，竞争对手易分解改良 D 协同创新成果无实质改进，但有有益效果产生 E 协同创新成果无实质改进，也无有益效果产生
	技术成熟度 A13	A 协同创新成果已成功应用于量产的产品上 B 协同创新成果已在样机中验证可行 C 协同创新成果正在开发中，待验证 D 协同创新成果尚未形成可实现的创新解决方案 E 协同创新成果不可能形成可实现的创新解决方案
	与标准关联度 A14	A 协同创新成果与创新主体主持制定的国家/行业标准紧密相关，是标准中的必要实现方案 B 协同创新成果与创新主体主持制定的国家/行业标准较为相关，是标准中的关键实现技术之一 C 基于协同创新成果，创新主体进行了国家/行业标准的跟踪和参与制定 D 基于协同创新成果，创新主体尚无制定标准的方案 E 基于协同创新成果，创新主体不可能制定标准的方案

续表

一级指标	二级指标	评价等级
经济性 A2	创新成本 A21	A 创新主体完成协同创新的成本远低于行业平均 B 创新主体完成协同创新的成本低于行业平均 C 创新主体完成协同创新的成本等于行业平均 D 创新主体完成协同创新的成本高于行业平均 E 创新主体完成协同创新的成本远高于行业平均
	市场应用前景 A22	A 协同创新成果能适用于不同产业领域,具有十分有益的应用效果 B 协同创新成果能适用于功能相近产品领域,市场应用前景较好 C 协同创新成果仅可以在本产品领域应用,拓展效果有限 D 协同创新成果应用价值很低 E 协同创新成果根本无市场应用价值
	供应链承接性 A23	A 吸纳若干战略供应商参与早期技术创新,且有多个一流供应商能承接产学研协同创新技术模块供应 B 有战略供应商参与早期技术创新,且产学研协同创新技术模块供应有保障 C 基本能寻源供应商承接技术模块供应计划 D 无供应商参与协同创新 E 无供应商参与协同创新,更无技术创新成果供应可能
	政策适用性 A24	A 协同创新项目属国家相关产业政策的战略性支持重点 B 协同创新项目能享受国家相关产业政策的积极支持 C 协同创新项目能享受到一定的国家产业政策支持 D 协同创新项目无任何政策支持 E 协同创新项目存在政策约束
协调性 A3	有效沟通度 A31	A 各创新主体在协同创新过程中一直能够保持有效沟通 B 各创新主体在协同创新过程中基本能够保持有效沟通 C 各创新主体在协同创新过程中有效沟通有时有困难 D 各创新主体在协同创新过程中有效沟通一直有困难 E 各创新主体在协同创新过程中有效沟通一直很困难
	理解信任度 A32	A 各创新主体在协同创新过程中一直能够相互理解信任 B 各创新主体在协同创新过程中基本能够相互理解信任 C 各创新主体在协同创新过程中相互理解信任程度一般 D 各创新主体在协同创新过程中相互理解信任程度较低 E 各创新主体在协同创新过程中不能做到相互理解信任

续表

一级指标	二级指标	评价等级
协调性 A3	团队合作度 A33	A 各创新主体在协同创新过程中一直保持很好的合作 B 各创新主体在协同创新过程中基本保持很好的合作 C 各创新主体在协同创新过程中合作有时有困难 D 各创新主体在协同创新过程中合作一直有困难 E 各创新主体在协同创新过程中合作一直很困难
	知识共享度 A34	A 各创新主体在协同创新过程中知识共享程度很高 B 各创新主体在协同创新过程中知识共享程度较高 C 各创新主体在协同创新过程中知识共享程度一般 D 各创新主体在协同创新过程中知识共享程度较差 E 各创新主体在协同创新过程中知识共享程度很差
社会性 A4	技术进步 A41	A 协同创新对集群技术发展水平的提升作用十分显著 B 协同创新对集群技术发展水平的提升作用较为明显 C 协同创新对集群技术发展水平的提升作用一般 D 协同创新对集群技术发展水平的提升作用不明显 E 协同创新对集群技术发展水平没有提升作用
	行业发展或产业带动 A42	A 协同创新对集群行业发展的促进作用很大 B 协同创新对集群行业发展的促进作用较大 C 协同创新对集群行业发展的促进作用一般 D 协同创新对集群行业发展的促进作用不明显 E 协同创新对集群行业发展没有促进作用
	资源利用 A43	A 协同创新对集群提高资源利用效率作用显著 B 协同创新对集群提高资源利用效率作用较大 C 协同创新对集群提高资源利用效率作用一般 D 协同创新对集群提高资源利用效率作用不明显 E 协同创新对集群提高资源利用效率没有作用
	环境保护 A44	A 协同创新对家具行业环保效果的提升作用很大 B 协同创新对家具行业环保效果的提升作用较大 C 协同创新对家具行业环保效果的提升作用一般 D 协同创新对家具行业环保效果的提升作用不明显 E 协同创新对家具行业环保效果没有提升作用

三、请您根据重要性程度为一级指标赋值 1~5。1 为重要性程度最低，5 为重要性程度最高。请根据您的判断在合适的分值上打"√"。

一级指标	很重要 5	比较重要 4	一般 3	不太重要 2	很不重要 1
先进性 A1					
经济性 A2					
协调性 A3					
社会性 A4					

四、请您根据重要性程度为二级指标赋值 1~5。1 为重要性程度最低，5 为重要性程度最高。请根据您的判断在合适的分值上打"√"。

二级指标	很重要 5	比较重要 4	一般 3	不太重要 2	很不重要 1
新颖性 A11					
创造性 A12					
技术成熟度 A13					
与标准关联度 A14					
创新成本 A21					
市场应用前景 A22					
供应链承接性 A23					
政策适用性 A24					
有效沟通度 A31					
理解信任度 A32					
团队合作度 A33					
知识共享度 A34					

续表

二级指标	很重要 5	比较重要 4	一般 3	不太重要 2	很不重要 1
技术进步 A41					
行业发展或产业带动 A42					
资源利用 A43					
环境保护 A44					

本问卷到此结束,劳烦您再检查一遍有无漏答的题目,谢谢!

参考文献

[1] 白俊红等：《协同创新、空间关联与区域创新绩效》，《经济研究》2015年第50卷第7期。

[2] 蔡宁等：《企业集群竞争优势的演进：从"聚集经济"到"创新网络"》，《科研管理》2004年第4期。

[3] 曹静等：《产学研结合技术创新合作机制研究》，《科技管理研究》2009年第29卷第11期。

[4] 陈芳等：《新兴产业协同创新与演化研究：新能源汽车为例》，《科研管理》2015年第36卷第1期。

[5] 陈光：《企业内部创新研究》，西南交通大学博士学位论文，2005。

[6] 陈剑锋等：《企业间技术创新集群与知识集成分析》，《科研管理》2001年第9期。

[7] 陈劲：《协同创新的驱动机理》，《技术经济》，2012年第31卷第8期。

[8] 陈劲等：《开放式创新背景下产业集聚与创新绩效关系研究——以中国高技术产业为例》，《科学学研究》2013年第31卷第4期。

[9] 陈云等：《产业集群中的信息共享与合作创新研究》，《系统工程理论与实践》2004年第8期。

[10] 程宝栋等：《广东家具产业集群发展及升级分析》，《现代商贸工业》2013年第13期。

[11] 程宝栋等：《我国家具产业集群现状、问题及发展对策分析》，《北京林业大学学报》（社会科学版）2011年第2期。

[12] 程跃:《协同创新网络成员关系对企业协同创新绩效的影响——以生物制药产业为例》,《技术经济》2017年第7卷第7期。

[13] 〔德〕H. 哈肯:《协同学导论》,张纪岳等译,西北大学出版社,1981。

[14] 〔德〕H. 哈肯:《高等协同学》,郭治安等译,科学出版社,1989。

[15] 董健康等:《协同创新系统中各类主体的角色及定位》,《中国高校科技》2013年第6期。

[16] 董晓宏等:《构建企业多要素协同创新的内部支撑环境》,《中国人力资源开发》2007年第11期。

[17] 范太胜:《基于产业集群创新网络的协同创新机制研究》,《中国科技论坛》2008年第7期。

[18] 赫连志巍等:《创新网络成果传递能力与产业集群升级》,《企业经济》2017年第10期。

[19] 霍志勇等:《家具产业集群的升级研究》,《广西轻工业》2009第3期。

[20] 郭永辉:《集群创新文化与产业集群创新发展》,《商业研究》2013年第6期。

[21] 何俗非等:《产学研结合下的协同创新机制探索》,《中国中医药现代远程教育》2013年年第11卷第17期。

[22] 胡恩华等:《基于协同创新的集群创新企业与群外环境关系研究》,《科学管理研究》2007年第6期。

[23] 黄玮强等:《集群创新合作网络的自组织演化模型及其仿真研究》,《管理学报》2012年第10期。

[24] 解学梅:《企业协同创新网络特征与创新绩效:基于知识吸收能力的中介效应研究》,《南开管理评论》2013年第16卷第3期。

[25] 解学梅:《协同创新效应运行机理研究:一个都市圈视角》,《科学学研究》2013年第31卷12期。

[26] 解学梅:《中小企业协同创新网络与创新绩效的实证研究》,

《管理科学学报》2010 年第 13 卷第 8 期。

[27] 解学梅等：《创新集群跨区域协同创新网络研究述评》，《研究与发展管理》2009 年第 21 卷第 1 期。

[28] 解学梅等：《协同创新机制、协同创新氛围与创新绩效——以协同网络为中介变量》，《科研管理》2014 年第 35 卷第 12 期。

[29] 解学梅等：《协同创新影响因素与协同模式对创新绩效的影响——基于长三角 316 家中小企业的实证研究》，《管理评论》2015 年第 27 卷第 8 期。

[30] 金祥荣等：《专业化产业区的起源与演化》，《经济研究》2002 年第 8 期。

[31] 李卫红：《推行成本领先战略企业的技术创新动机与路径研究》，南京航空航天大学，2014。

[32] 刘丹等：《协同创新网络结构与机理研究》，《管理世界》2013 年第 12 期。

[33] 刘晓云等：《我国制造业协同创新系统的运行机制研究》，《中国软科学》2015 年第 26 卷第 12 期。

[34] 刘颖等：《生产性服务业与制造业协同创新的自组织机理分析》，《科技进步与对策》2009 第 26 卷第 15 期。

[35] 刘友金：《中小企业集群式创新》，中国经济出版社，2004。

[36] 刘志超等：《龙江家具产业集群产业链升级研究》，《价值工程》2012 第 31 卷第 17 期。

[37] 卢晓梦等：《山东家具产业协同创新模式研究》，《家具》2017 年第 38 卷第 2 期。

[38] 〔美〕斯蒂芬·P. 罗宾斯，玛丽·库尔特：《管理学》，孙健敏译，中国人民大学出版社，2008 年。

[39] 〔美〕迈克尔·波特：《国家竞争优势》，李明轩，邱如美 译，华夏出版社，2002 年。

[40] 〔美〕熊彼特：《经济发展理论》，何畏、易家详、张军扩、胡

和立、叶虎译，商务印书馆，2000年。

[41] 〔美〕约翰·H.霍兰德：《隐秩序：适应性造就复杂性》，周晓牧、韩晖译，上海科技教育出版社，2000年。

[42] 彭本红等：《企业协同创新中机会主义行为的动态博弈与防范对策》，《管理评论》2008年第9期。

[43] 彭纪生：《中国技术协同创新》，中国经济出版社，2000。

[44] 申明倩等：《江苏红木家具产业集群研究》，《家具》2015第36卷第1期。

[45] 石明虹等：《战略性新兴产业集群式创新动力机制与关键诱导因素研究》，《科技管理研究》2013年第33卷第24期。

[46] 唐朝永等：《协同创新网络、人才集聚效应与创新绩效关系研究》，《科技进步与对策》2016年第2卷第3期。

[47] 唐丽艳等：《科技型中小企业与科技中介协同创新网络的构建》，《科技进步与对策》2009第26卷第20期。

[48] 万幼清等：《基于知识视角的产业集群协同创新绩效分析》，《科学学与科学技术管理》2007年第4期。

[49] 汪洪波：《基于供应链的家具生产企业协同运作机理研究》，中南林业科技大学博士学位论文，2013。

[50] 王大洲：《企业创新网络的进化与治理：一个文献综述》，《科研管理》2001第22卷第5期。

[51] 王缉慈等：《创新的空间：企业集群与区域发展》，北京大学出版社，2001。

[52] 王缉慈等：《论区域创新网络对我国高科技中小企业发展的作用》，《中国软科学》1999年第9期。

[53] 王涛等：《社会网络演化与内创企业嵌入——基于动态边界二元距离的视角》，《中国工业经济》2011年第12期。

[54] 魏江等：《产业集群网络化创新过程与创新绩效的实证研究》，《中国青年科技》2007年第3期。

[55] 魏江等:《传统产业集群创新系统的结构和运行模式——以温州低压电器业集群为例》,《科学学与科学技术管理》2003年第1期。

[56] 吴贵生等:《技术创新网络和技术外包》,《科研管理》2000年第4期。

[57] 徐占忱等:《接近性、互动网络与区域企业集群创新》,《科学学与科学技术管理》2005年第6期。

[58] 严炜炜:《多元视角下的产业集群创新协同演进机理分析》,《信息资源管理学报》,2016年第6卷第1期。

[59] 杨林等:《国内协同创新研究述评》,《科学学与科学技术管理》2015年第36卷第4期。

[60] 姚艳红等:《协同创新动因-协同剩余:形成机理与促进策略》,《科技进步与对策》2013年第30卷第20期。

[61] 游文明等:《产学研合作动力机制优化研究》,《科学学与科学技术管理》2004年第10期。

[62] 于斌斌等:《基于演化博弈的集群企业创新模式选择研究》,《科研管理》2015年第4期。

[63] 张承友等:《建立激励体系,推动企业技术创新》,《科学学研究》1999年第2期。

[64] 张方:《协同创新对企业竞争优势的影响——基于熵理论及耗散结构论》,《社会科学家》2011年第8期。

[65] 张建华:《创新、激励与经济发展》,华中理工大学出版社,2000。

[66] 张琼瑜等:《基于CAS理论的产业集群协同创新动力机制构建》,《商业时代》2012年第1期。

[67] 张廷海等:《产业集群协同创新的博弈均衡研究》,《科学管理研究》2014年第3期。

[68] 张巍:《供应链企业间的协同创新及收益分配研究》,《研究与发展管理》2008第4期。

[69] 张巍:《供应链企业间的协同创新模型研究》,重庆大学硕士学位论文,2009。

[70] 张旭梅:《供应链企业间的协同创新及其实施策略研究》,《现代管理科学》2008 第 5 期。

[71] 张琰飞:《新兴技术研发主体间协同创新效应实现机制研究》,中南大学博士学位论文,2014。

[72] 张艳清:《产业集群内中小企业技术创新与政府行为》,《企业经济》2011 年第 30 卷第 9 期。

[73] 章长生等:《生态位视角下的产业集群协同创新机制理论框架构建研究》,《企业改革与管理》2015 年第 3 期。

[74] 周冬艳:《中国家具设计问题分析及创新设计体系研究》,《品牌》2015 第 1 期。

[75] 周志霞等:《中国家具制造业的现状分析及发展展望》,《林业经济问题》2009 年第 6 期。

[76] 朱媛:《全球价值链下玉环县家具产业集群升级研究》,《铜陵学院学报》2014 第 2 期。

[77] Andrea Fosfuri, Thomas Ronde, "High-Tech Clusters, Technology Spillovers and Trade Secret Laws", *International Journal of Industrial Organization* 22 (1), 2004.

[78] Baptista, R., "Do Innovation Diffuse Faster Within Geographical Cluster?", *International Journal of Industrial Organization* 18 (2), 2000.

[79] Baptista, R., Swann, G. M. P., "Do Firms in Clusters Innovate More?" *Research Policy* 27 (5), 1998.

[80] Boschma, R., "Proximity and Innovation: A Critical Assessment", *Regional Studies* 39 (1), 2005.

[81] Caloghirou, Y., Ioannides, S., Vonortas, N. S., "Research Joint Ventures", *Journal of Economic Surveys* 17 (4), 2003.

[82] Jinho Choi, Ahn Sang-Hyun, Min-Seok Cha, "The Effects of Network Characteristics on Performance of Innovation Clusters", *Elsevier B. V.*, 2013.

[83] Capello, "Spatial Transfer of Knowledge in High Technology Milieu: Learning Versus Vollective Learning Process", *Regional Studies* 33 (2), 1999.

[84] Coase. Ronald, H., "The Nature Of The Firm", *Economic Journal*, 1937.

[85] Corning, P. A., "The Synergism Hypothesis: On the Concept of Synergy and Its Role in the Evolution of Complex Systems", *Journal of Social and Evolutionary Systems* 21 (2), 1998.

[86] Dott Paolo. Gardino Consulting Comany. Furniture Industry Clusters in Italy? http://www. living legacy trust. org/PDF/furniture Industry Clusters Paolo gardino.

[87] Drejer, I., Jorgensen, B. H., "The Dynamic Creation of Knowledge: Analyzing Public-Private Collaborations", *Technovation* 25 (2), 2005.

[88] Escribano, A., Fosfuri, A., Tribó, J. A., "Managing External Knowledge Flows: the Moderating Role of Absorptive Capacity", *Research Policy* 38 (1), 2009.

[89] Fawcett, S. E., Waller, M. A., "Mitigating the Myopia of Dominant Logics: On Differential Performance and Strategic Supply Chain Research", *Journal of Business Logistics* 33 (3), 2012.

[90] Fiaz, M., "An Empirical Study of University-Industry R&D Collaboration In China: Implications For Technology In Society", *Technology In Society* 35 (3), 2013.

[91] Fiorenza Belussi, Alessia Sammarra, Silvia Rita Sedita, "Learning at the Boundaries in an "Open Regional Innovation System": A

Focus on Firms Innovation Strategies in the Emilia Romagna Life Science Industry", *Research Policy* (39), 2010.

[92] Freeman, C., "Networks of Innovation: A Synthesis of Research Issues", *Research Policy* (20), 1991.

[93] Fritsch, M., Franke, G., " Innovation, Regional Knowledge Spillovers and R&D Cooperation", *Research Policy* 33 (2), 2004.

[94] Fu, L., Zhou, X., Luo, Y., "The Research on Knowledge Spillover of Industry-University-Research Institute Collaboration Innovation Network", *The 19th International Conference on Industrial Engineering and Engineering Management* (Berlin: Springer Berlin Heidelberg, 2013).

[95] Geoffrey G. Bell, "Clusters, Networks, and firm innovativeness" *Strategic Management* (26), 2005.

[96] Gloor, P. A., *Swarm Creativity: Competitive Advantage through Collaborative Innovation Networks* (New York, US, Oxford University Press, 2006).

[97] Grabher, G., *The Embedded Firms: On the Socal Economics of Industrial Net Works Route* (London), 1993.

[98] Granovetter, M., Alison Munro and J. Kim Swales, "Multi-Sectoral Cluster Modelling: The Evaluation of Scottish Enterprise Cluster Policy", *European Planning Studies* 11 (5), 1992.

[99] Granovetter, M., "Economic Action and Social Structure: The Problem of Embeddednes" *American Journal of Sociology* (191), 1985.

[100] Granovetter, M. S., "The Strength of Weak Tie", *American Journal of Sociology* 78, 1973.

[101] Gulati, R., "Network Location and Learning: The Influence of Network Resources and Firm Capabilities on Alliance Formation", *Strategic Management Journal* 20 (5), 1999.

[102] Hanna, V., Walsh, K., "Small Firm Networks: A Successful Approach to Innovation?", *R&D Management* 32 (3), 2002.

[103] Ibrahim, S. E., Fallah, M. H., Reilly, R. R. "Localized Sources of Knowledge and the Effect of Knowledge Spillovers: An Empirical Study of Inventors in the Telecommunications Industry", *Journal of Economic Geography*, 2009.

[104] Jarillo, J. C. "On Strategic Net works", *Strategic Management Journal* (9), 1988.

[105] J. Schmuller, *Invention and Economic Growth*, Cambridge, MA, US: Harvard University Press, 1966.

[106] Joseph, C. D. and Rugman, A. M., "Developing International Competitiveness: the Five Partner Model", *Business Quarterly* 58 (2), 1993.

[107] Krugman, P., "Increasing Returns and Economic Geography", *Journal of Political Economy* (99), 1991.

[108] Krugman, P., *Geography and Trade* (Cambridge, MA, US: MIT Press, 1991).

[109] Lee, S., Park, G., Yoon, B. et al., "Open Innovation in Smes—An Intermediated Network Model", *Research Policy* 39 (2), 2010.

[110] LLopéz, A., "Determinants of R&D Cooperation: Evidence from Spanish Manufacturing Firms", *International Journal of Industrial Organization* 26 (1), 2008.

[111] Lou, G. X., Zeng, S. X., Tam, C. M., "Cost-Reducing Innovation Collaboration in Supply Chain Management", *Conference on Wireless Communications*, Networking and Mobile Computing, 2007.

[112] Mahmood, I. P., Zhu, H., Zajac, F. J., "Where Can Capabilities Come From? Network Ties and Capability Acquisition in Busi-

ness Group", *Strategic Management Journal* 32 (8), 2011.

[113] Malerba, F., Orsenigo, L., "Schumpeterian Patterns of Innovation are Technology - Specific", R*esearch Policy* (25), 1996.

[114] Malmberg, A. and Power, D., "How Do Firms In Clusters Create Knowledge", *Industry & Innovation* 12 (4), 2005.

[115] Maria Caridi, Margherita Pero, Andrea Sianesi, "Linking Product Modularity and Innovativeness to Supply Chain Management in the Italian Furniture Industry", *Int. J. Production Economics journal*, 2011.

[116] Martínez-Román, J. A., Gamero, J., Tamayo, J. A., "Analysis of Innovation in SMEs Using an Innovative Capability-Based Non-Linear Model: A Study in the Province of Seville (Spain)", *Technovation* 31 (9), 2011.

[117] Michael S. Dahleta, Christian, O. R., "Pedersen Knowledge Flows Through Informal Contacts in Industrial Clusters: Myth or Reality?", *Research Policy* 33, 2004.

[118] Mora-Valentin, E. M., Montoro-Sanchez, A., Guerras-Martin, L. A., "Determining Factors in the Success of R&D Co-operative Agreements between Firms and Research Organizations", *Research Policy* 33 (1), 2004.

[119] Mowery, D. C., "Collaborative R&D: How Effective is It", *Issues in Science and Technology* 15 (1), 1998.

[120] Mcevily, B., Marcus, A., "Embedded Ties and the Acquisition of Competitive Capacities", *Strategic Management Journal* 26 (11), 2005.

[121] Nelson, Elson, R. R., Winter, S. G., "An Evolutionary Theory of Economic Change" (Cambridge, MA, US: Harvard University Press, 1982).

[122] Niels Beerepoot, "Diffusion of Knowledge and Skills Through Labour Markets: Evidence from the Furniture Cluster in Metro Cebu (The Philippines)", *Entrepreneurship and Regional Development* 20 (1), 2008.

[123] Oliver E. Williamson, "Transaction-Cost Economics: The Governance of Contractual Relations", *Journal of Law and Economics*, 1979.

[124] Okamuro, H., Kato, M., Honjo, Y., "Determinants of R&D Cooperation in Japanese Start-Ups", *Research Policy* 40 (5), 2011.

[125] Parrilli, M. D., Aranguren, M. J., Larrea, M., "The Role of Interactive Learning to Close the "Innovation Gap" in SME-Based Local Economies: A Furniture Cluster in the Basque Country and Its Key Policy Implications", *European Planning Studies* 18 (3), 2010.

[126] Piero Morosini, "Industrial Clusters, Knowledge Integration and Performance", *World Development* 32, 2004.

[127] Ronald Oman, Julian Kupo, "The Process of Technological Innovation: Reviewing the Literature-Productivity Improvement Research Section Division of Industrial Science and Technological Innovation", National Science Foundation of U. S. A, 1983.

[128] Powell, W. W., Koput, K. W., Smith-Doerr, L., "Inter Organizational Collaboration and the Locus of Innovation: Networks of Learning In Biotechnology", *Administrative Science Quarterly* 41 (1), 1996.

[129] R. Rothwell, "Towards the Fifth-Generation Innovation Process", *International Marketing Review* (1), 1994.

[130] Schmidt, T., "Knowledge Flows and R&D Co-Operation: Firm-Level Evidence from Germany", *Deutsche Bundesbank-Research Center: ZEW Discussion Papers*, 2005.

[131] Schwartz, M., Peglow, F., Fritsch, M. et al., " What Drives In-

novation output from Subsidized R&D Cooperation? —Project-Level Evidence From Germany", *Technovation* 32 (6), 2012.

[132] Simona Iammarino and Philip Mccann, "The Structure and Evolmion of Industrial Clusters: Transactions, Technology and Knowledge Spillover", *Research Policy* 35 (7), 2006.

[133] Steiul, Schiel, "Career and Clusters: Analyzing the Career Network Dynamic of Biotechnoloy Clusters", *Journal of Engineering and Technology Management* 22, 2002.

[134] Thorgren, S., Wincent, J., Rtqvist, D., "Designing Interorganizational Networks for Innovation: An Empirical Examination of Network Configuration, Formation and Governance", *Journal of Engineering and Technology Management* 26 (3), 2009.

[135] Tidd, J., Martin, J., "Organizational and Technological Antecedents for Knowledge Acquisition and Learning", *R&D Management* 27 (4), 1997.

[136] Veronica, S. and Thomas, F., "Collaborative Innovation in Ubiquitous System", *Journal of International Manufacturing* 18 (5), 2007.

[137] Vuola, O., Hameri, A. P., "Mutually Benefiting Joint Innovation Process between Industry and Big-Science", *Technovation* 26 (1), 2006.

[138] Yli-Renko, H., Autio, E., Sapienza, H. J., "Social Capital, Knowledge Acquisition, and Knowledge Exploitation in Young Technology-based Firms", *Strategic Management Journal* 22 (6), 2011.

[139] Zeng, S. X., Xie, X. M., Tam, C. M., "Relationship between Cooperation Networks and Innovation Performance of SMEs", *Technovation* 30 (3), 2010.

图书在版编目(CIP)数据

家具产业集群协同创新研究：机理、动力与绩效评价/张占贞著. -- 北京：社会科学文献出版社，2019.12

ISBN 978-7-5201-5059-0

Ⅰ.①家… Ⅱ.①张… Ⅲ.①家具工业-产业集群-研究-中国 Ⅳ.①F426.88

中国版本图书馆 CIP 数据核字（2019）第296038号

家具产业集群协同创新研究
——机理、动力与绩效评价

著　　者／张占贞

出 版 人／谢寿光
责任编辑／高　雁
文稿编辑／梁　雁

出　　版／社会科学文献出版社·经济与管理分社(010)59367226
　　　　　地址：北京市北三环中路甲29号院华龙大厦　邮编：100029
　　　　　网址：www.ssap.com.cn

发　　行／市场营销中心（010）59367081　59367083
印　　装／三河市龙林印务有限公司

规　　格／开　本：787mm×1092mm　1/16
　　　　　印　张：19.5　字　数：259千字

版　　次／2019年12月第1版　2019年12月第1次印刷
书　　号／ISBN 978-7-5201-5059-0
定　　价／158.00元

本书如有印装质量问题，请与读者服务中心（010-59367028）联系

▲ 版权所有 翻印必究